공기업·대기업

취업의 비밀

아빠가 아들딸들에게 들려주는

공기업·대기업 취업의 비밀

최선웅 지음

랜츠
BOOK

이 책의 활용 방법

모든 책이 그러하듯 이 책도 먼저 한번 정독을 하고 그리고 필요한 부분만 언제든 열어 활용할 수 있도록 해. 자기소개서 작성법, 면접 방법 등 필요할 때마다 활용했으면 좋겠어. 취업은 공기업, 일반기업 모두 일관된, 정해진 규칙과 순서 내에서 채용프로세스가 진행이 돼. 취업을 하기 위해서는 이 책에 나온 대로 정해진 채용프로세스를 이해하고 회사가 제시한 채용프로세스의 규칙을 준수하고 순서를 이해함으로써 합격 확률을 극대화시킬 수 있을 거야. 더 쉽게 이야기하자면 공기업이든 일반기업이든 직무와 회사에 대한 이해를 선행하고, 회사에서 요구하는 가치 체계(비전, 핵심가치, 전략 목표)에 부합하게 준비한다면 '취업' 그리 어렵지 않아!

◆ 공기업 취업 핵심 ◆

첫째, 블라인드 채용이 무엇인지 이해하고 취업준비하기

둘째, 직업기초 능력, 직무수행 능력, 공기업의 비전, 핵심가치, 인재상, 전략 목표를 구분하여 이해하기
여기에서(직업기초 능력, 핵심가치, 인재상, 전략 목표 등) 자기소개서 지시문이 개발되고 면접 프로세스가 설계되기 때문에 직업기초 능력과 회사의 핵심가치, 인재상, 비전 그리고 전략 목표와 세부 과제를 명확하게 이해해야 해.

셋째, 직업기초 능력, 직무수행 능력에 대해 이론적으로 이해하기
직업기초 능력과 직무수행 능력을 이해하고 있어야 자기소개서와 모든 종류의 면접을 두려움 없이 임하고 준비하여 합격할 수 있어.

넷째, 직업기초 능력, 하위 영역, 가치 체계를 구분하여 나만의 자기소개서 작성하기

직업기초 능력과 직무수행 능력에 대한 이론적 지식이 학습되었다면 자기소개서를 작성해야
하는데 공기업은 가치 체계(미션, 비전, 핵심가치, 인재상, 전략 목표)와 직업기초 능력을 벗어
나지 않는 범위 내 자기소개서 지시문이 설계되고 개발되어 실제 구직자에게 지시문이 제공되
고 있어. 즉 각 기관별로 상이하지만 해당 직무를 수행하는 데 필요한 직업기초 능력이 무엇인
지, 가치 체계를 기관 내부에서 규정해 놓았기 때문에 이론적 지식을 학습하여 자기소개서 지시
문이 직업기초 능력 10개, 하위 영역, 가치 체계 중에서 무엇을 묻는 것인지 이해하고 '자기소개
서 작성가이드 참고'를 이용하여 나의 경험과 매칭하여 자기소개서를 완성해야 해.

다섯째, 직무수행 능력, 직업기초 능력에 기반한 면접 준비하기

학습한 이론적 내용은 면접에도 연계하여 활용할 수 있는데 면접도 마찬가지로 공기업은 가치
체계와 부합한지, 직무수행 능력과 직업기초 능력을 보유했는지 확인하고자 설계되어 있고, 면
접 도구별 이론적 이해와 철저하게 가치 체계 분석과 직무수행 능력과 직업기초 능력에 기반한
면접을 준비한다면 개별 면접 도구에 적절하게 대응할 수 있어.

일반기업은 직업기초 능력과는 무관해. 일반기업 취업의 핵심은 회사에 대한 이해,
직무에 대한 이해 그리고 그 직무를 수행할 수 있는 역량(지식, 기술, 태도)이 핵심이야.
사실 공기업의 직업기초 능력, 직무수행 능력, 역량이라는 말이 모두 같은 의미이지
만 사용하는 용어가 다르기 때문에 일반기업에서는 단순히 역량, 능력, 실력으로 이
해해도 좋아.

◆ 일반기업 취업 핵심 ◆

첫째, 지원하고자 하는 기업의 직무분석을 실시하고 직무 이해도를 높이기

공기업은 이미 직무분석이 되어 있는 NCS 홈페이지 학습모듈에서 확인, 일반기업은 책에 있는
직무분석프로세스 그대로 이행하면 돼.

둘째, 기업을 분석하고 회사를 이해하기

셋째, 지원하고자 하는 기업의 산업을 분석하여 산업군 내 위치, 앞으로의 발전성 등을 다각도로 검토하여 자기소개서와 면접에 대비하기

넷째, 기업의 가치 체계(미션, 비전, 핵심가치와 인재상, 전략)에서 자기소개서가 개발되고 지시문이 제시되기 때문에 기업의 가치 체계를 명확하게 이해하기

위 네 가지를 이해하고 활용할 수 있다면 자기소개서와 면접은 그리 걱정하지 않아도 돼.

결국 공기업은 직무분석이 완료된 자료를 NCS 홈페이지에서 직무별로 확인하여 명확하게 해석하여 공기업 조직적합성과 직무적합성에 맞추어 자기소개서와 면접을 준비하면 되고, 일반기업은 반대로 직접 직무분석을 실시해서 회사가 원하는 직무와 조직에 대한 적합성을 맞추어 취업을 준비하면 된다는 이야기야. 이 모든 내용은 책에 고스란히 담겨 있어.

기업 채용의 공통사항

기업 채용이란 무엇일까? 공기업, 대기업, 중견, 중소 기본 원칙과 원리는 동일해. 기업의 고유한 특성을 가치 체계로 정의를 내리고 명문화하여 개인의 고유한 특성을 찾아 기업과 매칭하는 활동으로 정의할 수 있을 것 같아.

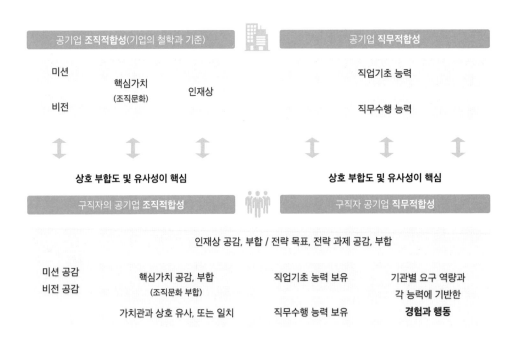

일반기업의 경우 회사를 성장시키고 매출을 극대화할 수 있는 이익 관점의 채용이 일반적이고 공기업의 경우는 대단한 퍼포먼스와 이익의 극대화를 실현하고자 하는 것과는 거리가 좀 있다고 할 수 있어. 공기업은 공공재 성격의 공동 이익이 존재의 이유이고, 기관 운영 방식도 국민을 위한 공익을 우선 목표로 삼기 때문이지. 이처럼 일

반기업과 공기업의 차이는 추구하고자 하는 기본 방향과 기업이 운영되는 특징의 차이 때문에 생긴다고 할 수 있어.

다시 정리하면 일반기업 채용의 특징은 회사의 성장과 이익의 관점이고, 공기업 채용의 특징은 기업의 성장과 이익보다는 내부 구성원과 기업문화에 잘 적응할 수 있고 공적 목표 달성에 무리가 없는 역량을 갖춘 사람을 채용한다고 할 수 있지.

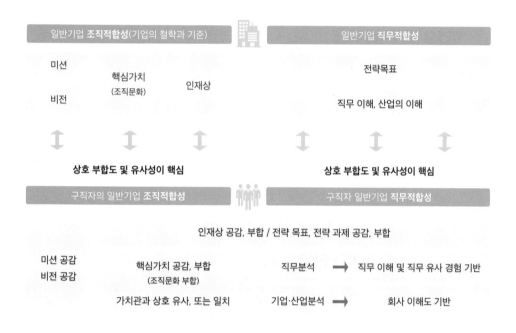

공기업, 일반기업 모두 조직과 직무에 대한 적합성이 공기업 조직과 회사 조직에 얼마나 부합하고 상호 유사한지가 가장 중요해. 일반기업이든 공기업이든 채용의 특징은 조직에 소속되어 해내야 할 일을 잘 수행할 수 있는 사람을 찾아내고 가려내는 것을 기본으로 하기 때문에 채용의 원리 자체는 동일하다는 거야. 다만 추구하는 목표의 성격이 다를 뿐인 거지. 그래서 자기소개서와 면접, 인성·적성 검사 등 많은 채용프로세스는 크게 조직적합성, 직무적합성이 가장 우수한 인재를 찾아 채용하는 것으로 공기업, 일반기업 모두 이를 채용의 기본 원리이자 원칙으로 삼고 있어.

CONTENTS

PART 01 공통 이론

PART 02 실전

1장

공기업

PART
01

공통
이론

1. 취업의 현실

▶ 취업의 본질

취업을 준비할 때 자기소개서는 어떻게 작성해야 하지? 면접은 어떻게 준비해야 하나? '난 무조건 대기업을 가야겠어' '많은 사람들이 선호하는 인사, 마케팅, 재무, 영업 관리 직무를 선택해서 자기소개서를 써야지', 이정도 생각이 우리 아들딸들의 취업에 대한 기본 접근 방식이 아닐까 생각해.

취업의 본질이 무엇일까? 취업은 내가 제공한 노동력을 금전으로 보상받고 내가 수행한 직무가 회사의 매출과 성장에 기여하는 것인데 성장과 발전에 기여하려면 내가 우수한 상품이 되어 회사에 팔려야 한다는 것이 취업 활동의 본질이라고 이야기해주고 싶어. 아주 현실적인 본질이지.

내가 만약 신발을 한 켤레 산다고 가정해 볼까? 우선 필요한 신발의 종류를 정의하겠지(러닝화, 농구화, 축구화 등). 그건 지원자 기초 직무자격 즉 기초 스펙을 살피는 것과 같아. 어떤 운동화를 사고 어떤 사이즈를 신어야 내가 원하는 활동을 제대로 할 수 있을지, 회사 입장에서는 제대로 된 신발을 신고 그에 맞는 활동(업무수행)을 할 수 있을지 등을 통해 지원자들을 변별할 거야. 신발의 강점과 단점, 또는 약점은 무엇이며 이 강점은 어떻게 활용하고 단점은 어떻게 보완하며 긍정적 효과를 극대화하고 부족한 점은 개발할 수 있는지를 살피고 수많은 지원자를 비교해 보는 거야. 다른 경쟁사의 신발의 강점, 단점 등은 어떤지 다각도로 검토하고 검증해 보는 것이 상식이지 않을 까? 회사가 상품(서글프지만 우리 아들딸들)을 구매하는데 대충 그냥 구매하겠어?

취업 활동도 똑같다는 이야기야. '내가 상품이 되어 그 회사에 팔려야 하고, 회사가 원하는 적합성을 맞추어야 한다(직무적합성이든 조직적합성이든)'는 거지. 좀 표현이 서글 프지만 이게 현실이거든.

대학생활 짧으면 2년 길면 4~8년 이상을 공부해야 하는데 대학생활 내내 취업만 바라보고 있을 수는 없겠지만 내가 하고자 하는 일에 대한 적성과 진로를 가능한 빠 르게 정하고 학문을 통한 지식을 습득함과 동시에 취업과 연관된 활동과 경험, 또는 선택한 직무의 초급과정교육을 꾸준히 듣는 것을 적극 권장하고 싶어. 아니 반드시 해야 할 활동이야.

무리한, 무분별한 스펙 쌓기는 제발 지양해 주고 진로(직무)를 빠르게 정하고 직무 관련 활동과 이론 습득을 위주로 학교생활을 해야 해. 그것이 가장 기본적인 취업준 비 활동임과 동시에 활동 자체만으로도 나만의 차별화된 강점이 될 수 있어. 이런 활 동들이 꾸준히 대학생활 내 이어진다면 반드시 원하는 기업에 취업할 수 있을 거야. 반대로 스펙 쌓기에만 시간을 허비하거나 대학생활에서 다른 것에만 집중하여 소중 한 시간과 기회를 놓친다면 취업실패와 귀결된다는 것 또한 잊지 않았으면 좋겠어. 어차피 대학생활의 마지막은 취업과 경제 활동(생산과 소비 활동)으로 연결되는 것이 당연하기 때문이야.

▶ 직무적합성, 조직적합성 두 가지만 기억하자

회사는 우리 아들딸들의 적합성을 평가하고 판단하기 위해 필요한 최소의 요구 조건을 채용공고에 제시하고 이를 자기소개서, 면접, 필기, 인적성 등 채용프로세스에 적용하여 운영하고 있어. 공기업이나 일반기업 모두 채용프로세스를 진행하는 기본 목적은 주어진 직무를 제대로 수행할 수 있는 역량(지식, 기술, 태도)을 평가하고 검증하여 직무적합성을 판단함과 동시에 회사가 추구하는 철학적 가치에 부합하는 가치를 가지고 오랜 기간 근속(근무)할 수 있는지 조직적합성을 평가하여 두 적합성을 갖춘 인재를 채용하는 데 있다고 할 수 있어.

원하는 기업에 합격하기 위해서는 나의 경험이 회사에서 요구하는 조건, 규정해 놓은 역량(직무 역량), 가치 체계(미션, 비전, 핵심가치, 인재상 등)와 얼마나 유사한지를 보여줌으로 조직과의 적합성, 직무에 대한 적합성의 상호 보완 관계, 상호 유사성이 많다는 것을 드러내는 것이 중요해. 그렇기 때문에 조직적합성과 직무적합성이 취업에서 가장 중요하다고 할 수 있어. 이 상호 보완성, 상호 유사성을 맞추기 위해 지속적으로 노력하는 것, 이것이 가장 빠른 취업의 길이야. 이것을 해결하기 위한 방법으로 입사하고자 목표로 하는 기업이 요구하는 직무와 조직에 대한 적합성을 맞춰 생활하는 것이 가장 현실적이고 효과적인 취업 방법이라고 할 수 있어.

한번 생각해 보자. 대학생활 내내 취업이란 것을 정말 진지하게 고민해 본 적이 있어? 흔히 이야기하는 스펙을 쌓고 그 스펙에 맞는 기업을 찾는 정도로 취업을 준비하는 아들딸들이 대부분 아닐까? 취업을 준비하기 전 내가 어떤 사람인지 다시 한번 스스로의 역량을 검증해 보고 기업의 형태와 규모, 연봉을 따지기 전에 내가 어떤 일을 할 수 있고 어떤 직무를 희망하며 어떤 역량을 갖추고 있는지 그래서 어떤 노력을 해왔는지를 생각해 보면서 지금이라도 늦지 않았으니 진지하게 준비해 봤으면 해.

정리하자면 대학생활 동안 전공공부나 동아리 활동도 당연히 중요하고 잘 해내야 하지만 졸업과 동시에 취업을 해야 하는 현실적 운명에 좌절하지 않기 위해서는 아래 세 가지는 반드시 같이 고민하고 준비했으면 좋겠어.

① 취업(직장생활)을 하기 위해 '나' 스스로를 진지하게 분석해 보고, ② '나'에 대한 분석과 정의가 내려졌다면 원하는 회사와 직무를 선택하고 직무를 수행하기 위해 꾸준히 지식과 기술 등을 습득하고, ③ 취업을 하고자 하는 회사의 조직적합성(핵심가치, 인재상)에 맞게 나의 태도와 행동이 개발되고 직무적합성(직무수행 역량)에 맞게 나를 발전시키고 있는지 항상 확인할 필요가 있어.

결과는 원하는 회사의 취업성공으로 보상받을 거야.

2. 기업의 가치 체계 이해

▶ 조직적합성 가치 체계의 이해

취업, 인사채용 관점의 원리는 '회사에서 규정해 놓은 가치 체계와 직무에 대한 적합도가 지원한 인재와 핏(FIT)하게 맞는지, 그렇지 않은지'의 원리라고 할 수 있어. 회사는 이익(공기업: 공익, 일반기업: 이윤)을 추구하는 집단이지? 이 집단은 규정해 놓은 존재의 이유 미션과 중장기적으로 구성원 모두 전력을 다해 달성하고자 하는 비전, 비전을 달성하기 위한 하위가치 체계인 핵심가치와 인재상, 비전 달성 방법론 중 하나인 전략 목표에 공감하고 부합한 인재를 확보하여 계속적인 경영을 유지하기 위해 채용을 하는 거야.

일반기업의 이윤추구와 공기업이 추구하는 공익적 성격의 가치 체계의 결이 다른 것은 분명하니 구분해서 이해했으면 좋겠어. 결이 다른 이유는 가치 체계가 일반기업은 이윤의 관점, 공기업은 공익의 관점에서 수립되기 때문이야.

그렇기 때문에 각 기업의 가치 체계(미션과, 비전, 핵심가치, 인재상, 전략 목표)를 모두 이해해야 취업의 첫 번째 단추를 끼울 수 있고, 조직과 직무적합성에 부합하는 인재가 될 수 있는 기본을 만들 수 있어. 가치 체계라는 말 자체가 상당히 어려울 거야. 취업

준비자의 입장에서 최대한 쉽게 내용을 설명해 줄게.

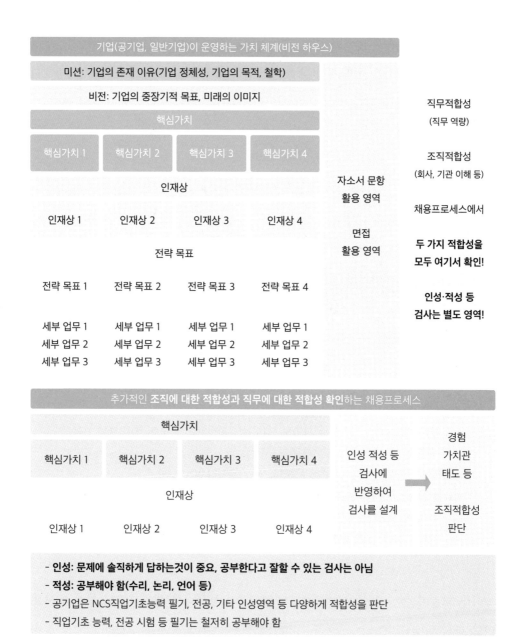

기업(공기업, 일반기업)이 운영하는 가치 체계(비전 하우스)

미션: 기업의 존재 이유(기업 정체성, 기업의 목적, 철학)

비전: 기업의 중장기적 목표, 미래의 이미지

핵심가치

| 핵심가치 1 | 핵심가치 2 | 핵심가치 3 | 핵심가치 4 |

인재상

| 인재상 1 | 인재상 2 | 인재상 3 | 인재상 4 |

전략 목표

| 전략 목표 1 | 전략 목표 2 | 전략 목표 3 | 전략 목표 4 |

세부 업무 1	세부 업무 1	세부 업무 1	세부 업무 1
세부 업무 2	세부 업무 2	세부 업무 2	세부 업무 2
세부 업무 3	세부 업무 3	세부 업무 3	세부 업무 3

직무적합성
(직무 역량)

조직적합성
(회사, 기관 이해 등)

채용프로세스에서

**두 가지 적합성을
모두 여기서 확인!**

**인성·적성 등
검사는 별도 영역!**

자소서 문항
활용 영역

면접
활용 영역

추가적인 **조직에 대한 적합성**과 **직무에 대한 적합성 확인**하는 채용프로세스

핵심가치

| 핵심가치 1 | 핵심가치 2 | 핵심가치 3 | 핵심가치 4 |

인재상

| 인재상 1 | 인재상 2 | 인재상 3 | 인재상 4 |

인성 적성 등
검사에
반영하여
검사를 설계

경험
가치관
태도 등

조직적합성
판단

- **인성: 문제에 솔직하게 답하는것이 중요, 공부한다고 잘할 수 있는 검사는 아님**
- **적성: 공부해야 함(수리, 논리, 언어 등)**
- 공기업은 NCS직업기초능력 필기, 전공, 기타 인성영역 등 다양하게 적합성을 판단
- 직업기초 능력, 전공 시험 등 필기는 철저히 공부해야 함

▸ **미션의 기본 이해**

미션이란 기업이 존재해야 하는 이유(목적)또는 정체성에 대한 내용이야. 기업의 존

재의 이유에 대해 생수를 판매하고, 관련된 서비스를 제공하는 회사가 있다고 가정해 보자. 이 생수를 판매하는 회사가 존재하지 않는다면, 이해관계자(고객, 또는 전 국민들)가 어떤 불편함이 있을 것인가(너무 목이 마른데 물을 마시지 못하는 불편을 겪게 된다), 우리가(회사) 없다면 세상은 어떻게 변할 것인가(물을 찾기 위해 극단적으로는 사회가 엉망이 될 수도 있다), 또, 어떤 혜택을 받지 못할 것인지(물을 고객에게 제공하지 못하니 사회 전반적으로 혼란을 겪을 수도 있다)를 고려해 볼 수 있겠지?

어떤 구조나 서비스를 제공하는 회사든 '경영자의 기본 철학과 운영하는 회사의 정체성을 수립하여 회사의 미션을 수립한 것', 이것을 미션이라고 해. 미션수립은 인사팀 또는 외부 컨설팅업체를 통해서 수립하는데 경영자 중심 미션수립이 대부분이기 때문에 결국 앞서 이야기한 경영자의 기본 철학이 반영되어 미션을 수립해야 돼. 미션을 수립하는 절차는 필수적으로 고려되어야 하는 것이 있는데 이것은 세 가지의 가치를 기반으로 수립해.

① **기능적인 가치를 제공하는 것(고객에게 제공되는 물리적 속성)**
    ex) 생수판매 회사라면 1L 생수, 300ML 생수를 유통점(편의점 마트 등)을 통해 고객에게 제공하는 기능적 속성으로 고려됨.
② **사용적인 가치를 제공하는 것(고객이 물리적 속성으로부터 얻는 혜택)**
    ex) 물을 이용하여 음식도 조리하고, 운동 후 갈증을 해소할 수 있는 혜택을 누림.
③ **정서적 가치를 제공하는 것(고객의 생활에 변화를 주는 심리적 가치)**
    ex) 언제든 필요할 때마다 생수를 구매하여(공급받아) 일상생활의 불편함을 없애 줌.

이런 것들이 종합되어 미션이 수립이 돼. 그렇다면 다른 회사에서 수립한 미션을 위와 같은 형태로 역 추론(이미 알려진 정보를 근거로 삼아 다른 판단을 이끌어 내는 것, 출처: 네이버 백과사전)한다면 회사에 대한 정체성과 경영자의 철학, 회사의 정체성을 이해하기 훨씬 수월하겠지?!

미션수립 고려사항

기업이 미션을 수립하는 과정을 이해할 필요가 있어. 아래 표를 통해 함께 확인해 보자.

미션수립 시 고려하는 내용 1

미션수립 필수 고려 고객가치 구분	내용
기능적 가치	고객 제공 물리적 속성
사용적 가치	고객 제공 물리적 속성으로부터 얻는 혜택(Benefit)
정서적 가치	고객 생활에 변화를 주는 심리적인 가치
미션수립 필수 검토 설정 유지 조건	**내용**
성장 자극 긍정 변화	조직에서 성장과 긍정변화를 느끼게 해 줄 수 있는 미션인가?
본질적·장기적 관점 속성	업의 '본질'이 잘 반영되어 있는가?
단순, 명확	단순하고 명확한 문장인가?
모두 이해	누가 봐도 쉽게 이해할 수 있는가?(취업자, 협업자 등)

지원하고자 하는 공기업, 일반기업의 미션과 대조하여 경영자의 기초 철학을 역 추론하는 방법을 통해 상당히 합리적인 회사의 정체성과 경영자 철학을 유추해 낼 수 있어.

미션수립 시 고려하는 내용 2

미션 초안 정리	

우리의 본질적 존재 가치, 국가나 사회, 고객에 대해
기여하고 공헌할 수 있는 키워드 단어를 도출(선택)

국가에 기여, 공헌할 수 있는 것	**사회**에 기여, 공헌할 수 있는 것
핵심단어 or 단어를 문장화한 것	핵심단어 or 단어를 문장화한 것

고객에 기여, 공헌할 수 있는 것	**내부 구성원**에게 기여, 공헌할 수 있는 것
핵심 단어 or 단어를 문장화한 것	핵심 단어 or 단어를 문장화한 것

* 국가, 사회, 고객에게 기여와 공헌, 내부 구성원에게 '무엇'으로 인해 성장, 긍정변화를 할 수 있다고
생각할 수 있는지 키워드, 문장을 정리

그래서 나온 최종 미션은 아래와 같이 명문화하여 운영을 하고 있어(문장으로 알려 준
위 생수 회사에 대한 예시 외에 취업교육 회사의 예시를 참고해 보도록 해).

아래 취업교육 회사 미션(존재 이유)은 세 가지 가치를 고려하여 가장 적합한 미션을
경영자의 철학과 함께 도출된 것이야. 대부분의 회사 미션이 이렇게 수립되기 때문에
아래의 쉬운 예시를 보고 다른 기업의 미션을 위에 이야기한 대로 역 추론해서 기업
별 미션을 해석할 수 있는 능력을 반드시 기를 수 있었으면 좋겠어.

취업교육 회사 존재의 이유 미션 사례

미션(목적)

♣ 모든 사람이 원하는 기업에 취업하도록 최선을 다해 돕는다.

1. 모든 사람
• 취업을 원하는 모든 사람을 의미합니다.

- 어떤 형태의 기업이든 회사에서 제시한 자기소개서 작성 방법을 알고 싶은 사람입니다.
- 면접 종류, 면접 방법, 면접에 대한 모든 것을 알고 싶은 사람입니다.
- 공기업, 대기업, 중견, 중소, 스타트업까지 포함합니다.

2. 원하는 기업
- 개개인이 원하는 모든 기업을 총칭합니다.

3. 취업하도록
- 원하는 기업의 자기소개서 작성 방법을 정확하게 교육합니다.
- 원하는 기업에서 요구하는 직무적합성 조직적합성를 포함하여 모든 면접프로세스를 지원하고 교육합니다.

4. 최선을 다해
- 원하는 기업에 최종 합격할 수 있도록 끝까지 돕고 지원합니다.
- 취업교육기간 동안 필요한 모든 것을 지원합니다.

5. 돕는다
- 진실된 마음으로 취업준비생들을 돕습니다.
- 취업준비생들의 간절함을 생각하고 이들을 돕습니다.

미션을 이해하고 취업 활동에 반영할 때 주의해야 할 점은 위 미션 예시처럼 상세하게 내용을 해석해서 알려 주는 회사는 극히 일부이기도 하고 미션이 회사에서 불변의 정체성과 같은 느낌이기 때문에 실제로 취업 활동에 직접적인 자기소개서, 면접 등에 활발하게 활용하지는 않고 있다는 점이야(아주 간헐적으로 '미션에 부합한 이유를 작성하시오'의 형태로 출제되는 경우가 있음). 다만 미션은 회사가 존재하는 이유와 목적, 정체성이기 때문에 지원하고자 하는 회사의 정체성과 목적을 알기 위해서는 미션을 이해하는 것이 가장 중요하다는 점 꼭 유의했으면 좋겠어. 회사의 존재 이유, 목적, 정체성을 이해했다는 것은 정체성을 기준하여 비전, 핵심가치, 인재상, 전략 목표 모두 유사하게 이어진다는 의미이기 때문에 결국은 자기소개서와 면접 모두 정체성 기준 이하 가치 체계에서 채용프로세스가 설계된다고 이해하면 돼.

글로벌기업 미션 사례

회사(조직)는 많은 이해관계자(모든 고객)에게 회사의 정체성, 존재 이유와 목적을 분명하게 전달하는 역할을 해. 세계적인 글로벌기업의 예를 들어 보자.

Google	Make the world's information easy to use and access by anyone. 세상의 정보를 누구나 쉽게 사용하고 접근할 수 있게 한다.
f	Giving people the ability to share and making the world a more open and connected place. 사람들에게 공유할 수 있는 능력을 주고 세상을 좀 더 개방적이고 연결된 곳으로 만든다.
	By providing human tools to empower people, we change the way we work, learn, and communicate. 사람들에게 힘이 되는 인간적인 도구들을 제공하여, 우리가 일하고, 배우고, 소통하는 방식을 바꾼다.

구글이 존재하는 이유 목적은 '세상의 정보를 누구나 쉽게 사용하고 접근하게 하기 위해서'야. 구글 서비스에 로그인하면 우린 무엇부터 확인할 수 있을까? 구글 이메일, 지도, 화상회의시스템 구글 미트, 구글 문서, 캘린더, 설문지 등 수많은 서비스를 제공하고 있지? 이 서비스를 전 세계 고객을 대상으로 미션(회사 존재 이유, 목적 즉 회사 정체성)과 연계하여 제공하고 있다는 거지.

페이스북은 어떨까? '사람들에게 공유할 수 있는 능력을 주고 세상을 좀 더 개방적이고 연결된 곳으로 만드는 것'의 미션(목적)과 비즈니스가 연계되어 있어. 페이스북은 사진, 영상을 전 세계 모든 사람들에게 공유할 수 있는 서비스를 제공하고 있고 이런 영상, 사진을 제공하는 개인이 공유, 광고, 홍보하는 유료 결재로 인하여 발생되는 광고 수익으로 매출이 발생되는 수익 구조로 운영되고 있어. 시대의 흐름으로 공유라는 가치가 상품화되어 기업이 유지되는 형태라고도 할 수 있지. 이런 서비스(편의)를 제공하는 페이스북의 미션, 존재 이유는 여러 사람들에게 공유하고 고객들에게 인지시키는 데 큰 어려움이 없이 쉽게 수립되었고 어느 누구도 '뭘 하는 회사야?' 하는 의문은 갖지 않을 거야.

다음 애플은 우리 생활에 가장 밀접한 휴대폰, PC, 노트북, 패드, 애플워치 등을 생산, 판매, 제공하고 있어. 이 사업 자체가 미션(목적)과 연계된 '사람들에게 힘이 되는 인간적인 도구들을 제공하여 우리가 일하고 배우고 소통하는 방식을 바꾼다'라고 존재의 이유를 설명하고 있어. 구글, 페이스북, 애플이 없었다면 우리는 어떤 삶을 살고 있을까? 세상 정보를 쉽게 사용하고 접근하기 어려웠겠지? 구글에서 제공하는 도구(서비스)를 사용하여 일하거나 배우고 소통하기가 힘든 사회였겠지. 이렇게 미션은 회사 존재의 이유, 존재 목적, 정체성을 쉽게 표현하고 고객에게 공유하는 거야.

▶ 비전의 기본 이해

비전은 기업(공기업도 마찬가지)이 중장기적으로 가지는, 기업마다의 개별적으로 세운 목표의 표현 방식이야. 즉, 회사 비전은 취업자에게 '우리 회사의 미래에 대한 계획을 얼마큼 알고 있나요? 당신의 능력으로 비전을 달성할 수 있나요?'라는 메시지를 던짐과 동시에 이 비전을 달성할 수 있도록 채용 과정에 조직에 적합한 인재를 선별할 수 있는 여러 가지 방식을 구상하고 핵심가치, 인재상과 연계하여 채용프로세스를 설계하는 기준이 돼.

국내 기업들 같은 경우 대부분 비전을 수립할 때 시점을 정해 놓고 수립하는 경우가 많아. 예를 들면 '2025년까지 반도체 산업 1위 기업이 되자!' 또는 '5년 내 매출 2조를 달성하여 국내 1위 기업으로 거듭나자', 이런 형태의 비전이 수립되고 운영되고 있어. 하지만 공기업, 대기업은 활발하게 비전을 수립하여 적극적으로 내, 외부에 공유하고 운영하는 데 비해 안타깝게도 일부 중견기업과 중소기업 이하 스타트업은 상대적으로 비전을 수립하여 운영하는 경우가 그리 많지 않아(규모가 작은 회사들이 비전수립을 하지 않는다는 말은 아니야).

　그 이유는 중견 이하 기업들 같은 경우 생존 자체가 우선이기 때문에 비전을 수립한다 해도 일부 임원진과 몇몇 직원들에게만 공유할 뿐 적극적으로 비전을 수립하는 것이 현실적으로 어렵기 때문이지. 안타깝지만 중견 이하 중소기업들이 채용이 힘든 이유를 여기서 찾아볼 수 있는데, 기존 직원들은 공유된 비전을 찾기 힘들어 장기 재직을 하기 힘든 상황이 발생되고 우리 아들딸과 같은 신규 입사자들도 비전이 없는 회사에 쉽게 입사 지원을 하지 않기 때문이야.

　이렇듯 회사 비전은 내부 구성원을 한데로 모으는 역할을 하고, 외부 구성원을 긍정적 시각으로 유인하는 역할을 하기도 해. 비전을 조금 더 쉽게 이해할 수 있게 이야기한다면 '중장기적으로 회사의 구성원 모두가 전력을 다해 달성하고자 하는 최고 수준의 목표'라고 이해하면 돼.

비전의 특징

　각 회사의 비전은 유연성을 갖추고 있어. 취업하는 시점에서 확인할 수 있는 회사의 비전이 당시 전부일 수 있지만 비전은 유연하게 변경될 수 있다는 점을 알고 있어야 하고, 위에서 설명한 '비전은 시점을 정해 놓았다'라고 한 것은 사업의 구조가 바뀌고 비즈니스 환경이 변화되면서 새로운 비전을 수립하기 때문에 비전은 유연하게 변화하고 바뀔 수 있다는 거야. 다시 말해 비전에 유효기간이 존재한다는 말이지. 대부분 비전은 5년에서 10년 주기로 변화하는 경우가 많아.

　이제 비전의 역할에 대해 살펴보면 ① 회사 구성원들을 한곳에 집중하게 만드는 역할을 하고 ② 동기부여를 할 수 있도록 관리자가 독려할 수도 있고 ③ 일을 하는 방향과 방식을 제시해 줄 수도 있고 ④ 우수한 성과를 창출할 수 있도록 ①과 마찬가지로 일에 집중할 수 있게 하는 특성을 가지고 있어.

| 비전이 없을 때 모습 | 비전이 있을 때 모습 |

①부터 ④까지 내용을 확인하면서 무슨 생각이 들었어? 비전을 해석하고 이해한다면 자기소개서, 면접에 충분히 활용할 수 있겠지? 이 비전의 해석과 이해는 회사에 대한 이해, 직무 방향성에 대한 이해(입사 후 포부, 지원동기)로 활용할 수 있을 거야.

비전의 또 다른 특성, 미션은 경영자의 철학이 많이 묻어난 결과라고 한다면 비전은 구성원들과 함께 만들어 낸 결과물이라고 할 수 있어. 단, 비전이 수립되어 완성될 때는 미션과의 연계성이 없으면 안 된다는 것을 반드시 이해해야 해. 그래서 자기소개서, 면접 등 채용프로세스 단계에서 최고 수준의 목표, 즉 비전을 달성하기 위한 조직의 적합성과 직무의 적합성을 검증하고 평가하기 위해 핵심가치와 인재상을 통해 확인하는 거야. 핵심가치와 인재상이 회사가 추구하는 가치와 맞아야 비전을 달성할 수 있는 가능성이 높고 회사 정체성인 미션에 부합할 수 있기 때문이야.

취업교육 회사 비전 사례

> ## 비전
>
> **2023년까지 찾아가고 찾아오는 양방향 취업 플랫폼 구축**
>
> 비전에 대한 모든 문장에 내포된 사업의 방향과 중장기적으로 전력을 다해 이루고자 하는 우리의 목표를 표현
>
> ## 비전선언문
>
> - 우리는 언제 어디서든 취업을 원하는 사람이 즉시 서비스를 사용할 수 있도록 만들겠습니다.
> - 우리는 취업자가 필요로 하는 스마트한 취업 인프라를 구축하겠습니다.
> - 우리는 언제 어디서든 도움을 받을 수 있는 명문화된 프레임 워크를 개발하여 제공하겠습니다.

회사가 비전을 수립하는 방법

비전수립프로세스를 이해한다면 회사에 대한 이해도 됐을 뿐더러 자기소개서와 면접에 활용할 수 있을 만한 소스를 상당히 많이 얻을 수 있을 거야. 회사 내부에서 비전을 운영하기 위해 사전에 점검해야 할 내용을 취업의 관점에서 다시 해석해 본다면 면접에서 좋은 자료로 활용할 수 있을 거야.

모든 회사가 비전을 수립 할 때 '매출을 높게 잡고 업계 1위가 되어야지' 이런 단순한 일차원적 접근을 하는 것은 절대 아니야. 비전을 수립하는 절차는 상당히 전문적이고 고차원적이야. 회사가 이루고자 하는 중장기적 목표와 구성원 모두 전력을 다해야 하는 비전을 수립하는 데 이렇게 단순하게 수립할 수는 없겠지?

비전을 수립하기 위해서는 ① 회사 사업에 대한 중장기적 관점에서 회사의 기술적 트렌드를 분석하고 ② 회사 사업에 대한 중장기적 산업 구조에 대한 분석이 필요하며

③ 회사 사업에 대한 중장기적 사회, 문화 트렌드 분석(PEST 분석 등)과 ④ 회사 사업에 대한 중장기적 시장, 고객 추이 등 분석이 필요해.

이 네 가지를 종합하여 핵심적인 키워드를 추출하는 작업을 거쳐 1차 비전의 내용을 수립하는 단계를 거쳐 가안을 만들어 내.

회사의 비전수립 전 고려사항

비전수립 전 고려 내용	내용
우리 사업의 중장기 기술 트렌드 분석	키워드
우리 사업의 중장기 산업 구조 분석	키워드
우리 사업의 중장기 사회, 문화 트렌드 분석	키워드
우리 사업의 시장, 고객 변화 추이 분석	키워드

다음 고려한 내용을 모두 키워드(문장 또는 단어)로 정리해서 핵심이 되는 비전수립의 초안 문장으로 활용하여 가안 즉 키워드와 문장을 정리하여 비전을 수립하기 위한 초안을 마련해. 아래 예시를 통해 비전을 수립하기 전 고려하는 내용과 실제 수립된 비전을 보면 회사 비전이 어떻게 수립이 되는지 충분히 이해할 수 있을 거야.

회사 비전수립 전 고려사항- 예시

비전수립 전 고려 내용	내용
우리 사업의 중장기 기술 트렌드 분석	취업 플랫폼 구축, 취업의 편의성 고려한 오토시스템 구축, 단순 워크시트, 프레임 워크 제공

우리 사업의 중장기 산업 구조 분석	지속적 수요 발생 사업, 매년 OO만 명의 신규 취업 수요자 발생, 강의, 단순 지식 전달 취업 자료만 전달
우리 사업의 중장기 사회, 문화 트렌드 분석	기업별 정보 욕구 강함(설문조사 결과), 안정적인 대기업, 공기업 선호 현상 여전함
우리 사업의 시장, 고객 변화 추이 분석	지속성, 편의성, 정보성의 니즈를 전체적으로 충족시키지 못함, 고객은 빠르게 최종 결과물을 원함, 불안한 심리를 해소할 수 있는 전문적 관리 필요함

추가로 비전수립 시 세 가지 정도 더 고려되어야 하는데, ① 비전의 방향성 설정으로 특정 사업 진입, 현재 사업의 장래 발전 전개의 의지와 방향을 파악해야 하고 ② 비전의 타깃 설정으로 회사의 질적, 양적 성장 가능성을 제시, 사업의 대폭 성장 가능성 제시해야 하며 ③ 비전을 달성하고자 하는 기간을 설정하고 운영, 기간적인 목표를 제시하여 비전을 최종 수립하고 운영하는 것이 각 단계라고 설명할 수 있어.

회사의 비전수립 전 방향성 설정

비전의 방향성 설정	
특정 사업 진입의사 표명 현재 사업 구조의 **장래 발전 전개 의지 제시**, 표명 또 다른 **신규 사업 전개 가능성** 제시	
비전 타깃 설정	
사업 성장의 가능성 제시 - 국내 선구자적 역할 - 최고의 기술력 - 최상의 고객 만족	**회사(조직)의** **질적·양적 성장 가능성을 제시**
비전 기간 설정	
이루고자 하는 목표 달성 시기 기간적 목표를 제시	

이와 같은 내용(비전수립 고려사항, 비전수립 방향성)들이 충분히 고려되어 비전이 수립되는 과정을 거쳐 만들어 낸 것이 '기업들의 비전수립 방식'이라고 할 수 있어.

"비전을 수립하기 위한 방향, 타깃, 비전 달성 기간,
중요 키워드를 활용하여 최종 비전을 수립"

비전수립 고려사항과 방향성을 문제로 인식하여 그 문제를 해결하고자 하는 관점에서 비전을 수립하여 운영하고 있어. 우리 아들딸들이 지원하고자 하는 회사의 비전과 대입해 보고 비전이 수립된 방식과 방법을 추론하여 취업을 준비하는 데 정확한 이해를 바탕으로 비전을 해석하고 각 회사의 비전은 멋있는 문장, 화려한 포부가 아니라는 거 반드시 이해할 수 있도록 해. 비전을 이해했다는 것은 회사가 중장기적으로 전력을 다해 하고자 하는 것이 무엇인지 이해했다는 것과 같은 말이야. 이를 이해했다면 자기소개서, 면접에서 다른 지원자보다 우수한 경쟁력을 갖출 수 있어.

마지막으로 비전을 이해할 때 주의해야 할 점은 비전은 취업자에게 구체적인 행동을 요구하거나 수반하지 않기 때문에 즉각적으로 업무 활동에 영향을 미치는 것이 아니고, 내부 구성원과 신규 입사자가 전력을 다해 이루어야 할 목표 업무수행의 방향성 정도라는 점이야. 다음 이어지는 핵심가치와 비전의 연계 인재상의 취업 활용도가 상당히 중요하기 때문에 그 부분을 집중해서 알아보도록 하자.

▶ 핵심가치의 기본 이해

핵심가치, 다른 말로 공유가치라고도 해. 핵심가치를 한마디로 정의하면 업의 특성과 직무의 특성에 따라 반드시 지켜야 할 기준과 원칙이라고 정의할 수 있어. 조직의 공통적인 가치관이나 신념이라고도 하지. 우리 회사의 재직사원이라면 모두 공유하고 있는 일종의 신념 같은 것이라고 할 수 있는 거야. 일부 '핵심가치는 회사의 헌법이다'라고 표현하는 회사들도 있어. 실제로 이런 헌법 같은 기능 때문에 핵심가치를

수립하여 구성원 모두가 공감, 이해하고 수시로 내재화할 수 있는 활동을 인사팀에서 하고 있어.

핵심가치는 기업 비전 달성의 핵심적인 요소라고 할 수 있어. 이유는 이야기한 대로 업의 특성과 직무의 특성에 따라 반드시 지켜야 할 기준과 원칙이기 때문이고, 회사의 공통적 가치관이나 신념을 동일하게 갖춘 재직사원들이 회사의 비전을 공감하고 달성할 수 있는 근간이 되기 때문이야.

핵심가치는 여러 경영학자의 해석이 다르기 때문에 그만큼 다양한 방식으로 해석되기도 해. 그래서 기업마다 홈페이지에 기업이념이라고 표현하기도 하고 경영 철학이라고 표현하기도 하지. 표현이 어찌 되었든 중요한 것은 핵심가치에 창업자나 경영자의 철학이 많은 부분 반영되어 있다고 이해하면 돼.

경영자는 우리 회사의 채용을 어떻게 바라볼까? 당연히 핵심가치에 부합하는 인재를 채용하는 것을 기본으로 생각하겠지. 그래야 비전을 달성할 수 있다고 여기기 때문이야. 반대로 회사 핵심가치에 부합하지 않는 인재는 어떻게 판단할까? 당연하겠지만, '핵심가치(우리 회사의 헌법, 규범, 가치관, 즉 업의 특성과 직무의 특성에 따라 반드시 지켜야 할 기준과 원칙)에 부합하지 않는 인재들은 채용하지 않겠다'는 것이 아주 자연스러운 논리겠지.

핵심가치는 비전을 달성하기 위한 내부 인사 평가와 채용프로세스에 활용하고 평가 제도, 교육 제도, 승진 제도를 수립할 때 활용하기도 해. 인사팀 관점에서 새로운 사원을 채용하여 평가하고 교육하고 승진시키는 데 핵심가치에 부합한 인재를 채용하는 건 너무 당연한 이야기 아닐까? 이처럼 핵심가치는 취업자 관점, 인사팀의 채용 관점으로 바라봤을 때 기업(공기업 포함) 채용(취업)의 근간이라고 할 수 있어.

핵심가치가 예를 들어 신뢰라고 가정해 보자. 그렇다면 자기소개서에 신뢰를 확인하기 위한 자기소개서 지시문이 개발될 것이고 면접 평가표에는 신뢰를 바탕으로 한 지금까지의 경험과 행동, 그에 관련된 경력 등을 물어보게 되겠지. 이것이 핵심가치를 통한 내부 인력 채용의 기본 원리야.

각 기업별로 핵심가치가 수립되면 핵심가치에 따라 구체적인 행동과 일하는 방식을 수립하게 돼. 하지만, 채용 제도와 연계된 이 핵심가치의 행동지침(행동규범), 즉 일하는 방식을 공개하지 않는 회사들도 분명히 있다는 것 또한 이해했으면 좋겠어. 행동지침(행동규범)은 곧 자기소개서 지시문(문항) 정답을 일부 공개하는 것이면서, 면접 예상 질문을 꽤 합리적으로 예상할 수 있게 하기 때문에 핵심가치의 행동지침(행동규범)과 일하는 방식을 한정적으로 공개하는 경우가 많아. 단순히 인사팀의 의지와도 연계되어 있다고 이해하면 돼. 지원자가 핵심가치를 해석하거나 인사팀에서 일부 가이드를 주거나의 차이인 거야.

아마 이런 부분들이 취업을 준비하는 데 애로사항이 많은 이유 중 하나일 거야. 사실, 이런 핵심가치에 대한 내용을 다 공개해도 자기소개서 작성이 쉽지 않은 건 사실이야. 그래서 우리 아들딸들은 자기소개서에서 제시한 지시문을 있는 그대로 이해할 것이 아니라 '아! 이 지문은 핵심가치를 묻는 것인가?' 아니면 '인재상을 묻는 것인가?' 또는 '직무 역량에 대해 묻는 것인가?'를 각각 제대로 이해하고 해석하여 작성하는 것이 반드시 필요해. '자기소개서 지시문을 있는 그대로 이해하지 마라, 무엇을 묻는지 이해해라'를 꼭 이야기해 주고 싶어.

'나는 기업의 핵심가치(행동지침, 행동규범, 헌법(업의 특성과 직무의 특성에 따라 반드시 지켜야 할 기준과 원칙으로 소통, 신뢰 창의와 같은 식으로 표현됨))를 잘 지킨다. 내가 그동안 살아오면서 경험한 행동들은 회사의 핵심가치에 부합하다'라고 어필하는 것이 가장 중요하고, 이것이 회사에 지원하고 입사하고자 하는 사람의 기본이야.

핵심가치는 어떻게 만들어질까?(수립 방법)

핵심가치도 경영자의 철학과 의지가 반영된 내용이기 때문에 경영자 의지대로 바로 아래로 지침을 내리는 TOP DOWN 방식과 구성원들의 의견, 현장의 생생한 목소리가 담긴 BOTTOM UP 방식으로 수립되는 두 가지 방식이 있어. 하지만 가장 이상적인 핵심가치 수립은 경영진 의견이나 철학과 구성원의 니즈를 적절히 합의하여 공감대를 형성하고 도출하는 것이라고 할 수 있어.

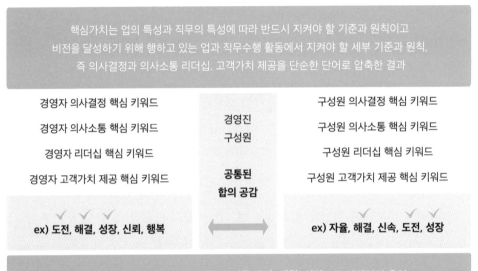

핵심가치가 수립되면 핵심가치에 맞는 행동지침(행동규범)을 수립하여 운영하는데, 이것이 바로 비전을 달성하기 위한 내부 구성원들의 핵심가치에 따라 일을 하는 데 반드시 지켜야 할 기준과 원칙, 바른 행동과 일하는 방식이라고 할 수 있어. 조금 더 구체적으로 이야기하면 아래와 같아.

핵심가치마다 하위요소의 구성은 업의 특성과 직무의 특성에 따라 반드시 지켜야 할 기준과 원칙 네 가지로 구성되어 있어. ① 의사결정 방식 ② 의사소통(협력) 방식

③ 리더십 ④ 고객가치 제공으로 구성되어 있어. 문장으로 이해하기 힘들기 때문에 아래 그림 예시와 같이 이해했으면 좋겠어.

핵심가치 속성 사례

			핵심가치는 업의 특성과 직무의 특성에 따라 반드시 지켜야 할 기준과 원칙입니다.
핵심가치의 행동지침·규범	도전	의사결정 방식	직위, 직책 무관하게 **도전**적인 방향으로 의사결정한다.
		의사소통(협력) 방식	목표 지향적으로 새로운 **도전**에 대한 의견을 적극적으로 대화하고 토론한다.
		리더십	리더: **도전**과 **성과 지향적**으로 일을 추진하고 행동한다. 팀원: **도전**과 **목표 지향적**으로 일을 추진하고 행동한다.
		고객가치 제공	고객 편의를 제공하기 위한 상품을 **도전적**으로 개발하고 제공한다.
	해결	의사결정 방식	**해결** 가능한 현실 대안을 제시하고 합법적 의사결정을 한다.
		의사소통(협력) 방식	문제가 발생하면 구성원과 즉각 의사소통하여 대안을 제시하고 문제에 침묵하지 않는다.
		리더십	구성원 모두 논리적 사고와 창의적 업무 활동을 지향하여 문제를 **해결**한다.
		고객가치 제공	**해결**된 문제를 고객과 소통하고 고객 만족을 실현한다.
	성장	의사결정 방식	**성장**의 가치를 최우선으로 하여 의사결정한다.
		의사소통(협력) 방식	모르는 것은 학습하여 구성원과 공유하고 피드백하여 모두의 **성장**을 지향한다.
		리더십	리더: **학습 지향적**으로 일을 추진하고 행동한다. 팀원: **학습 지향적**으로 일을 추진하고 행동한다.
		고객가치 제공	**성장**한 역량이 고객에게 전달될 수 있도록 한다.

그래서 위 내용을 기반으로 자기소개서에 '어려운 목표에 도전한 이유, 나의 역할, 그 과정에서 어려움을 극복한 경험을 작성하시오'라는 지시문(문항)이 출제될 수도 있어. 출제 의도 자체는 회사규범과 헌법, 즉 업의 특성과 직무의 특성에 따라 반드시 지켜야 할 기준과 원칙을 잘 지킨 경험이 있는가를 확인하기 위해서야.

핵심가치는 채용에 반드시 활용이 돼. 그렇기 때문에 핵심가치가 취업 활동에 정말 중요한 요소 중 하나이고 반드시 취업 활동(자기소개서, 면접) 시 이를 이해하고 해석할 수 있는 능력을 갖추어야 원하는 기업에 합격할 수 있을 거야.

취업교육 회사 핵심가치 사례

핵심가치

신속, 공유, 피드백, 신뢰

▼ 핵심가치 설명

업과 직무특성상 반드시 지켜야 할 기준과 원칙인 핵심가치를 통한 의사결정, 의사소통, 리더십, 고객가치를 우선으로 핵심가치를 운영합니다. 핵심가치를 반영하여 지속가능 체제 기본 초석을 마련하고 비전을 달성할 수 있도록 노력합니다.

핵심가치는 우리의 행동지침, 행동규범, 우리의 헌법입니다. 업무를 수행하는 데 반드시 지켜야 할 기준과 원칙이기 때문입니다.

- 신속: 언제 어디서든 우리 서비스를 사용할 수 있도록 서비스를 제공할 준비된 조직을 갖춘다.
- 공유: 우리 서비스를 공유하여 업무를 공유한다.
- 피드백: 취업준비생과의 약속을 수시로 피드백하여 목표 달성에 기여한다.
- 신뢰: 약속을 반드시 지켜 회사에 대한 무한신뢰를 느끼게 해 줄 수 있는 조직을 갖춘다.

▶ 인재상의 기본 이해

회사가 인재상을 수립하는 방법

인재상이 수립되는 프로세스만 이해해도 각 기업의 인재상을 해석하고 예측해 보는 데 상당히 많은 도움이 될 거야. 또, 인재상 수립프로세스를 이해한다면 각 기업 홈페이지에 있는 인재상과 회사가 현재 운영하고 있는 사업, 방향성 등을 같이 해석하고 이해할 수 있기 때문에 자기소개서, 면접에 있어 누구보다 우위에 있을 수 있다고 이야기해 주고 싶어.

인재상 수립프로세스		
직무 환경적 인재의 필요성	과업 환경: 산업, 사업, 시장 특성에 맞는 인재 정의, 검토 일반 환경: 산업 트렌드, 세계적 시장 변화에 맞는 인재	
조직 전략 환경에 맞는 인재의 필요성	가치 체계 연동: 조직의 미션, 비전 방향 일치성 고려 전략 목표 연계: 핵심 전략 목표 업무 방향과 일치성 고려 미래 조직의 전략을 고려한 인재	인재상 확정 관리 운영
조직 구성원 현직자 요구 필요성	구성원(현직자): 직무수행에 반드시 필요한 실제 인재의 요구 역량 고려	
조직 구성원 직무 환경 검토 필요성	현재 직무: 직무분석 조사 및 조사 결과 반영 미래 직무: 직무분석 결과로 현재 직무와 미래 직무 미래 발전성 고려	

각 기업별 인재상은 산업, 직무 환경 등 여러 요소들로 인해 상당히 민감하게 운영되며
빠르게 변화하는 시장에 대응하기 위해 수시로 바뀜
핵심가치와 연계되어 비전을 달성하는 데 영향을 미치는 것이 인재상이기 때문

외부로 노출되어 있는 인재상은 역량모델링의 기초를 제공하고 역량모델링의 결과인 공통 역량으로 운영, 즉 채용에 적용되는데, 아래와 같은 구조로 되어 있어.

역량(지식, 기술, 태도 - 인재상)의 구조도		
공통 역량(인재상)	직무 역량	리더십 역량
기초 직무 역량 기초 리더십 역량	직무 역량, 리더십 역량은 직무별, 계층별 모두 다름 ex) 인사, 영업, 마케팅, 기획 등 모든 직무	
외부에 공개하여 표현된 인재상 ex) 창의적 인재, 도전적 인재 등	입사 후 내부에서 관리하는 **직무수행 적합 역량** ex) 분석력, 커뮤니케이션	입사 후 내부에서 관리하는 **직무수행 적합 리더십 역량** ex) 목표 지향, 성과 지향
채용에 활용 채용프로세스에서 **지식, 기술**을 검증 (일반적으로 구술면접) **태도는 다른 방식으로 검증** (시뮬레이션면접, 인적성 등)	직무 역량과 리더십 역량은 신규로 채용된 자, 내부 구성원의 지식과 기술을 인사팀에서 관리 **태도는 채용프로세스에서 직무수행 적합 인재를 채용하는 것** (100% 확률 이뤄 내긴 힘듦)	
취업자는 공통 역량에 충실	심화된 직무 역량, 리더십 역량은 입사 후 지속적으로 개발, 육성해야 하는 영역 (신규 채용에 활용하는 경우도 있음)	

우리 아들딸들, 취업자 입장에서는 인재상(공통 역량)에 집중하여 취업 활동을 하는 것이 중요해. 그 이유는 공통 역량 안에 신입 채용에 필요한 공통 역량(지식, 기술, 태도), 기초 직무 역량(지식, 기술, 태도), 기초 리더십 역량(지식, 기술, 태도)을 검증하기 위한 프로세스가 설계되어 있기 때문이야. 이 세 가지의 역량은 지식, 기술, 태도의 총합이 야. 그럼 그 총합에 맞는 사람을 채용하는 것이 회사로서는 정말 당연한 거라고 할 수 있지.

인재상의 이해

인재상은 기업별로 분명한 차이가 있어. 이유는 사업의 범위 차이, 사업 분야의 다양함, 전략 목표의 차이와 다양함 등 여러 요인으로 회사마다 요구되는 인재상이 다르기 때문이야. 기업들은 채용을 하기 전에 어떤 인재가 성과를 내고 성장해서 회사에 이익을 가져다줄 수 있는지 반드시 정의해 놓을 필요가 있고, 인사부서는 회사의 미션, 비전, 핵심가치, 전략 목표 등을 기초로 하여 역량모델링을 진행하고 역량모델링을 통해 공통 역량, 즉 인재상이라 명명하여 운영하고 있는 거야.

그렇다면 역량모델링이란 무엇일까? 공기업, 일반기업 모두가 각 직무별 계층별 역량을 모델링하여 공통 역량, 직무 역량, 리더십 역량 이렇게 크게 세 가지로 모델링하여 운영하는데, 이것을 '역량모델링'이라고 해. 회사 구성원의 직무, 직위, 계층별 지식, 기술, 태도를 모델링하여 관리한다는 말이지. 역량모델링의 결과물 중 공통 역량을 '인재상'으로 이해하면 되는데, 인재상은 신입 채용에서 가장 많이 활용되고 취업 활동의 첫 번째 단계인 자기소개서 지시문(문항)으로 제시되기도 해. 면접에서도 당연히 인재상을 활용하고 있어.

핵심가치가 조직문화의 행동지침, 행동규범적·가치관적 성격, 업의 특성과 직무의 특성에 따라 반드시 지켜야 할 기준과 원칙이라면 인재상은 회사에서 직무를 수행함에 있어 직무에 적합한 지식, 기술, 태도, 실행력(행동)을 갖춘 인재의 이미지로 정의할 수 있어. 다시 말해 인재상(공통 역량)은 회사 구성원들의 직무수행에 필요한 요건을 갖춘 바람직한 구성원들의 공통된 인재의 이미지를 정하고 문장, 다시 축약하여 하나의 단어로 정리한 내용이라 할 수 있는 거야. 회사 홈페이지에 인재상이 있다는 것만으로도 인재를 소중히 여기며 인재에 대한 관심이 많고 그 중요성을 인지해 우수한 인재를 확보하고 관리, 유지하기 위한 인사팀 활동이 활발하게 이루어지고 있다고 볼 수 있어. 회사(조직)의 인재상은 인사 관리에 있어 많은 영역에서 활용하고 있는데 신규 입사자뿐 아니라 구성원들의 교육, 평가, 승진 모두에 공통 역량, 직무 역량, 리더십 역량을 활용하고 있어.

그렇다면 이 인재상(공통 역량)이 채용에 활용되는 기본 논리는 무엇일까? 내부 구성원을 통해서 높은 성과를 창출하는 데 원인이 되는 개인의 내적 행동 특성과 행동 지표(역량)를 규정해 놓고 인재상을 운영하고 있기 때문에 신규로 채용하는 인재도 고성과를 내는 내부 구성원과 같은 인재라면 너무나 좋겠다(하지만, 인사 업무는 1+1=2처럼 딱 맞아 떨어지는 업무는 아니야. 모순적이지만 사람은 정의 내릴 수 없기 때문이기도 하지)는 논리야. 이런 인재상의 논리를 이해하고 취업 활동에 활용하는 것이 큰 도움이 돼. 예를 들어 '창의적 인재'가 회사의 인재상이라고 한다면, '창의적 인재'라는 인재상에 맞는 나의 경험과 행동을 자기소개서와 면접에서 나타내 주면 된다는 거야.

공기업과 일반기업 모두는 자기소개서, 면접에서 왜 인재상을 강조할까? 인재상(공통 역량)은 인사팀에서 채용과 교육, 평가, 승진까지 하나의 연결고리로 운영이 되기 때문이야. 공통 역량, 직무 역량, 리더십 역량을 신입 채용 기준에 맞춰 활용함으로(공통 역량만 활용하는 기업도 많이 있음) 이 역량들을 이미 갖춘 신입사원이 채용된다면, 회사의 비전 달성과 동시에 개인 업무의 평가, 교육, 승진 등도 원활하게 진행될 수 있다고 기본적으로 판단하는 거지.

이 역량모델링은 상당히 어려운 영역이긴 하지만 취업자 입장에서 역량모델링이

'이미 재직하고 있는 회사 구성원이 높은 성과를 창출하는 데 원인이 되는 개인의 내적 행동 특성(즉 '역량' 자체를 의미함)'을 의미한다고 이해했으면 좋겠어(재직자의 직무, 리더십 역량, 직무별·계층별 역량은 모두 달라).

인재상 특징

인재상은 왜 이렇게 역량모델링과 연결해 각 기업들(대기업 등 대부분의 기업)이 활용할까? 이 역량모델링을 채용에 활용하는 것이 가장 효과적이기 때문이야. 역량은 직접적인 행동을 수반하고, 아래와 같은 몇 가지 특징을 가지고 있어.

① 역량은 행동이기 때문에 관찰이 가능하며 ② 비즈니스 환경에 유연하게 대응하고 대처(수정, 보완하여 관리)할 수 있고 ③ 구성원이 높은 성과를 내는 데 필요한 역량을 규정했기 때문에 성과를 달성할 확률이 높아지며 ④ 역량은 육성과 개발이 가능하다는 점이야.

역량을 규정함으로 이 네 가지 특징을 채용프로세스(자기소개서, 면접)에 적용하고 운영하는 것이 인재 채용에 가장 효과적이야. 그래서 경험면접, 상황면접, PT면접 등 다양한 면접 도구와 툴을 활용하여 행동을 관찰하고 역량을 평가하고 검증하는 채용프로세스가 진행되는 거야. 뒤에 나올 '역량의 이해' 부분에서 조금 더 구체적인 내용들을 확인할 수 있어.

3. 기업의 전략 목표와 전략 과제

▶ **전략 목표(전략 과제)란 무엇인가**

전략 목표, 전략 과제는 중장기적 비전을 달성하기 위해 세워 놓은 목표를 이루기 위한 각 공기업과 일반기업의 업무 전략이야. 비전을 달성하기 위한 상세 업무 활동, 즉 비전을 달성하기 위한 구체적인 업무의 방법론이라 이해하면 돼.

각 공기업과 일반기업은 비전, 핵심가치, 인재상과 함께 전략 목표를 노출하는데 특히 대부분 메이저 대기업, 공기업이 외부에 이를 자세히 드러내는 것이 특징이라고 할 수 있어. 회사 비전에 따라 다양하게 전략과 세부과업을 구축하고 확정하여 운영하고 있고 신규 채용 시 회사의 전략 방향을 공감하고 이해하는 인재, 전략 목표를 수행할 수 있는 역량(지식, 기술, 태도)을 갖춘 인재를 채용하는 것이 당연한 논리야. 일부 중견, 중소기업의 경우 전략 목표를 홈페이지나 외부로 노출을 하지 않는 경우도 상당히 많은데 기업이 가치 경영 체계를 도입하지 않아서 내용을 확인하기 힘든 경우도 있고, 일부 임원, 팀장들만 공유하는 경우도 상당히 많아. 그렇기 때문에 상대적으로 입사 장벽이 그리 높지 않은 것이 현실이지만, 이런 이유들이 오히려 중소기업의 구인난과 조기퇴사의 발생 원인일지도 몰라. 회사의 전략 목표나 세부 과제를 찾아보기 어렵고, 명확하지 않다면 구성원들도 쉽게 흔들리게 마련이거든.

전략 과제는 앞서 이야기한 미션, 비전, 핵심가치, 인재상, 전략 목표가 조화롭게 설계되어 채용프로세스와 연계된 후의 전략 목표 세부 수행 방법론이라고 이해하면 돼. 전략 과제를 완성하고 수행해 낼 수 있는 인재가 많으면 많을수록 공기업과 일반기업은 원하는 중장기적 비전의 달성 가능성이 커지는 거지. 전략 목표와 전략 과제는 일을 하는 방법론, 세부 방법론으로 이해하고 자기소개서와 면접을 준비하면 돼. 아래 그림을 참고해서 지금까지 알아본 회사의 가치 체계가 어떻게 연결되고 연관성이 있는지(모든 가치 체계는 밑에서 위로 달성되는 구조라고 이해하도록 해) 이해한다면, 회사의 가치 경영 논리와 채용의 기초 원리(논리)를 이해하는 데 많은 도움이 될 거야. 회사마다 조금씩은 다르지만 일반적으로 가치 체계도, 비전 체계도, 전략 체계도(홈페이지에서 흔히 볼 수 있는 미션, 비전, 핵심가치, 인재상, 전략 목표 등을 일컫는 말)라고 명명하여 운영하고 있으니, 다 같은 말이라고 생각해도 좋아. 지금까지 알아본 가치 체계에 대한 이해만으로도 상당히 취업준비 역량이 상승되었을 것이라 믿어.

가치 체계도, 비전 하우스, 비전 체계도, 전략 체계도

기업(공기업, 일반기업)이 운영하는 가치 체계(비전 하우스)			
미션: 기업의 존재 이유(기업 정체성, 기업의 목적, 철학)			
비전: 기업의 중장기적 목표, 미래의 이미지			
핵심가치			
핵심가치 1	핵심가치 2	핵심가치 3	핵심가치 4
인재상			
인재상 1	인재상 2	인재상 3	인재상 4
전략 목표			
전략 목표 1	전략 목표 2	전략 목표 3	전략 목표 4
세부 업무 1	세부 업무 1	세부 업무 1	세부 업무 1
세부 업무 2	세부 업무 2	세부 업무 2	세부 업무 2
세부 업무 3	세부 업무 3	세부 업무 3	세부 업무 3

▶ 기업의 전략 목표 사례

현대자동차와 CJ그룹 사례

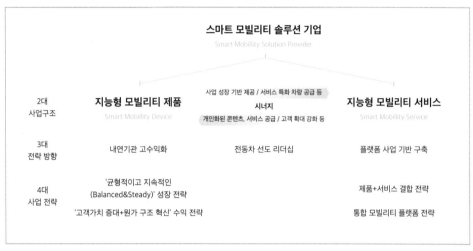

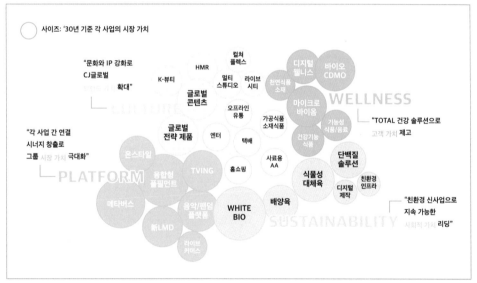

출처: https://weekly.cnbnews.com/news/article.html?no=142906

Culture

• 비비고 글로벌 전략제품 집중 육성
• 드라마, 예능 등 장르별 특화 멀티스튜디오 설립

Platform

• 오리지널콘텐츠 기반 티빙 가입자 800만 돌파
• TES 기술 기반 풀필먼트/근거리배송(LMD) 강화
• 버티컬 라이프스타일 플랫폼(CJ온스타일), 글로벌
  K-뷰티 전문 플랫폼(올리브영) 구축

Wellness

• 마이크로바이옴 기반 레드바이오 사업 진출
• 바이오 CDMO(위탁생산개발) 시장 진입
• 개인 맞춤형 토털 건강솔루션 제공

Sustainability

• 해양 생분해 플라스틱(PHA) 본격 양산
• 식물성 대체육·배양육 글로벌 투자 확대
• 탄소 자원 활용 기술 확보

**4大
미래성장
엔진**

조직문화·인사 제도 혁신

• **최고인재가 일하고 싶은 환경 조성**
  ▲ 다양한 기회, 공정한 경쟁, 성과에 따른 파격보상 제도 구축
• **자기주도적 성장기회 부여**
  ▲ 잡 포스팅, 프로젝트/TF 공모제, 리더 공모제 실시
  ▲ 직급/승진제도 개편, 임원 직위체계 간소화
  ▲ CIC(Company In Company), 사내벤처 활성화
• **업무 시공간 셀프 디자인**
  ▲ 거점오피스/재택근무제 본격 확대
  ▲ 선택적근로시간제 도입, 요일별 근무 시간 자유롭게 설계

경영방식 혁신

• **무형자산 확보/디지털 전환에 4조 3천억 원 투자**
  ▲ 미래형 혁신 기술, 브랜드/IP 등 무형 자산 적극 확보
  ▲ AI/빅데이터 중심 디지털 전환 가속화
• **개방적 협업 확대**
  ▲ 다양한 협업모델을 통한 융합 시너지 발굴
  ▲ 오픈이노베이션·스타트업 투자 확대

출처: http://www.srtimes.kr/news/articleView.html?idxno=108430

공기업 사례(국민연금공단)

미션	지속 가능한 연금과 복지 서비스로 국민생활 안정과 행복한 삶에 기여			
비전	세대를 이어 행복을 더하는 글로벌 리딩 연금기관			
핵심 가치	포용과 행복		책임과 신뢰	공정과 혁신
경영 방침	국민이 행복한 국민 모두의 연금			
	모두가 함께 행복한 국민		든든하고 신뢰받는 연금	스스로 혁신하는 공단
전략 목표	포용적 연금 복지 서비스 구현	지속 가능 성장동력 창출	국민체감 사회적 가치 실현	사람, 미래 중심의 혁신 경영
전략 과제	1. 가입자 확대 및 관리 고도화 2. 포용적 연금 서비스 강화 3. 수요자 중심의 복지 서비스 강화 4. 전 국민 노후 준비 지원 강화	1. 기금 운용의 안정적 수익 제고 2. ESG 중심의 투자 활성화 3. 미래 대비 디지털 전환 추진 4. 변화 대응 위한 선제적 연구 강화	1. 안전, 환경 경영 고도화 2. 윤리, 준법의 사회적 책임 확대 3. NPS형 일자리 창출 4. 상생협력과 지역 발전	1. 사람, 미래 중심 경영 체계 구축 2. 차세대 혁신 역량 강화 3. 참여와 소통의 조직, 인력운영 4. 국민 체감 혁신성과 창출

미션	국민보건과 사회보장 증진으로 국민의 삶의 질 향상				
비전	평생건강·국민행복·글로벌 건강보장 리더				
핵심 가치	희망과 행복	소통과 화합	변화와 도전	창의와 전문성	청렴과 윤리
경영 방침	국민에게 봉사하고 사랑받는 건강보험 건강보험 하나로 삶의 질 향상에 기여 신뢰와 존중으로 함께 성장하는 파트너 우수성과 전문성을 갖춘 자율과 창의의 조직				
전략 목표	건강보험 하나로 의료비를 해결하는 건강보장 체계	생명·안전가치 기반의 건강수명 향상을 위한 맞춤형 건강 관리	노후 삶의 질 향상을 위한 품격 높은 장기요양보험	보험자 역량 강화로 글로벌 표준이 되는 K-건강보험	국민신뢰와 투명성 제고로 지속가능한 청렴 공단
전략 과제	건강보험 보장성 강화	1차 의료 중심의 건강증진 연계 강화	장기요양보험 보장성 확대	전문화· 고도화를 통한 조직 역량 강화	국민안전· 환경보호를 위한 책임 강화
	보험료 부과 체계 2단계 개편 등 신뢰 기반 재원 조성	감염병 대응 고도화 및 의료 이용 안전 강화	지역사회 중심의 돌봄 강화	국제협력, 연구 등 미래 대비	좋은 일자리 창출 및 상생협력 강화
	합리적 진료비 관리 체계 수립	건강검진 체계 고도화	서비스 제공기반 선진화 및 서비스 내실화	보건의료 산업의 포용적 성장 지원	청렴하고 유연한 직장문화 조성
	효율적 재정 관리 체계 구축	ICT 기반 건강정보 활용 체계 정립	안정적 장기요양 재정 관리	디지털뉴딜 기반의 정보시스템 혁신	국민 참여 기반의 거버넌스 확대

4. 취업자의 직무 역량이란 무엇인가

▶ **역량의 이해**

계속 역량을 언급했지만 역량이란 것을 명확하게 이야기해 준 적은 없었던 것 같아. 역량 그게 도대체 무엇일까? '역량이 있어야 한다' '높은 수준의 역량을 원한다' '저 친구는 역량이 좋아' '역량이 부족해' 등 많이들 들어 본 말일 것 같아.

'역량(Competency)'은 학자마다 정의가 조금씩 다르고 표현 방식도 일부 다르지만, 일반적으로 '우수한 성과자에게서 공통적으로 일관되게 관찰되는 개인의 내적인 행동 특성'으로 정리해 볼 수 있어. 이는 지식, 기술, 태도와 같이 상호 작용하여 우수한 성과를 낸 행동을 의미해. 조금 더 자세하게 알아보자. 축구선수들의 비전은 무엇일까? 소속된 팀의 우승이 아닐까? 두 개의 심장을 가진 박지성 선수, 뛰어난 기술과 스피드를 갖춘 손흥민 선수, 황소같이 저돌적인 드리블과 스피드를 갖춘 황희찬 선수와 같은 프로 축구선수들에게서 찾을 수 있는 공통된 특징이 있어. 바로 '부지런함(엄청난 연습량)', 지지 않으려는 '승부 근성' '끈기' 같은 행동 특성이야. 우수한 성과(성적)를 내는 세 선수들의 공통된 개인의 내적 특성과 지식, 기술, 태도가 상호 작용하여 우수한 성적을 이끌어 낸 것이 '역량(Competency)'이야.

더 쉽게 설명하자면 우수한 성과자가 공통적으로 가진 개인의 내적 행동 특성을 '역량'이라고 해. 정말 현실적으로는 개인의 능력, 개인의 실력을 역량이라고 이야기 한다는 거야. 박지성, 손흥민, 황희찬 선수는 누구나 잘 알 듯 축구선수로서의 역량을 갖고(축구에 대한 이론적 지식과 화려한 기술, 성실한 태도, 즉 부지런함, 승부 근성, 끈기 등) 비전 달성이라는 성과를 얻은 거야.

위에서 축구선수들의 비전은 소속된 팀의 우승이라고 했지? 이 역량(부지런함, 승부 근성, 끈기 등)은 핵심적인 개인의 내적 행동 특성이면서 직무수행(축구)에서 고성과를 달성하기 위한 적극적 행동이라고도 할 수 있어. 이 적극적 행동 특성은 비전(소속팀 우승)을 달성할 수 있는 기본, 핵심요소이기 때문에 각 공기업, 일반기업의 채용 장면 에서도 역량을 중요하게 생각하는 거야.

역량이란 무엇인가				
박지성		승부 근성 부지런함 끈기		
손흥민	지식 기술 태도	승부 근성 부지런함 끈기	우수한 성과자에게서 공통적으로 관찰되는 개인의 내적 행동 특성	역량
황희찬		승부 근성 부지런함 끈기		

어때? 이해하기 어렵지 않지? 그럼 기업의 채용담당자 직무를 예시로 다시 한번 보자. 만약 내가 인사채용 직무를 지원하는데 지원하고자 하는 회사의 인사팀 내부 채용담당자의 역량(우수한 성과자에게서 공통적으로 관찰되는 개인의 내적 행동 특성)이 '부지런 함과 끈기'라면, 회사는 신규 채용담당자를 채용할 때 우수 성과자와 공통된 내적 행동 특성인 '부지런함과 끈기'를 갖춘 인재를 채용하기 원할 거야. 이렇게 역량을 이해 하고 접근한다면 취업 활동에 정말 많은 도움이 될 수 있을 거야.

이렇게 각 기업은 직무마다 역량이 구조화되어 있고 명문화되어 있기 때문에 이 '역량'이라는 부분을 확실하게 이해하고 있어야 해.

취업을 준비해야 하는 우리 아들딸들에게 세 가지 역량(공통, 직무, 리더십) 모두 중요하지만, 공통 역량(인재상)과 직무 역량에 초점을 맞추는 것이 가장 중요한데, 직무 역량은 다시 직무기본 역량, 직무전문 역량으로 나누어져. 직무기본 역량은 우리 아들딸들이 경험하고 행동한 것을 의미하고 이를 바탕으로 자기소개서, 면접에서 가장 많이 활용된다고 할 수 있어. 직무전문 역량은 수행하는 직무가 갖는 특수하게 요구되는 역량이라고 이해하면 돼. 예를 들어 직무전문 역량은 업무를 수행함에 있어 법령의 해석과 분석, 표준프로세스 관리나 적용 등에 활용되는 핵심적 지식이나 기술을 의미하는 거야. 결국 모든 취업은 역량과 아주 밀접한 관련이 있고, 역량이 우수하고, 꾸준히 개발해야 원하는 곳에 취업을 할 수 있다는 말이지.

▶ 역량의 특징

역량은 우수한 성과자로부터 관찰되는 개인의 내적 행동 특성이기 때문에 가지는 몇 가지 특징이 있어.

첫 번째 역량은 회사 업무를 수행하는 과정에서 나타나는 구체적인 행동이야.

두 번째 직무별, 계층별(직급별), 직무를 수행하는 환경별로 역량이 다르게 정의되고 운영되고 동시에 달라질 수 있어.

세 번째 성과를 내는 것에 집중되어 있어. 모든 회사의 인사팀은 정기 인사 평가에 역량을 평가하고 있어. 그러니 애초부터 역량을 보유한 인재를 채용 과정, 프로세스를 통해 검증(자기소개서와 면접)하는 거야. 입사 후에 '역량을 갖추었기 때문에 일을 잘하겠지' '성과를 낼 수 있겠지'라는 관점으로.

네 번째 역량은 교육을 통해 육성과 개발이 가능해. 직무 역량교육 등 회사별 역량에 대한 교육을 교육팀, 인사팀에서 실시하고 있고 각 부서장, 팀장을 통해 역량에 대해 피드백을 받고 학습할 수 있어. 그런데 역량 중에 지식과 기술은 학습을 통해 육성, 개발이 가능하지만 태도는 성격적 특성이 강하기 때문에 개발하기 상당히 어려워. 그래서 회사는 지식과 기술을 갖추고 태도, 즉 성격적 특성이 직무수행에 무리가 없는 정도의 사람이라면 직무에 적합한 사람이라 여기며 채용하고 있어.

"태도는 성격적 특성으로 이해,
직무수행에 적합한 나의 성격적 특성을 반영한다면 합격"

다섯 번째 역량은 관찰과 측정이 가능한 것이 특징이야. 관찰과 측정이 가능하니 자기소개서, 면접에 활용되는 거지.

"태도는 육성과 개발이 현실적으로 힘듦,
그래서 태도는 인성 검사, 시뮬레이션면접으로 판단,
채용 시 직무수행에 무리가 없는 태도를 갖춘 사람을 합격시킴"

이렇게 유연하게 활용될 수 있는 역량을 이해하고 취업 활동에 적용하면 좋겠지?

역량의 특성

업무수행 과정에서 나타나는 구체적 행동

직무별 직급별 다르게 정의, 운영

성과에 초점이 맞추어져 있음

교육과 관리를 통해 개발이 가능

관찰과 측정이 가능

그래서 기업은
**채용 활동에
역량을 활용함**

역량(지식, 기술, 태도 - 인재상)의 구조도		
공통 역량(인재상)	**직무 역량**	**리더십 역량**
기초 직무 역량	**직무 역량, 리더십 역량은 직무별, 계층별 모두 다름**	
기초 리더십 역량	ex) 인사, 영업, 마케팅, 기획 등 모든 직무	
외부에 공개하여 표현된 인재상 ex) 창의적 인재, 도전적 인재 등	입사 후 내부에서 관리하는 **직무수행 적합 역량** ex) 분석력, 커뮤니케이션	입사 후 내부에서 관리하는 **직무수행 적합 리더십 역량** ex) 목표 지향, 성과 지향
채용에 활용 채용프로세스에서 **지식, 기술**을 검증 (일반적으로 구술면접) **태도는 다른 방식으로 검증** (시뮬레이션면접, 인적성 등)	직무 역량과 리더십 역량은 신규로 채용된 자, 내부 구성원의 지식과 기술을 인사팀에서 관리 **태도는 채용프로세스에서 직무수행 적합 인재를 채용하는 것** (100% 확률 이뤄 내긴 힘듦)	
취업자는 공통 역량에 충실	심화된 직무 역량, 리더십 역량은 입사 후 지속적으로 개발, 육성해야 하는 영역 (신규 채용에 활용하는 경우도 있음)	

여기서 하나 우리가 꼭 이해해야 할 부분은, 각 기업별 역량에 대한 활용은 다양하기 때문에 기본적으로 갖추어야 할 공통 역량 외에 직무 역량에 집중하여 이해도를 반드시 높여야 한다는 거야. 직무 역량은 공기업 같은 경우 직무수행 능력, 즉 능력단위(NCS 홈페이지에서 다운로드), 능력단위요소 → 수행준거에서 지식과 기술, 태도를 확인할 수 있기 때문에 이것을 나의 역량과 매칭하여 자기소개서와 면접을 준비하는 것이 가장 좋은 방법이야.

일반기업은 직업기초 능력, 직무수행 능력이라는 용어 자체를 사용하지는 않지만 각 직무별로 필요한 역량을 규정해 놓고 운영하기 때문에 직무분석을 통해 지원하고자 하는 직무에 대한 역량을 파악하고, 이 역량에서 요구하는 지식과 기술, 태도(성격적 특성)를 이해하여 자기소개서와 면접을 준비하면 된다는 이야기야.

역량 빙산모델

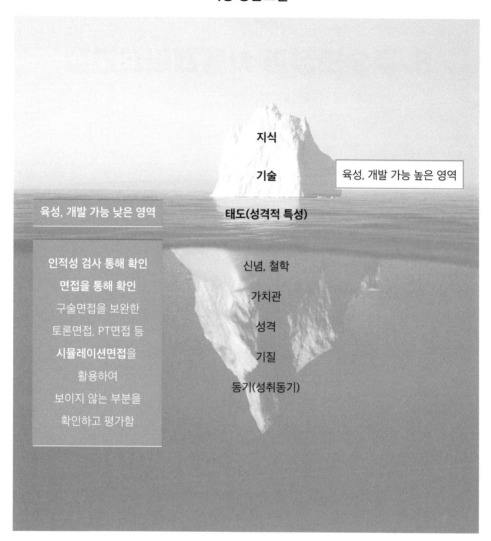

지식

기술

육성, 개발 가능 높은 영역

육성, 개발 가능 낮은 영역

태도(성격적 특성)

인적성 검사 통해 확인

면접을 통해 확인

구술면접을 보완한

토론면접, PT면접 등

시뮬레이션면접을

활용하여

보이지 않는 부분을

확인하고 평가함

신념, 철학

가치관

성격

기질

동기(성취동기)

5. 구술면접과 시뮬레이션면접

공기업과 일반기업의 면접 방식은 구술면접과 시뮬레이션면접 방식으로 나누어져 있어. 구술면접은 '경험면접'과 '상황면접'이 있고 시뮬레이션면접은 'PT(Presentation), 발표면접', 'GD(Group Discussion), 토론면접', ' RP(Role Playing), 롤플레잉면접'이 있어.

면접의 유형

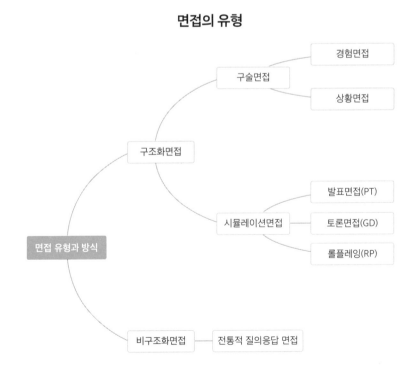

1) 구술: 경험면접, 상황면접

▶ 경험면접

경험면접이란 면접 평가자가 지원자에게 구체적인 질문을 하고 지원자는 본인의 과거 경험을 성실하고 정직하게 답하는 형태의 면접이야. 경험면접은 왜 할까? 경험을 왜 물어 볼까? 경험면접을 하는 이유는 우리 아들딸들, 지원자가 경험한 과거의 경험과 행동이 미래에 같은 바람직한 행동으로 재연될 수 있을 것이라는 예측을 할 수 있기 때문이야. 다만 이 경험을 바탕으로 개인을 발전시키거나 개선할 수 있다, 이전 경험으로 가장 좋은 결과를 낼 수 있다, 이런 전제를 갖지는 않아.

반복해서 보자. 경험면접은 개개인의 과거 성과(성공) 경험과 행동을 기반으로 미래의 성과(성공)를 예측할 수 있는 면접기법으로, 사람 개개인의 내적인 특성에 따라 비롯되는 행동은 쉽게 변하지 않는다는 전제가 보이지 않게 숨어 있고 최소한 이 정도의 경험 또는 역량을 갖추었기 때문에 업무가 주어졌을 때 이 기본적인 경험과 역량을 바탕으로 주어진 일은 기본 이상으로 해낼 수 있다고 예측하기 위해 보는 면접이라고 할 수 있어. '아 이 지원자가 이런 경험이 있는데 업무가 주어지면 정말 잘하겠네?' 이런 논리는 아니라는 거야. 그래서 면접 평가자는 최근 과거의 경험과 행동을 지원자에게 질문하고 그에 대한 답변을 통해 지원자의 미래 행동을 예측해 볼 수 있고, 이것을 점수화하여 합격과 불합격을 가를 수 있게 된다는 거야. 이것이 경험면접을 진행하는 이유이자 경험면접의 기본이라고 할 수 있어.

경험면접의 평가자는 직무에 맞는 확정된 역량을 평가하는데, 여기서 중요한 것은 행동지표(역량에 맞는 바람직한 행동)를 알기 위한 여러 가지 질문들을 구조화해서 지원자의 경험을 최대한 이끌어 내기 위한 노력을 해야 한다는 점이야. 다시 말해 행동지표(역량에 맞는 바람직한 행동)를 통해 그에 부합한 경험을 했는지 평가를 해야 한다는 거지. 이는 경험면접에서 기대하는 행동, 규정해 놓은 수행준거와 유사한 경험과 행동이 아니라면 채용하지 않는다는 말과 같아.

면접 평가자 입장에서도 지원자의 경험과 행동이 평가 영역(공기업: 직업기초 능력, 직무수행 능력/일반기업: 직무수행 역량)과 다르면 냉정하게 점수를 줄 수 없어. 면접도 절대평가로 이루어진다는 거야. 대부분 지원자, 우리 아들딸들은 경험이 제한적이기 때문에 개개인별 제한된 경험에서 평가 영역과 유사한 경험과 행동을 했는지를 잘 드러내는 것이 면접 평가에서 고득점을 받을 수 있는 가장 좋은 방법이야.

어떤 사람과 무엇을 경험하고 얼마나 가치 있고 좋은 경험을 했는지가 핵심이 아니라 '내가 지원한 공기업, 일반기업이 바라는 경험과 행동이 규정해 놓은 행동지표(역량에 맞는 바람직한 행동)와 얼마나 일치하는지'가 경험면접의 핵심이라고 할 수 있어.

그래서 경험면접에서 경험과 행동의 유사성을 확보하기 위해 지속적으로 세부적인 경험을 묻기도 해. '탐침 질문'을 통해서 기본적으로 거짓된 경험과 행동이 없는지 확인하기 때문에 서류 전형에 합격하더라도 여기서 불합격될 수 있는 거야. 경험과 행동이 거짓으로 작성된 서류라면 구조화된 질문을 극복하긴 힘들겠지? 다시 이야기하지만 대단한 경험과 행동을 요구하는 게 아니야. 작은 경험이라도 공기업은 직업기초 능력과 직무수행 능력을, 일반기업은 보유한 역량을 내 경험을 통해 합리적으로 소개하고 그에 따른 합리적 행동에 대해 답변하는 상호 유기적 대화, 요구하는 평가기준의 부합도를 나타내는 게 경험면접의 가장 큰 성공요인이고 핵심이야.

경험면접	
공기업	일반기업
공기업 평가 기준 부합도 (직업기초 능력, 직무수행 능력을 기반한 경험과 행동)	일반기업 평가 기준 부합도 (개인이 보유한 역량, 경험과 행동)

▶상황면접

상황면접이란 무엇일까? 상황면접은 우리 아들딸들이 입사해서 접하게 되는 직무 상황들을 가정해서 어떻게 행동을 할 것인가를 평가하고 실제 업무 상황을 예측하는 면접이야.

상황면접은 경험면접과 다르게 지원자의 경험에 의존한 면접이라기보단 특정 직무 수행 상황, 상사와 동료 간의 갈등 상황 등 다양한 상황에서 지원자가 어떻게 행동할 지를 평가하는 것이기 때문에 경험면접과의 차이가 분명하다고 할 수 있고, 훨씬 더 높은 수준에서 역량을 평가한다고도 할 수 있어.

경험면접이 최소한, 기본 이상으로 능력을 검증하는 면접이라면 상황면접은 '아 우리 아들딸들이 이 정도까지(최대한의 능력과 역량) 할 수 있겠구나'를 예측하는 면접이라고 할 수 있어.

상황면접은 기본적으로 직무 상황에서 벌어질 수 있는 가정의 상황을 제시하기 때문에 직무에 대한 이해도가 상당한 수준으로 높아야 하는 것은 기본이고, 그와 함께 답변에 대한 논리 근거도 반드시 갖추어야 해. 상황면접에서 요구하는 답변의 예를 들어 보자. 인사교육운영(업무)에 대한 예상 질문이 아래와 같을 수 있다 예측해 볼 수 있어.

상황면접 질문 예시

> "우리 회사는 인재에 대한 육성이 시급하여 교육 업무를 강화할 것입니다. 하지만 현업에서 바쁘다는 이유로 교육 입과에 대한 협조가 잘 이루어지지 않고 있습니다. 이런 상황에서 지원자분께서는 어떻게 하시겠습니까?"

이에 대해 아래의 상황면접 평가표 예시와 같은 기대되는 행동이 많이 발견이 되어야 한다는 거지.

상황면접 평가표 예시

상황면접 평가 내용					
상황에 대한 지원자 기대 행동지표	행동 관찰 안 됨			행동 관찰됨	
교육 제도 전반을 검토하고 다시 교육 계획을 수립한다.	1	2	3	4	5
현업의 상황을 분석해서 입과율 개선을 위한 활동을 한다.	1	2	3	4	5
현장의 문제를 파악하고 해결점을 찾아 보고하고 개선하기 위한 대책을 마련한다.	1	2	3	4	5

그렇다면 상황면접에 대한 답변은 어떻게 해야 하는 게 가장 합리적이고 논리적인 것일까? 아주 상식적인 선에서 접근하면 누구든 훌륭한 답변을 해낼 수 있을 거야.

첫 번째 가상 상황을 실제 상황으로 가정하여 이해하고, 가상 상황을 질문한 목적이 무엇이며 어떤 문제에 대한 상황인 것인지를 먼저 인식하는 거야. 상황의 인식이라 하면, '인재를 육성하고자 하는 욕구가 상당하구나' '교육 입과생이 상당히 적구나' '현업과 협조가 힘들구나(제시된 상황의 핵심)' 등의 문제에 대해 반드시 인식하는 걸 말해.

두 번째 이런 상황을 대응하기 위한 적절한 해결, 실행 방안을 구상해야 해. 그렇다면 그 구상에 있어 가장 먼저 해야 할 것은 무엇일까? 바로 직무에 대한 확실한 이해가 바탕이 되어야 해.

세 번째 상황을 극복하고 문제를 해결하기 위한 합리적 근거를 제시하고 상황을 조치해야 해.

직무와 상황에 대한 높은 이해와 인식을 기본으로 세 가지 프로세스가 들어간 답변이 정확하게 전달된다면 우리 아들딸 모두 상황면접을 성공적으로 수행해 내고 합격의 길로 갈 수 있을 거야.

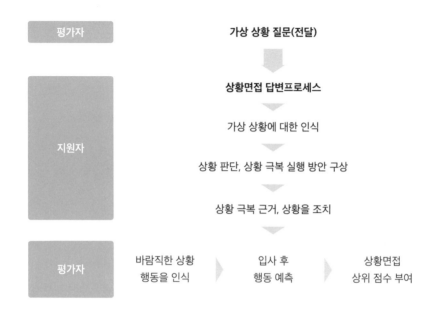

그리고 상황면접프로세스대로 답변을 완료했다고 해서 '아, 정말 좋은 답변을 했군'이라 착각하면 절대 안 돼. 왜냐하면 상황면접에서 질문하고 1차 답변이 완료가 되면 검증하기 위한 추가 질문들을 하는데 이건 다시 한번 되묻는 형태로 가상 상황을 어떻게 이해하고 인식하여 판단했는지 파악하려는 거야. 예를 들어 "지원자께서 생각하기에 교육 입과가 잘 이루어지지 않는 이유가 무엇이라고 생각합니까?" "지원자께서 판단한 그 상황에서 우선순위는 무엇인가요?" "지원자께서 그렇게 대안을 제시한 이유가 무엇인가요?"라는 추가 질문들을 받을 확률이 상당히 많아. 이 두 번째 질문까지 받고 답변을 해야 상황면접의 목적, 즉 평가자의 목적이 달성되는 거야. 지원자가 질문에 대해 답변한 내용을 듣고 추가 질문을 통해 비로소 앞서 이야기한 평가자의 질문 목적 '입사 후 이런 상황에서는 이렇게 행동하겠구나'를 예측할 수 있기 때문이지.

하지만 현재 상황면접은 각 공기업과 일반기업이 여러 가지 이유로 구조화하지 못한 경우가 상당히 많아. 이건 아빠가 인사담당자로 근무하면서 면접을 설계하며 정말 힘들기도 한 부분인데 각 공기업, 일반기업 면접에서 상황에 대한 면접을 진행하는 곳도 많기는 하지만 직무별로 구조화하는 데 상당한 시간이 필요해. 하나의 거대한 프로젝트 형태로 상황면접에 대한 답변을 구조화해야 하는 데, 이는 비용적 문제, 시간적 문제, 현업 담당자들과 협의의 문제 등 여러 가지 어려움을 동반하기 때문에 직무를 설계하고 분석하는 게 현실적으로 쉽지 않아. 그렇기 때문에 동료와의 문제 상황, 상사와의 문제 상황을 경험면접에서 사용하는 경우도 상당히 많아.

예를 들어 "상사가 부당한 업무를 지시했을 때 어떻게 하시겠습니까?" "옆의 동료가 불법적인 업무를 하는 것을 보게 되었는데 어떻게 하시겠습니까?" 이런 종류의 상황을 면접 질문에서 쓰는 경우가 아직도 존재하고 있는 거야. 그래도 예전에 비해 이런 면접 질문들이 많이 줄었고 각 공기업과 일반기업이 이를 보완하기 위해 상당한 노력을 기울이고 있다는 점 반드시 이해했으면 좋겠어. 이런 상황을 질문하더라도 앞에 제시한 그림의 상황면접 답변프로세스는 변하지 않는 기초 원리이니 반드시 숙지하고 상황면접에 활용하도록 해.

2) 시뮬레이션: PT, GD, RP

▶ PT(Presentation), 발표면접

PT면접을 하기 전에 몇 가지 고정관념, 오해는 풀고 갔으면 좋겠어. 발표(PT)면접은 아나운서처럼 정확한 발음과 유창한 말솜씨와 대화스킬, 제스처 같은 걸 요구하는 게 절대 아니야. 물론 커뮤니케이션 관점에서 대화가 잘 전달되고 잘 들린다면 좋기는 하겠지만, 그런 단순 커뮤니케이션을 보고자 하는 목적이 아니야. 어떤 사람은 PT면접 자체를 하나의 발표대회 정도로 생각하고 어떻게든 좋은 말, 화려한 문장을 사용하려 하는데 이런 부분에 집중하여 PT면접을 준비한다면 무조건 불합격이라고 자신 있게 이야기할 수 있어. PT면접은 공기업에서 요구하는 직업기초 능력, 직무수행 능력 기반 그리고 일반기업에서 요구하는 직무수행에 필요한 역량을 PT면접이라는 툴을 이용해서 직무별 공통적으로 얻고자 하는 공통 능력 즉 대부분의 공기업이나 일반기업이 공통 역량으로 기준해 놓은 의사소통 능력, 문제해결 능력, 논리적 사고를 확인하기 위한 면접 방식이야. 또한 제시된 자료(과제)를 수행하는 과정과 행동까지도 평가를 하기 때문에 이 부분을 반드시 이해하고 면접에서 지켜 줘야 해. PT면접에 대한 기본적인 이해만 하고 있어도 충분히 성공적으로 PT면접을 해낼 수 있을 거야.

　공기업 PT면접은 특정 주제에 대한 지시문이 제공되고 그 지시문에 대한 배경까지 같이 제공되는 경우가 많아. 이 두 가지 지시문과 배경에 대한 자료를 바탕으로 나의 생각을 발표하는 면접이라고 할 수 있어. PT면접에서는 자기소개서 지시문이 주어지듯 발표에 대한 지시문(기관에 대한 이슈, 사회, 산업에 대한 이슈 등 다양한 주제를 직업기초 능력, 직무수행 능력과 연계하여 지시문과 배경 자료)이 주어지는데 여기서 가장 중요한 점은 자기소개서 지시문과 마찬가지로 지시문이 요구하는 의미와 무엇을 묻는 문제(어떤 직업기초 능력)인지를 알아야 한다는 점이야. 다시 말해 '직업기초 능력 중 무엇을 묻는 지시문인가?'를 정확히 이해하고 문제에 접근하여 직업기초 능력에 맞는 발표를 해야 한다는 말이야. 또, PT면접은 단순히 직업기초 능력만 묻는 것이 아니고 직무수행 능력도 함께 묻는 지시문이 출제될 거야. 당연히 직무에 대한 이해도가 높아야겠지? 그렇다면 PT면접을 잘하려면 어떻게 해야 할까? 거듭 이야기하지만 직업기초 능력 지시문을 이해하는 능력과 내가 지원한 직무에 대한 명확한 이해를 기본으로 갖추고 있어야 해. 특히 일반기업의 PT면접은 너무나 다양한 주제가 주어지기 때문에 항상 직무를 수행할 수 있는 역량과 부합하는지를 기준으로 두고 면접을 준비할 수 있도록 해.

　PT면접은 의사소통, 문제해결, 논리적인 사고 능력, 창의성을 확인할 수 있는 면접이야. PT면접은 공기업과 일반기업별로 지시문이 달라지기도 하는데 공기업, 일반기업 모두 직업기초 능력과 직무수행 능력, 역량이 다르기 때문이야. 하지만, 아래 그림 같이 기본적으로 PT면접에서 확인하고자 하는 평가에 대한 기초요소는 변함이 없어.

PT(발표)면접 기본 요구 조건과 평가요소		
공기업	**지시문 요구 속성**	**기초 평가요소**
PT면접 지시문+배경 자료	직업기초 능력 직무수행 능력 (업무 이해, 업무 지식)	의사소통 문제해결 논리적 사고 창의성
일반기업		
직무, 기업별 개별 다양한 주제를 기본 가이드 자료로 제공	직무수행 역량	의사소통 문제해결 논리적 사고 창의성

PT면접 질문은 문제를 해결하는 유형의 지시문과 일반 과제에 대한 지시문이 출제되고 있는데 아래 예시와 같아.

발표면접 과제 1

지시문

당신은 경영지원팀의 일원으로 자사가 겪고 있는 현재 상황을 분석하여 팀워크 향상을 위한 방안을 A4 한 장 이내로 작성하여 발표하시오.

배경 자료

- 자사는 팀 단위의 조직으로 팀워크가 곧 성과와 직결된다.
- 경영진은 매년 팀워크가 우수한 팀에게 '최우수 팀워크 상'을 시상하고 있다.
- 지난해 신규 사업의 확장으로 기존 자사 인원 1/3 규모의 경력직원을 채용하였다.
- 신규로 채용된 경력직원은 기존 자사의 같은 직급의 평균연령보다 5세 정도 적다.
- 얼마 전부터 사내 게시판에서 세대 간 갈등, 출신학교 간 편가르기 및 왕따 문제가 이슈가 되고 있다.

- 경쟁심화로 팀 간 정보 및 업무 내용을 공유하지 않는 추세다.
- 경영진에서는 올해 매출 및 영업이익이 하락세를 보이고 있는 원인 중 하나로 팀워크 문제를 제기하며, 경영지원팀에서 새로운 팀워크 향상 프로그램을 개발하도록 하였다.
- 경영지원팀 조사 결과 사내에서 진행되는 워크숍이나 조직활성화 프로그램이 팀 단위로 진행되고 있다.

출처: NCS 홈페이지

그림과 같은 형태로 문제가 발생된 상황과 배경 자료를 제공하고 방안을 수립하도록 지시문이 출제되고 있는데, 우선 첫 번째로 해야 할 것은 지시문에서 공기업은 직업기초 능력 중 무엇을 묻고 있는지(문제해결형 지시문은 직업기초 능력+문제해결 능력과 하위 능력, 세부요소까지 포함하여 발표 자료를 작성해야 함)를 이해해야 하고, 일반기업은 직무수행 역량 중 무엇을 묻고 있는지를 이해한 후 발표 자료를 작성해야 해.

일반과제형 지시문은 아래 그림같이 출제되는데, 일반과제형도 마찬가지로 배경 자료와 함께 출제된 지시문에서 공기업은 직업기초 능력과 직무수행 능력, 일반기업은 직무수행 역량 중에서 무엇과 연관된 지시문인지를 이해하고 작성하는 것이 가장 중요하다고 할 수 있어.

발표면접 과제 2

지시문

A사는 사무실 확장을 위해 공사업체를 평가하는 중이다. 당신은 이 공사의 책임자로서 업체 선정위원들의 평가 내용을 검토하고, K사 또는 J사 중 하나를 선정한 후 그 선정 이유 및 근거를 사장님께 보고해야 한다.

배경 자료

구분	K사	J사
가 위원	공사 목적 등에 대해 명확히 이해하고 있으며 구체적인 사업수행에 대한 계획을 가지고 있음	과업과 관련된 프로젝트 경험이 풍부하고 계획 및 추가 제안 등이 우수함

나 위원	풍부한 사업수행 경력으로 사업 계획이 잘 준비됨	과업수행에 대한 기술적인 이해도가 높음
다 위원	책임기술자의 답변 내용은 미흡하나 과거 사업 경험을 바탕으로 과업을 차질 없이 수행할 것으로 판단	과업을 잘 이해하고 있으나 보다 세부적인 분석과 계획 수립이 요구됨
라 위원	사업수행에 대한 이해도가 높음	사업 추진을 위한 체계 및 관리 계획이 수립되어 있음
마 위원	과거 사업 경험을 통해 사업 이해도는 우수하나 당해 사업 추진을 위한 사업 계획을 구체적으로 제시하지 못함	수행을 위한 사업 추진 계획, 전문가 활용 계획 등 계획을 구체적으로 제시하고, 사업수행에 대한 관리 능력이 탁월함
바 위원	용역 사업수행을 위한 충분한 기술 능력을 보유한 것으로 판단됨	용역 사업수행을 위한 충분한 업무 관리 능력이 있다고 사료됨
사 위원	기술 능력 발표는 다소 미흡하나 업무 관리 능력은 다년간의 경험으로 우수하다 판단됨	기술 능력이 우수하나 업무 관리 발표는 보통임

발표면접 과제 3

지시문

당신은 A사의 구매담당자 직원으로 다음의 상황에서 어떻게 대처할 것인지 A4 한 장 이내로 정리하여 팀장님께 보고해야 한다.

배경 자료

당신은 A사의 구매담당 직원으로 그동안 사내에서 전시를 위해 사용하던 디스플레이가 수명이 다해서 3개월 전 새로운 디스플레이를 제작사에 맞춤 주문을 하였다.

얼마 후 우연히 인터넷을 검색하다가 기존 디스플레이를 대신할 혁신적인 재질과 스타일의 디스플레이가 출시됐다는 것을 발견하였다. 지금 제작하는 디스플레이는 향후 5년간 사용될 예정이며, 6개월 후 제작이 완료된 시점에서 혁신적인 신제품 디스플레이가 출시될 예정이다.

제작사에게 현재 공정률을 문의한 결과 디스플레이는 계약된 사양에 따라 정확하게 제작되고 있으며, 현재 공정률은 30%라는 답신이 돌아왔다.

PT면접 자체가 상당히 난해해서 면접대상자인 우리 아들딸들에겐 너무나 어려운 준비겠지만, 몇 가지 프레임 워크를 활용하여 쉽게 발표 자료를 만들고 활용할 수 있어. 적게는 한 번, 많게는 세 번 정도의 프레임 워크를 활용하여 발표 자료를 작성할 수 있는데, 아래의 내용을 참고해서 실제 면접 현장에서 유용하게 사용할 수 있도록 활용하고 연습한다면 정말 쉽게 발표 자료를 완성할 수 있을 거야. 그렇다면 발표 자료를 준비하는 과정에 대해 더 자세히 알아보자.

첫 번째 문제해결형, 일반과제형 발표 자료의 지시문을 확인하고 가장 먼저 해야 할 일은 아래 프레임 워크를 활용하여 지시문을 작성하고(손으로 써 보는 것) 제시된 배경 자료를 바탕으로 현재의 모습(AS-IS/GAP/TO-BE)에서 해결해야 할 문제, 이상적인 모습을 작성해 보는 거야. 이 자료가 1차 초안이 될 거야.

발표면접(PT) 지시문 예시: 내부 구성원에게 핵심가치를 내재화할 방안을 발표하시오.	
제시된 배경 자료를 바탕으로 AS-IS/GAP/TO-BE를 작성	
현재의 모습 AS-IS	ex) 핵심가치 전파 활동하지 못함, 핵심가치 알고 있지 못한 구성원 60%
해결해야 할 문제 GAP	ex) 내재화하기 위한 기본 활동 자체 미비함, 핵심가치 확인할 수 있는 장소나 노출 활동이 없음
이상적인 모습 TO-BE	ex) 구성원 모두 핵심가치를 이해하고 본연의 업무에 활용함, 행동규범이 내재화되고 구성원 모두 조직문화 활성화에 동참함, 비전 달성을 위해 구성원 모두 동참하여 업무를 수행함, 중장기적으로 비전을 달성

문제해결형('방안을 제시하시오' 등) 지시문의 경우 배경 자료를 통해 현재의 모습(AS-IS)과 해결해야 할 문제(GAP)를 확인할 수 있다. 이상적인 모습(TO-BE)에 문제를 해결할 수 있는 대안, 방안을 기록하여 로직 트리로 다시 작성하여 최종 검토하여 발표 준비를 마친다.

두 번째 6W2H 프레임 워크를 활용하여 세부 내용을 다시 한번 작성하도록 해. 세부 내용에는 누가, 누구에게, 무엇을, 어떻게, 왜, 언제, 어디서, 얼마나 비용이 들어가는지까지 상세하게 작성해 봐. 이것이 다음 단계에서 발표 자료를 합리적이고 효율적으로 작성할 수 있는 가장 좋은 방법이야. 사실, 지시문만 정확하게 이해할 수 있다면 어떤 유형의 PT면접 과제가 주어지든 기본 프레임 워크를 응용하여 빠르게 작성할 수 있어.

6W2H 프레임 워크

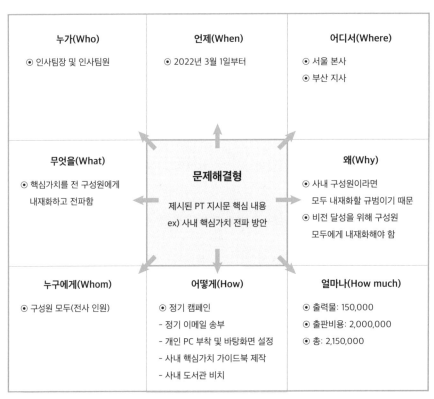

누가(Who)	언제(When)	어디서(Where)
◉ 인사팀장 및 인사팀원	◉ 2022년 3월 1일부터	◉ 서울 본사 ◉ 부산 지사
무엇을(What)	**문제해결형** 제시된 PT 지시문 핵심 내용 ex) 사내 핵심가치 전파 방안	왜(Why)
◉ 핵심가치를 전 구성원에게 내재화하고 전파함		◉ 사내 구성원이라면 모두 내재화할 규범이기 때문 ◉ 비전 달성을 위해 구성원 모두에게 내재화해야 함
누구에게(Whom)	어떻게(How)	얼마나(How much)
◉ 구성원 모두(전사 인원)	◉ 정기 캠페인 - 정기 이메일 송부 - 개인 PC 부착 및 바탕화면 설정 - 사내 핵심가치 가이드북 제작 - 사내 도서관 비치	◉ 출력물: 150,000 ◉ 출판비용: 2,000,000 ◉ 총: 2,150,000

발표면접, PT면접에서 제시되는 지시문(문항)을 1차적으로 구조화하는 데 상당히 유용한 프레임 워크이다.

세 번째 로직트리를 이용해 마지막으로 자료를 구조화하고 먼저 작성한 AS-IS/ GAP/TO-BE 자료를 취합하여 발표 자료 작성을 하면 이제 충분히 완성도 높은 최종 PT(발표) 자료를 만들어 낼 수 있어.

로직 트리 프레임 워크 - AS-IS/GAP/TO-BE, 6W2H를 종합하여 최종 발표 자료 완성

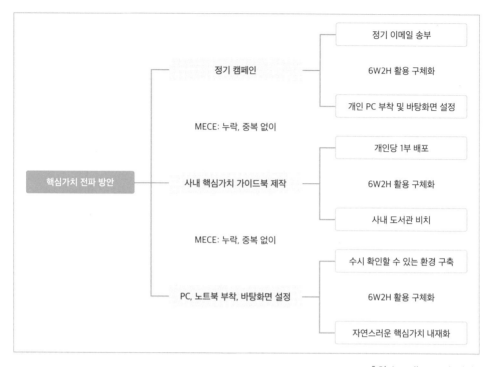

출처: http://www.jobedu.kr

▸ GD(Group Discussion), 토론면접

   토론면접은 특정한 과제를 지원자들에게 제시하고 지원자 서로 의견을 나누고 토론하는 전반적인 과정을 통해 지원자의 역량을 평가하기 위해 각 공기업과 일반기업에서 진행하고 있어. 토론면접의 과제는 찬반의 주제(갈등요소를 갖고 있는 주제들)를 가지고 나의 의견을 상대에게 설득하는 지원자 간 상호토론형 과제와 어떤 하나의 방안에 대해 해결하고 결론을 내는 지원자 간 상호토의형 과제가 주어지고 있어.

토론면접		
토론 유형	**목적**	**토론 주제 종류 예시**
토론형 (찬성, 반대형)	상대방 설득	**시사 관련 주제** - 비정규직 정규직화 찬반 - 블라인드 채용 찬반
토의형	상대방 합의, 협의	**공기업, 일반기업 직무 관련 주제** - 회사, 개인생활 우선순위 - 회사의 워크숍 개최

토론면접은 역량, 행동, 경험, 상황면접의 오류와 부족함을 더 보완하고 추가로 확인할 수 있는 능력 즉 역량과 태도를 다시 한번 확인하기 위해 실시하고 있어. 회사와 기관 입장에서는 '우리와 같이 일할 수 있는, 즉 토론면접에서 보여 준 여러 가지 협업, 의사소통, 문제해결 방법과 방식, 태도에 있어 우리 조직과(구성원) 잘 어울릴 수 있는 사람인지'까지 함께 평가하는 거야.

구술면접의 한계를 시뮬레이션면접, 즉 토론면접을 통해 일부 극복할 수 있고, 토론하는 모습을 통해 지원자의 진짜 모습도 볼 수 있다는 장점이 있기 때문에 상당히 많은 회사와 공기업에서 채택하여 토론면접을 진행하고 있어. 지속적으로 토론면접의 비중이 늘어나는 더 정밀하고 세밀하게 지원자의 역량을 발견하고 평가를 하고 싶은 공기업과 일반기업의 욕구와 필요 때문이라고 할 수 있지.

토론면접은 남의 말을 경청하고 나의 의사표현을 제대로 할 줄 아는 의사소통 능력과 방식을 갖추었는지, 소통을 통한 팀워크 역량을 갖추었는지를 확인하고 문제를 구조화해서 어떤 논리로 상황을 전개하고 풀어 가는지, 상대의 의견과 의사를 빠르게 파악하고 대응하는지를 관건으로 하는 면접으로 이 요소들이 면접에서의 합격과 불합격을 결정지을 수 있는 중요한 부분이야. 추가로 창의적 문제해결 방안과 방법을 제시하고 있는지 등 다른 지원자와 상호 작용을 통해 개인행동까지 관찰할 수 있는 토론을 통해 지원자가 실제 업무에서 발휘할 역량을 확인할 수 있는 면접 방식이 토론면접인 거지. 토론면접에서 우수한 점수, 평가를 받기 위해서는 토론에 주도적으로 참여하고 상대의 의견, 의사, 정보를 잘 파악(잘 경청해야겠지?)하며 그에 대한 자신의 주장이나 의견, 아이디어를 논리적이고 명료하게 표현하는 것이 기본이자 핵심 승리 전략이라고 할 수 있어.

토론면접은 적게는 4명에서 많게는 8명의 지원자가 그룹을 이루어 특정한 주제를 놓고 다양한 의견과 견해를 토론하여 결론을 내는 과정으로 토론을 통해 결론을 내야 하는 면접이지만, 정답 자체가 중요한 건 아니야. 토론에서 벌어지는 '과정'에서 어떤 능력을 발휘(공기업은 직업기초 능력, 직무수행 능력, 일반기업은 직무수행에 필요한 역량)하는가, 그 과정에서 발휘된 능력이 입사 후 업무수행과 조직의 문화에 맞는가, 즉 태도, 성격적 특성도 같이 보는 면접이야.

그리고 토론 시 개별 토론자의 주장이 '옳다' '옳지 않다'의 평가보다는 각 개인(지원자)이 결론을 도출해 내는 그 과정의 합리성과 객관성 그리고 말하는 자세도 중요한 평가요소로 보고 있어. 좀 더 구체적으로 보자면 개인 간의 상호 작용(상호 협조성)과 토론 집단(다른 지원자들)에서 개인 활동을 관찰하여 평가하기 때문에 말을 하는 능력도 중요하게 평가하지만 타인의 말을 경청하는 능력도 평가에 반영하고 있어. 또, 토론 중 발생되는 갈등과 대립되는 의견을 해결하는 방식과 태도를 평가한다는 점을 토론면접 시 반드시 기억해야 해. 토론면접에서 기억해야 하는 점을 정리해 줄게.

첫 번째 토론면접은 상대방으로 하여금 아무 말도 못하게 논리적으로 반박하고 내가 승리를 하기 위한 면접이 아니란 것을 기억할 것.

두 번째 구술면접에서 파악하기 어려웠던 개인의 역량, 즉 태도(성격적 특성, 자질, 기질, 가치관 등)을 확인하는 것이 토론면접이기 때문에 이를 기억하고 토론에 임할 것.

세 번째 토론을 할 때는 결론부터 이야기하고 부연 설명을 하되 나의 독단적, 당위적 사고(항상 내가 모든 일을 주관하고 결정)가 반영된 발언과 표현을 상대방에게 강요해서는 좋은 점수를 받을 수 없기 때문에 이 점을 주의할 것.

네 번째 나의 주장을 할 때는 구체적인 근거와 사례를 반드시 제시해야 해. 비현실적인 내용을 주장하거나 너무 주제와 동떨어진 내용을 전달하고 주장하면 당연히 좋은 평가를 받기 힘들기 때문에 이 점 역시 주의할 것.

다섯 번째 상대방과 이견이 있을 때는 상대를 공격적으로 대하거나 당황하게 만들지 말아야해. '상대의 입을 막았다' 이건 엄청난 착각이야. 토론면접은 주제에 따라 목적이 조금 다르지만 찬반형 토론은 이야기한 대로 설득이 목적이고 토의형 토론은 상대와의 합리적인 협의와 합의가 목적이기 때문이야.

토론면접		
토론 유형	목적	토론 주제 종류 예시
토론형 (찬성, 반대형)	상대방 설득	**시사 관련 주제** - 비정규직 정규직화 찬반 - 블라인드 채용 찬반
토의형	상대방 합의, 협의	**공기업, 일반기업 직무 관련 주제** - 회사, 개인생활 우선순위 - 회사의 워크숍 개최

토론면접 시 지키고 유지해야 할 긍정 행동지침을 활용하여 토론면접에 임할 수 있도록 해. 토론면접의 긍정 행동지침은 공기업, 일반기업 모두 동일해.

구분	토론면접 평가 기준 / 나의 긍정 행동지침	
평가 & 긍정 행동	**논리성 평가** (논리적인 긍정 행동)	토론 **주제에 부합한 내용**을 적극적으로 의견을 명확하게 발언한다.
		주제와 관련된 **내용의 핵심**을 이야기하고 발언한다.
		쉬운 언어로 생각을 표현하고 전달한다.
		객관적인 자료, 근거 있는 이유(사유)로 상대방의 의견에 이의를 제기한다.
		합리적이고 타당한 근거와 함께 적극적으로 나의 의견(의사)을 전달한다.
	주도성 평가 (주도적인 긍정 행동)	**적극적으로 토론에 참여하여** 나의 의견을 합리적 근거로 개진하고 전달한다.
		타인도 **적극적으로 토론에 참여하도록 유도**한다.
		현실적인 대안이 제시되고 **대안을 중심으로 결론**을 내려 노력한다.
	협력성 평가 (협력적인 긍정 행동)	**타인의 발언 중간에 개입**하거나 **나의 논리를 강요**하지 않는다.
		타인을 배려하는 표현 방식을 사용하고 행동한다. ex) 네. 공감합니다 등
		과도한 자기중심적 행동과 발언보다 **타인의 의견을 경청**한다.
		타인의 **의견을 메모**하고, **토론면접의 시간을 관리**한다.
		타인의 **주장을 인정(수용)하고** 감정적 대응을 하지 않고 **이성적으로 대응하고 대처**한다.

토론면접의 평가는 긍정 행동과 부정 행동으로 나누어 평가하는데 토론에 있어서 예를 들어 주도적 행동을 평가할 때 주도적인 긍정 행동이 토론에서 반드시 최대한 많이 드러나야 하고, 반대로 부정 행동은 최소한으로 드러나야 해. 당연한 이야기겠지만 부정 행동이 많이 드러났을 때는 좋은 점수, 합격과는 거리가 멀어진다는 점 반드시 이해하고 면접에 임했으면 좋겠어. 그렇다면 몇 가지 긍정 행동에 대해 더 자세히 알려 줄게.

첫 번째 논리적 행동을 볼 수 있어. 주어진 토론면접의 전반적인 내용의 핵심을 이해하고 정확히 파악하여 합리성과 논리성을 갖추어 일관적으로 자신의 의견을 이야기하는지를 평가하는 항목이기 때문에 논리적 행동에 맞게 토론면접을 준비하고 연습할 수 있도록 해.

두 번째 주도적 행동으로 토론면접에 얼마나 주도적으로 참여하고 적극성을 보이는지를 평가하는 항목이야. 주도성과 적극성 이 두 가지는 토론면접장에서 평가자가 지속적으로 확인할 수 있도록 행동하는 것이 정말 중요해. 적극적으로 나의 의견을 피력하면서도 타인(같은 조원)도 토론면접에 적극적으로 참여할 수 있도록 유도하고, 현실적 대안을 제시하며 대안을 중심으로 주도적이고 적극적으로 결론을 내는 행동을 보여 줘야 해. 이런 긍정 행동이 드러났을 때 좋은 점수를 받을 수 있어.

세 번째 협력적 행동으로 지원자가 토론면접장에서 다른 조원들과 어떻게 팀워크를 이루고, 잘 발휘하는지(팀워크 자체를 이해해야겠지?)를 평가하는 항목이야. 타인을 배려하는지, 타인의 말을 잘 경청하는지가 핵심이라고 할 수 있어. 같은 구성원들과 협력적 관계를 유지하고 행동하는 것이 협력적 행동의 기본이야.

공기업이든, 일반기업이든 토론면접에서는 결론적으로 주제가 어떤 것이 주어지든 상관없이 회사가 원하는 역량을 토론면접장에서 해. 토론면접은 공기업, 일반기업 모두 기초 원리는 동일하다고 할 수 있어.

공기업 토론면접 구조도

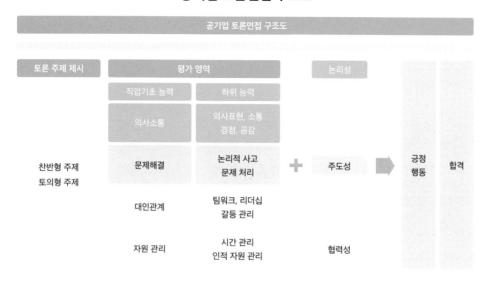

일반기업 토론면접 구조도

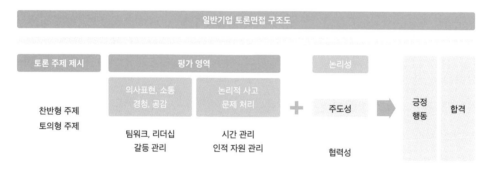

마인드맵을 이용한 토론면접 자료 구조화 방법

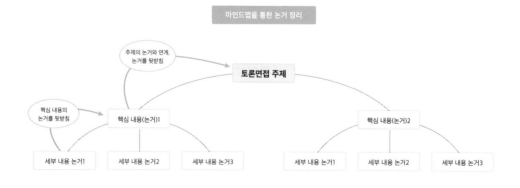

마인드맵을 이용해 토론면접 주제에 맞는 핵심 내용의 하위 세부 내용을 정리해 토론면접을 준비한다면 흔들리지 않는 논리 구조 체계를 만들어 활용할 수 있어. 주제에 따라 핵심 내용, 세부 내용을 확장하여 사용할 수 있는 툴이기 때문에 자유롭게 활용하여 토론면접에서 좋은 평가를 받을 수 있도록 해.

▸ RP(Role Playing), 롤플레잉면접

롤플레잉면접은 직무에 대한 적합성을 확인하기 용이한 면접의 유형 중 하나로 직무수행에 필요한 어떤 가상의(실제 일어나는, 일어날 법한) 상황에서 의사소통과 문제해결 능력, 순발력, 고객에 대한 지향점, 갈등 관리와 해결, 설득의 과정을 통해 지원자의 역량을 평가하는 시뮬레이션 방식의 면접이야.

공기업뿐 아니라 일반기업들도 직무에 따라 롤플레잉면접을 진행하고 있고 아빠도 회사 재직 중 특정 직무에 특정한 상황을 제시하고 그 상황에서 지원자가 어떻게 행동하고 역량을 발휘하는지를 확인하는 면접을 직접 운영해 본 경험이 있어. 다양한 방식으로 문제를 해결하고 상황을 긍정적으로 변화시키기 위해 지원자들이 노력을 하는데, 롤플레잉 상황에서 가장 우수한 평가를 받을 수 있는 방법은 주제에 따라 다르긴 하지만 '설득과 합의를 통해 상대의 문제를 어떻게 해결해 줄 수 있는가'를 합리적으로 이끌어 가는 것이 핵심이야.

회사마다 롤플레잉면접이 필요한 직무와 그렇지 않은 직무들로 나눌 수 있기 때문에 인사팀의 의도를 파악하는 것이 쉽지는 않지만, 특정한 상황에 대해 포괄적으로 접근하여 롤플레잉면접을 성공적으로 마무리하기 위해서는 상대의 문제, 즉 ① 상대는 어떤 상황인가? ② 그 특정 상황을 정확하게 이해하고 있는가? ③ 상황에 대한 문제해결과 대안이 논리적인가? ④ 그래서 상대에게 줄 수 있는 것과 내가 이득을 취할 수 있는 것은 무엇인가? 이 네 가지를 포함한 프레임을 지킬 수 있다면 어떤 주제든 어렵지 않게 롤플레잉면접을 할 수 있고 좋은 평가를 받을 수 있어.

앞의 네 가지 프레임을 통해 지원자의 긍정적인 행동이 많이 드러나는 것이 중요해. 만약 반대로 불필요한 행동과 부정적 행동이 드러난다면 좋은 평가를 받기는 힘들어. 대화를 하고 설득을 하다 보면 원하는 결과를 얻지 못하고 결론이 나는 경우도 있지만, 평가자 입장에서 롤플레잉면접은 '결과를 무조건 내야 한다'는 관점보단 그 과정에서 지원자가 얼마나 긍정적으로 행동을 했느냐, 즉 의사소통의 과정, 문제를 해결하는 과정, 설득을 하는 과정을 평가하는 것이기 때문에 너무 조급할 필요 없다는 걸 알아 둬. 결론을 내야 한다는 관점으로만 접근한다면 조급한 마음이 평가자에게도 전달이 되어 부정적 영향을 끼칠 수 있기 때문에 차분한 마음으로 네 가지 프레임만 잘 지켜서 면접에 임했으면 좋겠어.

구분	롤플레잉면접 시 준수해야 할 네 가지 프레임 / 나의 긍정 행동지침	
평가 & 긍정 행동	상대방의 상황은?	상대방의 상황을 이해하기 위해 적극적으로 내용을 파악한다.
		상대방이 가지고 있는 문제의 핵심을 파악한다.
	상황에 대한 이해	어떤 문제가 있는지, 무엇을 원하는지, 상대(상황)의 감정이 어떠한지 파악, 공감하여 상황을 이해한다.
		상대방의 상황을 이해하고 공감함을 직접적으로 표현한다.
	문제해결과 대안 제시	갈등이 발생된 상황, 사유가 있다면 조율하고 합의(합의를 제안)한다.
		합리적이고 타당한 근거와 함께 적극적으로 나의 의견(의사)을 전달한다.
		객관적인 자료, 근거 있는 이유(사유)로 상대방의 의견에 이의를 제기하고 설득한다.
		논리적 데이터를 제시하여 갈등을 관리하고 합의를 이끌어 문제를 해결한다.
	상대 이익 나의 이익	무리한 요구가 아니라면 합리적(합법적)인 선에서 상대의 니즈를 충족해 준다(반대로 설득하여 나의 이익, 이득으로 상황을 마무리).
		성공적(합리적, 합법적)으로 설득하여 나의 이익(이득)을 취한다.

6. 양질의 채용공고 고르는 방법

▶ 좋은 채용공고, 나쁜 채용공고의 구별

사실 좋은 회사, 좋은 채용공고를 단정 지어 이야기할 수는 없어. 하지만 채용공고만 봐도 회사가 어떻게 인재를 생각하는지, 내가 성장할 수 있는지 정도는 충분히 파악할 수 있어. 부디, 좋은 회사라는 판단을 스스로 할 수 있는 역량을 기를 수 있도록 내용을 집중해서 확인할 수 있도록 해.

채용공고란 무엇일까? 어떤 채용공고를 찾아야 할까? 채용공고를 통해 기업을 고르는 방법을 알려 줄게. 회사 인사팀에서는 채용사이트, 홈페이지를 통해 채용공고를 오픈할 때 단순히 직무내용, 연봉, 복리후생만 나타내는 것이 아니야. 그렇다면 채용공고는 왜 만들고 어떤 내용을 담고 어떤 정보를 전달하고 있는 걸까? 우리 아들딸들은 어떤 채용공고를 보고 회사를 선택해야 하며 그 안에서 찾을 수 있는 것은 무엇이 있을까?

일반기업 중 대기업은 채용공고에 대한 비용투자, 또는 공고에서 회사가 예비 취업자들에게 제공하는 가치를 나타내는 EVP 활동, 채용브랜딩 활동이 상대적으로 적어. 이는 채용 시장에서 임금에 대한 지불 능력, 회사의 시장 선점 위치, 회사 안정성 등 취업자가 궁금할 만한 내용이 이미 구축이 되어 있기 때문이지. 공기업과 대기업은 당연히 누구나 아는 각 기업에 대한 기본적인 이미지, 통념(안정적이고 급여도 많이 지급하고, 복리후생 제도 뛰어나고 등)으로 인해 굳이 인사팀에서 채용공고에 비용을 투자한다거나 생산성이 떨어지는 실무를 하지 않는다는 거지(존재만으로도 지원자가 많기 때문에). 그렇기 때문에 취업자들에게 새로운 가치를 제안하는 활동이 중견, 중소기업보다 상대적으로 적극적이지 않아(모순되게도 가치제안 채용 활동, EVP 활동 또는 채용브랜딩 활동을 적극적으로 하는 대기업도 많이 있어).

중소, 중견기업들은 'EVP 활동' '채용브랜딩'을 구축하기 위해 엄청난 비용을 지출하고, 우수인재를 영입하고 채용하기 위해 노력을 하고 있어. 그만큼 인재를 소중히 여기고 우수한 인재에 대한 갈망을 가지고 채용 활동을 하고 있다는 거야. 중소, 중견기업은 '인재의 모집' 그 자체가 채용의 핵심 이슈이기도 해.

결론적으로 우리 아들딸들에게 전달하고 싶은 메시지는 회사도 직접 회사소개서를 채용공고에 잘 써 주는(나타내 주는) 회사를 찾는 것이 좋다는 말을 꼭 전하고 싶어.

각 회사의 인사팀은 우수한 인재를 모집하기 위해 몇 가지 활동을 하고 있어. 특히 인사팀 관점의 채용공고 마케팅 활동으로 앞서 언급했던 EVP가 대표적이라 할 수 있어. EVP(Employee Value Proposition, 직원가치 제안)란 말을 들어 본 적이 있어? 아마 꽤 생소한 이야기일 거야. 인사담당자들도 모르는 경우가 상당히 많거든. EVP는 우리 아들딸들에게 조직이 직무와 관련된 기대, 현실에 대한 기대를 얼마나 충족시켜 줄 수 있느냐를 채용공고에 담아 설명하는 것을 말해. 우리 아들딸들이 조직에서 일하면서 경험하고 부여받게 되는 모든 것을 의미한다고 볼 수 있는 거지. 물론 현업 조직 구성원에게도 마찬가지로 적용되는 내용이야.

다시 쉽게 말해 급여 및 성과에 대한 분명한 보상, 나의 커리어개발과 성장의 관점,

복리후생, 일과 가정의 양립, 정확한 출퇴근 시간 즉 워라밸의 관점과 더 나아가 회사의 성장과 나의 성장의 상관관계를 모두 포함하여 채용공고를 제작하는 거야. 위에서 이야기한 대로 중소, 중견기업, 스타트업에서 가장 활발하게 채용 EVP 활동, 채용 브랜딩 활동을 하고 있고(이 활동에 사활을 거는 경우도 있어) 이것을 채용과 연계하여 우수한 역량을 가진 우리 아들딸들을 유인하는 수단으로 삼고 있어. 단순히 유인 수단으로 그치는 것이 아니라 회사는 법적(「채용절차의 공정화에 관한 법률」)으로 구직자에게 거짓 채용공고를 하지 못하게 되어 있어. 그렇다면 채용공고에 거짓 내용이 들어가면 당연히 안 되겠지. 그래서 우리 취업을 준비하는 아들딸 입장에서는 채용공고만 보고도 회사 인사팀에서 인재를 위해 상당한 노력을 기울인다, 또는 조직문화가 성과 지향적이구나, 워라밸을 중시하는 문화구나 등의 기본적인 내용을 충분히 숙지할 수 있다는 거야.

「채용절차 공정화에 관한 법률」 일부 내용 참고

제4조(거짓 채용광고 등의 금지)
① 구인자는 채용을 가장하여 아이디어를 수집하거나 사업장을 홍보하기 위한 목적 등으로 거짓의 채용광고를 내서는 아니 된다.
② 구인자는 정당한 사유 없이 채용광고 내용을 구직자에게 불리하게 변경하여서는 아니 된다.
③ 구인자는 구직자를 채용한 후에 정당한 사유 없이 채용광고에서 제시한 근로조건을 구직자에게 불리하게 변경하여서는 아니 된다.
④ 구인자는 구직자에게 채용서류 및 이와 관련한 저작권 등의 지식재산권을 자신에게 귀속하도록 강요하여서는 아니 된다.

출처: 법제처-「채용절차의 공정화에 관한 법률」

그럼 이제부터 인사팀의 EVP에 대해서 조금 더 자세하게 알아보자. EVP란 무엇일까? 채용 업무의 가장 기본단위 업무라고 먼저 이야기할 수 있을 것 같아. 회사를 소개하고 직무를 수행하는 기초 작업이 EVP 활동인 거지. 종합적으로 EVP는 현재 우리

구성원 및 미래의 구성원(신입사원이나 우리 회사에 지원하고자 하는 사람들)에게 회사의 조직문화와 기업의 총체적 이미지를 전달하는 기초 채용 활동이라고 할 수 있어.

EVP 활동을 한다는 것 자체로 회사 경영자, 인사팀, 구성원 모두가 채용에 상당한 중요성을 인식하고 투자하고 있다는 것을 의미해. 지금까지의 인사, 채용 경험으로 미루어 보아 채용공고에 EVP를 반영하는 회사, 담당자는 인재를 소중히 여기며 취업 준비생들에게 진심이고, 지원자가 가지고 있는 역량에 대해 진지하게 관심을 가진다고 이야기할 수 있을 것 같아.

제대로 만들어진 채용공고는 무조건 지원해라

채용공고는 취업준비생, 구직자를 유인하는 긍정을 수반한 하나의 수단이라고 이미 이야기했어. 회사에서 경영진의 상당한 관심이 없다면 인사팀에서도 이런 EVP 활동을 할 이유가 적어지는 경우가 많아. 안타깝지만 현실적으로 '뭐 그렇게까지 해야 해?'라는 의식을 가지고 있는 인사담당자도 많기는 해. 많은 시간과 비용을 지출해야 하는 작업이기 때문이지. 그래서 우선 채용공고가 잘 만들어져 많은 정보를 담고 회사의 정체성, 가치 체계(미션과 비전 핵심가치 등), 조직문화 등 활발한 EVP 활동이 전개되고 있는 회사의 채용공고는 긍정적으로 검토하여 입사 지원하고 보는 것이 맞아. 확률적으로 회사가 좋을 가능성이 높아.

▶ EVP 활동의 속성

채용공고에는 단순히 급여 정보, 복리후생 정보, 근무지 등 단순한 정보만 담는 것이 아니야. EVP 활동을 통해 회사 인사 철학을 직간접적으로 알 수 있고 더 나아가 회사의 조직문화, 즉 분위기까지 파악할 수 있는 취업준비의 기초 자료로 충분한 역할을 할 수 있어. 이뿐 아니라 회사 채용공고를 통해 회사에서 공유하고자 하는 핵심가치와 미션과 비전, 인재상 등을 공유하여 현재 조직의 구성원과 미래 구성원(취업준비생)에게 동기부여를 하는 역할도 같이 하고 있어.

▶ 채용공고에서의 3C

채용공고에서 찾을 수 있는 3C란 무엇일까? 3C는 경력(Career), 문화(Culture), 보상(Compensation)을 의미해.

첫 번째 경력(Career)은 채용공고 내에서 경력요소를 찾아보는 것이 중요하다는 걸 의미해. 경력요소란 내가 회사에서 성장할 수 있는 다음 단계의 성장 경로를 나타내 주고 있는지(예를 들어 입사 후 직무 관련교육은 잘 시켜 줄 수 있는지, 경력을 개발하기 위한 활동으로 어떤 것들을 지원하고 있는지)를 찾아보는 것이 중요하다는 말이야.

두 번째 문화(Culture)는 회사에서 나에게 어떤 문화적 활동을 지원할 것인지, 다시 말해 사무실 분위기(내부 디자인도 포함), 직위(직급) 간의 관계, 인간관계를 예상해 볼 수 있는 내용을 의미해. 또 유연한 수평적 관계인지 관료적 수직적 관계인지 문화를 채용공고를 통해 취업준비생들이 스스로 찾아볼 수 있어(회사 홈페이지를 찾아봐도 좋아).

세 번째 보상(Compensation) 관련 내용도 찾아봐야 해. 가장 기본적인 급여관계, 회사의 복리후생, 인사 제도는 어떠한지 찾아보는 것이 정말 중요해. 강조하지 않아도 알 거야.

이 3C요소를 적절히 채용공고에 표시한 채용공고, 취업준비생들이 궁금해 하는 대부분의 내용들을 확인할 수 있는 채용공고의 회사는 지원해 보기를 다시 한번 강력히 추천해. 단, 채용공고의 제작 방식과 회사 자체의 소개는 그 회사만의 권한과 의지이기 때문에 채용공고, EVP 활동이 좋은 회사, 나쁜 회사의 절대적 구분은 아니라는 점도 반드시 이해했으면 좋겠어.

▶ 인사팀의 채용공고 설계, 구성 내용

채용공고는 총 네 가지 유형으로 구분할 수 있어. 채용공고 내용에 아래 내용을 많이 확인할 수 있는 회사의 채용공고가 좋은 채용공고로, 좋은 회사를 고를 수 있는 나만의 노하우가 될 거야.

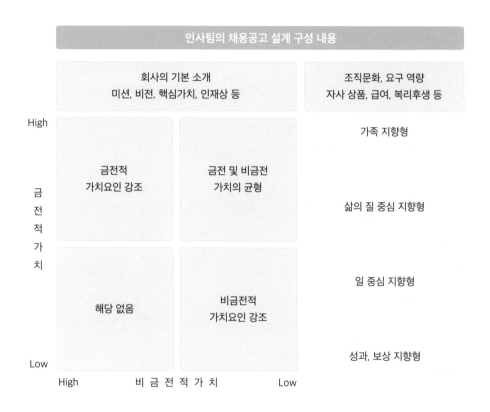

첫 번째 개인, 가족 중심형으로 설계하는 가족 지향형이야. 이런 경우 업무 시간이 유연하게 주어지고 일과 가정 양립의 제도를 지원하며, 회사에서 사내 어린이집을 운영, 가족 돌봄 휴가 등 가족 친화적 제도들을 많이 제공하고 있어.

두 번째 삶의 질 중심 지향형으로 내 생활과 회사생활을 구분하여 시간을 자유롭게 사용할 수 있어. 이 경우에는 근무 시간을 유연하게 사용하고 업무를 탄력적으로 수행할 수 있는 제도가 수립되어 있어. 연차(8시간), 반차(4시간), 반반차(2시간)를 자율적으로 사용하고, 유연근무제를 통한 업무의 자율성이 보장되며, 회사 구내식당을 운영하고, 유연근무 장소 제공과 회사 출퇴근 버스나, 개인차량을 제공하고 있어.

세 번째 일 중심 지향형으로 창의적이고 도전적인 업무를 할 수 있는 환경이 조성되어 있어. 이 경우에는 도전적인 업무를 많이 수행할 수 있도록 개인의 발전, 성장 가능성에 대한 지원이 상당히 많아. 도전적 업무로 인한 개인 업무 능력 향상, 팀장의 탁월한 업무 지도, 새로운 업무로 업무 확장이 가능한 경우지.

네 번째 성과, 보상 지향형은 개인 성과에 대해 보상이 파격적으로 지급되고 급여 수준이 시장 및 업계에서 상위 수준이야. 스톡옵션 제도나 성과급(또는 인센티브), 상여금을 따로 운영하며, 여름 휴가비도 별도로 지급하고 있어.

아래는 회사의 인재상을 표현하고 구체적인 직무를 소개하여 해당 직무를 수행하는 데 필요한 역량을 갖춘 사람들이 지원하고 싶게 만드는 채용공고 예시야. 최소 이 정도 정보는 우리 아들딸들에게 제공해야 한다는 말이지.

EVP(Employee Value Proposition, 직원 가치 제안)를 반영한
성과, 보상 지향형 채용공고 예시

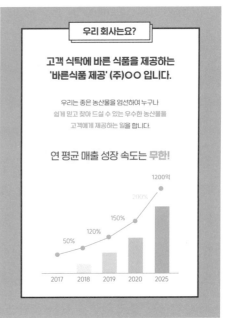

우리의 기업문화!

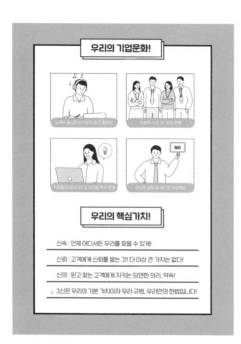

우리의 핵심가치!

신속 : 언제 어디서든 우리를 찾을 수 있게!

신뢰 : 고객에게 신뢰를 쌓는 것! 더 이상 큰 가치는 없다!

신의 : 믿고 찾는 고객에게 지키는 당연한 의리, 약속!

√ 3신은 우리의 기본 가치이자 우리 규범, 우리만의 헌법입니다!

우리의 인재상

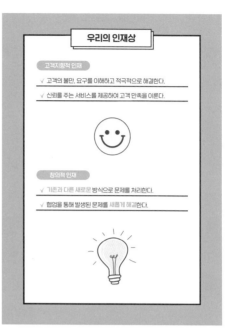

고객지향적 인재

√ 고객의 불만, 요구를 이해하고 적극적으로 해결한다.

√ 신뢰를 주는 서비스를 제공하여 고객 만족을 이룬다.

창의적 인재

√ 기존과 다른 새로운 방식으로 문제를 처리한다.

√ 협업을 통해 발생된 문제를 새롭게 해결한다.

우리 브랜드

당일 수확한 신선한 야채와 과일만을 고객에게 전달

우수한 품종을 직접 농가에서 수급받아 고객에게 전달

√ 친환경, 유기농 야채 제공은 국내에서 유일하게 우리만 가능한 일

확실한 성장

나도 대표이사

우리의 각 브랜드 개별 대표이사 발탁! 성장 지원

브랜드별 매출 70억 이상 개별 독립하여 대표이사로 성장

√ 연봉은 3억부터 Start!

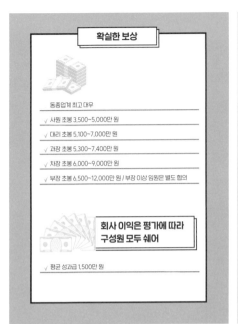

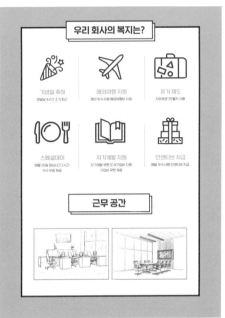

모집 분야

모집 부분	업무 내용	자격 요건 및 우대사항	모집 인원
인사	채용프로세스 개선 및 운영	**자격요건** - 4년제 학사 이상 - 경력 및 성별 무관 **우대사항** - 관련 업무 경험자	00명
개발	플랫폼 기반 서비스 개발 어플리케이션 개발	**자격요건** - 학력 무관 - 포트폴리오 첨부 **우대사항** - 다양한 개발 경험이 있는 자	00명

- **지원 방법**   홈페이지 접속 > 입사 지원
- **전형 절차**   서류전형 > 1차, 2차면접 > 최종 합격
- **지원 기간**   2025년 10월 10일까지

- **문의처**   E. recruit@agroup.co.kr   T. 02-3456-1234

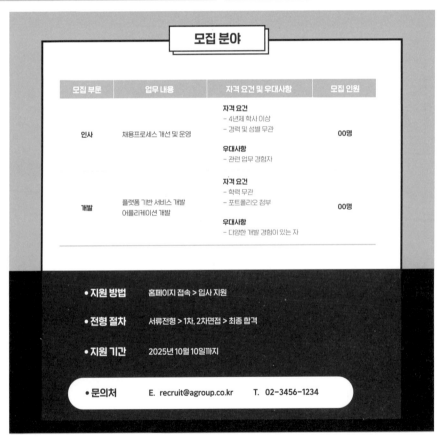

우리 아들딸들 입장에서 봤을 때 정말 함께 일하고 싶고 지원해 보고 싶은 의지가 넘치게 하는 EVP 활동의 우수한 사례야. 앞의 예시를 통해 EVP 활동이 잘 되어 있는 공고를 확인해 봤는데 반대로 EVP 활동이 전혀 되어 있지 않은 공고를 확인해 보자.

아래의 채용공고는 우리 아들딸들을 무시한 상당히 성의 없는 채용공고야. 수행해야 할 담당 업무도 적혀 있지도 않고, 연봉 수준, 평가 보상, 복리후생 등 어떠한 것도 찾아볼 수 없어. 지속적으로 올라오는 어느 업체의 채용공고야. 이런 채용공고에는 지원하고 싶지 않기도 하겠지만 인사팀의 채용 활동이 상당히 미흡하다고 할 수 있어. 당연히 인재에 대한 소중함과 간절함도 없다고 봐야겠지. 이 채용공고를 게재한 회사는 대기업 계열사야. 하지만 회사의 네임밸류만 믿고 인사담당자의 성의 없는 채용 활동에 면접은 3차까지…. 아무리 대기업 계열사라 해도 아빠는 가지 않을 것 같아. 가 봐야 뻔하거든.

모집 분야 및 자격 요건	
담당 업무	상세내용을 입력하세요. (실제 채용공고에 입력하지 않아서 채용포털 수정 전 기본 템플릿이 그대로 반영된 성의 없는 채용공고 예시)
자격 요건	학력: 무관 경력: 무관
우대 사항	상세내용을 입력하세요. (실제 채용공고에 입력하지 않아서 채용포털 수정 전 기본 템플릿이 그대로 반영된 성의 없는 채용공고 예시)
전형 절차	서류 → 1차 면접 → 2차 면접 → 임원면접 → 최종 합격 (담당 업무도 없고, 우대사항도 기재를 하지 않고, 전형 절차만 상당히 까다로운 굉장히 성의 없는 대기업 계열사 채용공고 예시)

우리 아들딸들도 채용공고에서 3C요소와 구구절절 적힌 내용을 원하는 것은 아닐 거야. 하지만 회사에 대한 최소한의 정보와 내가 수행할 직무에 대한 기초 역량은 나

타내 주고 해당 업무를 잘 수행해 냈을 때 보상과 타사와는 다른 복리후생 등 여러 가지 베네핏을 표현해 주는 회사의 채용공고를 선택하여 취업하는 것이 취업실패의 가능성을 낮추고 좋은 회사를 고르는 노하우가 될 거야. 모두 채용공고, 회사를 보는 눈을 키워 힘든 취업 과정을 잘 이겨 냈으면 좋겠어.

실전

1장

공기업

1. 공기업에 관한 이해

1) 공기업 현황과 존재의 이유

공기업은 「공공기관의 운영에 관한 법률」에 따라 기관을 확정하여 국가에서 운영하고 있어. 즉 공기업은 법에 의해 설립 목적이 확정되고 상위기관 통제를 받아 운영되고 있다는 말이야.

「공공기관의 운영에 관한 법률」의 목적은 '공기업의 운영에 관한 기본적인 사항과 자율 경영 및 책임 경영 체제 확립에 관하여 필요한 사항을 정하여 경영을 합리화하고 운영의 투명성을 제고함으로써 공기업의 대국민 서비스 증진에 기여함을 목적으로 한다'라고 명시되어 있어. (출처: 법제처 해당 법률)

「공공기관의 운영에 관한 법률」 존재의 이유, 즉 목적은 공기업이 대국민 서비스를 제공하는 데 있다고 할 수 있는 거지. 가치 체계의 이해 부분에서 다룬 미션(정체성), 이것이 공기업이 존재하는 정체성 즉 목적과 동일하다고 할 수 있지. 공기업을 준비하는 우리 아들딸들은 큰 틀에서 공기업을 이해하는데, 각 기업별 존재의 이유인 기업의 정체성 즉 존재하는 또는 사업을 하는 목적, 이유를 이해하는 것이 내가 지원하고자 하는 공기업의 '기본'을 이해하는 데 상당히 많은 도움이 될 거야.

각 공기업 홈페이지에는 비전과 미션이 소개되어 있는데 다시 이야기하지만 공기업의 미션은 개별 공기업의 존재의 이유, 즉 전체 공기업이 존재하는 이유(목적)라고 이해할 수 있을 거야.

『공공기관의 운영에 관한 법률』 일부 내용 참고

4조(공공기관)
① 기획재정부장관은 국가·지방자치단체가 아닌 법인·단체 또는 기관(이하 "기관"이라 한다)으로서 다음 각 호의 어느 하나에 해당하는 기관을 공공기관으로 지정할 수 있다. [각호 생략]

제6조(공공기관 등의 지정 절차)
① 기획재정부장관은 매 회계연도 개시 후 1개월 이내에 공공기관을 새로 지정하거나, 지정을 해제하거나, 구분을 변경하여 지정한다. 다만, 회계연도 중이라도 다음 각 호의 구분에 따라 공공기관을 새로 지정하거나, 지정을 해제하거나, 구분을 변경하여 지정할 수 있다.
<개정 2009.12.29.>

각 조항 규정에 따라 공기업을 신설, 부설기관 독립 등 기타 해지 사유로 인해 공기업을 해지하고 신규로 지정하고 있다고 각 조항에 규정되어 있는 내용을 확인하고 각 공기업별 목적을 명확하게 이해하는 것이 공기업 취업준비의 기본이야.

공기업 현황

2022년 공기업 지정 350개	공기업 36개	시장형 15개	준시장형 21개
	직원 정원이 50명, 총 수입액이 30억 원, 자산규모가 10억 이상이면서 총 수입액 중 자체 수입이 차지하는 비중이 50% 미만인 공기업	자산규모가 2조 원 이상이고 총 수입액 중 자체 수입액이 85% 이상인 공기업 (한전, 가스공사 등)	시장형 공기업이 아닌 공기업 (조폐공사, 한국방송진흥공사 등)

준 정부기관 94개	기금관리형 13개	위탁집행형 81개
직원 정원이 50명, 총 수입액이 30억 원, 자산 규모가 10억 이상이면서 총 수입액 중 자체 수입이 차지하는 비중이 50% 미만인 공기업	국가재정법에 따라 기금을 관리하거나 기금의 관리를 위탁받은 준 정부기관 (국민체육진흥공단, 근로복지공단 등)	기금관리형 준 정부기관이 아닌 준 정부기관 (한국 국제협력단, 한국 장학재단 등)
기타 공기업 220개		
공기업, 준 정부기관이 아닌 공기업		

출처: 알리오 홈페이지(공기업 현황 정보: https://www.alio.go.kr/guide/publicAgencyStatus.do)

2022년도 공기업은 총 350개로 2021년 대비 1개 기관 증가

구분		'21년	'22년	증감	신규	해제	변경
① 공기업		36	36	-			
	• 시장형	15	15	-			
	• 준시장형	21	21	-			
② 준 정부기관		95	94	△1		△1	
	• 기금관리형	13	13	-			
	• 위탁집행형	82	81	△1		△1	
③ 기타 공기업		218	220	+2	+3	△1	
계		349	350	+1	+3	△2	-

구분	주무부처	기관명	지정 결과
신규 (+3)	복지부	(재)한국보건의료정보원	기타 공기업
	산업부	한국탄소산업진흥원	
	산업부	한국제품안전관리원	
해제 (△2)	문체부	아시아문화원	지정 해제
	금융위	한국예탁결제원	

구 분	(주무기관) 기관명
시장형 공기업 (15)	(산업부) 한국가스공사, 한국남동발전㈜, 한국남부발전㈜, 한국동서발전㈜, 한국서부발 전㈜, 한국석유공사, 한국수력원자력㈜, 한국전력공사, 한국중부발전㈜, 한국 지역난방공사, 주식회사 강원랜드 (국토부) 인천국제공항공사, 한국공항공사 (해수부) 부산항만공사, 인천항만공사
준 시장형 공기업 (21)	(기재부) 한국조폐공사 (문체부) 그랜드코리아레저㈜ (농식품부) 한국마사회 (산업부) ㈜한국가스기술공사, 대한석탄공사, 한국광해광업공단, 한국전력기술㈜, 한전 KDN㈜, 한전KPS㈜ (국토부) 제주국제자유도시개발센터, 주택도시보증공사, 한국도로공사, 한국부동산원, 한국철도공사, 한국토지주택공사, 주식회사 에스알 (해수부) 여수광양항만공사, 울산항만공사, 해양환경공단 (방통위) 한국방송광고진흥공사 (환경부) 한국수자원공사
기금 관리형 준 정부 기관 (13)	(교육부) 사립학교교직원연금공단 (문체부) 국민체육진흥공단, 한국언론진흥재단 (산업부) 한국무역보험공사 (복지부) 국민연금공단 (고용부) 근로복지공단 (중기부) 기술보증기금, 중소벤처기업진흥공단 (금융위) 신용보증기금, 예금보험공사, 한국자산관리공사, 한국주택금융공사 (인사처) 공무원연금공단
위탁 집행형 준 정부 기관 (81)	(기재부) 한국재정정보원 (교육부) 한국교육학술정보원, 한국장학재단 (과기부) (재)우체국금융개발원, (재)우체국물류지원단, (재)한국우편사업진흥원, 연구 개발특구진흥재단, 정보통신산업진흥원, 한국과학창의재단, 한국방송통신전 파진흥원, 한국연구재단, 한국인터넷진흥원, 한국지능정보사회진흥원 (외교부) 한국국제협력단 (문체부) 국제방송교류재단, 한국관광공사, 한국콘텐츠진흥원 (농식품부) 농림수산식품교육문화정보원, 농림식품기술기획평가원, 축산물품질평가원, 한국농수산식품유통공사, 한국농어촌공사

구 분	(주무기관) 기관명
위탁 집행형 준 정부 기관 (81)	(산업부) 대한무역투자진흥공사, 한국가스안전공사, 한국디자인진흥원, 한국산업기술진흥원, 한국산업기술평가관리원, 한국산업단지공단, 한국석유관리원, 한국에너지공단, 한국에너지기술평가원, 한국원자력환경공단, 한국전기안전공사, 한국전력거래소 (복지부) 건강보험심사평가원, 국민건강보험공단, 한국건강증진개발원, 한국노인인력개발원, 한국보건복지인력개발원, 한국보건산업진흥원, 한국사회보장정보원, 한국보육진흥원 (환경부) 국립공원공단, 국립생태원, 한국환경공단, 한국환경산업기술원 (고용부) 한국고용정보원, 한국산업안전보건공단, 한국산업인력공단, 한국장애인고용공단 (여가부) 한국건강가정진흥원, 한국청소년상담복지개발원, 한국청소년활동진흥원 (국토부) 국가철도공단, 국토교통과학기술진흥원, 국토안전관리원, 한국국토정보공사, 한국교통안전공단, 재단법인 대한건설기계안전관리원 (해수부) 한국수산자원공단, 한국해양교통안전공단, 한국해양수산연수원, 해양수산과학기술진흥원 (행안부) 한국승강기안전공단 (중기부) 소상공인시장진흥공단, 중소기업기술정보진흥원, 창업진흥원 (금융위) 서민금융진흥원 (공정위) 한국소비자원 (방통위) 시청자미디어재단 (보훈처) 독립기념관, 한국보훈복지의료공단 (식약처) 한국식품안전관리인증원 (경찰청) 도로교통공단 (소방청) 한국소방산업기술원 (산림청) 한국임업진흥원, 한국산림복지진흥원, 한국수목원정원관리원 (농진청) 농업기술실용화재단 (특허청) 한국특허전략개발원 (기상청) 한국기상산업기술원
기타 공기업 (220)	(교육부) 강릉원주대학교치과병원, 강원대학교병원, 경북대학교병원, 경북대학교치과병원, 경상국립대학교병원, 국가평생교육진흥원, 동북아역사재단, 부산대학교병원, 부산대학교치과병원, 서울대학교병원, 서울대학교치과병원, 전남대학교병원, 전북대학교병원, 제주대학교병원, 충남대학교병원, 충북대학교병원, 한국고전번역원, 한국사학진흥재단, 한국학중앙연구원

구 분	(주무기관) 기관명
기타 공기업 (220)	(국조실) 경제·인문사회연구회, 과학기술정책연구원, 건축공간연구원, 국토연구원, 대외경제정책연구원, 산업연구원, 에너지경제연구원, 정보통신정책연구원, 통일연구원, 한국개발연구원, 한국교육개발원, 한국교육과정평가원, 한국교통연구원, 한국노동연구원, 한국농촌경제연구원, 한국법제연구원, 한국보건사회연구원, 한국여성정책연구원, 한국조세재정연구원, 한국직업능력연구원, 한국청소년정책연구원, 한국해양수산개발원, 한국행정연구원, 한국형사·법무정책연구원, 한국환경연구원 (기재부) 한국수출입은행, 한국투자공사 (과기부) (재)우체국시설관리단, 과학기술일자리진흥원, 광주과학기술원, 국가과학기술연구회, 국립광주과학관, 국립대구과학관, 국립부산과학관, 기초과학연구원, 대구경북과학기술원, 울산과학기술원, 한국건설기술연구원, 한국과학기술기획평가원, 한국과학기술연구원, 한국과학기술원, 한국과학기술정보연구원, 한국기계연구원, 한국기초과학지원연구원, 한국나노기술원, 한국데이터산업진흥원, 한국생명공학연구원, 한국생산기술연구원, 한국식품연구원, 한국에너지기술연구원, 한국여성과학기술인육성재단, 한국원자력연구원, 한국원자력의학원, 한국재료연구원, 한국전기연구원, 한국전자통신연구원, 한국지질자원연구원, 한국천문연구원, 한국철도기술연구원, 한국표준과학연구원, 한국한의학연구원, 한국항공우주연구원, 한국핵융합에너지연구원, 한국화학연구원 (외교부) 한국국제교류재단, 재외동포재단 (통일부) 북한이탈주민지원재단, (사)남북교류협력지원협회 (법무부) 대한법률구조공단, 정부법무공단, 한국법무보호복지공단 (국방부) 국방전직교육원, 전쟁기념사업회, 한국국방연구원 (행안부) 민주화운동기념사업회, (재)일제강제동원피해자지원재단 (문체부) (재)예술경영지원센터, 게임물관리위원회, 국립박물관문화재단, 대한장애인체육회, 대한체육회, 세종학당재단, 영상물등급위원회, 영화진흥위원회, 예술의전당, 재단법인 국악방송, 태권도진흥재단, 한국공예디자인문화진흥원, 한국도박문제관리센터, 한국문학번역원, 한국문화관광연구원, 한국문화예술교육진흥원, 한국문화예술위원회, 한국문화정보원, 한국문화진흥㈜, 한국영상자료원, 한국예술인복지재단, 한국저작권보호원, 한국저작권위원회, 한국체육산업개발㈜, 한국출판문화산업진흥원 (산업부) 재단법인 한국에너지재단, 전략물자관리원, 한국로봇산업진흥원, 한국산업기술시험원, 한국세라믹기술원, 한국에너지정보문화재단, 한국전력국제원자력대학원대학교, 한국제품안전관리원, 한국탄소산업진흥원, 한전원자력연료㈜, 한전엠씨에스㈜

구 분	(주무기관) 기관명
기타 공기업 (220)	(농식품부) 가축위생방역지원본부, 국제식물검역인증원, 농업정책보험금융원, 재단법인 한식진흥원, 축산환경관리원, 한국식품산업클러스터진흥원 (복지부) (재)한국보건의료정보원, 국가생명윤리정책원, 국립암센터, 국립중앙의료원, 대구경북첨단의료산업진흥재단, 대한적십자사, 아동권리보장원, 오송첨단의료산업진흥재단, 한국국제보건의료재단, 한국보건의료연구원, 한국보건의료인국가시험원, 한국사회복지협의회, 한국의료분쟁조정중재원, 한국장애인개발원, 한국한의약진흥원, 재단법인 의료기관평가인증원, 재단법인 한국공공조직은행, 재단법인 한국자활복지개발원, 재단법인 한국장기조직기증원 (환경부) 국립낙동강생물자원관, 국립호남권생물자원관, 수도권매립지관리공사, 수자원환경산업진흥㈜, 한국상하수도협회, 한국수자원조사기술원, 환경보전협회 (고용부) 건설근로자공제회, 노사발전재단, 학교법인한국폴리텍, 한국고용노동교육원, 한국기술교육대학교, 한국사회적기업진흥원, 한국잡월드 (여가부) 한국양성평등교육진흥원, 한국여성인권진흥원 (국토부) 건설기술교육원, 공간정보품질관리원, 국립항공박물관, 새만금개발공사, 주택관리공단㈜, 코레일관광개발㈜, 코레일네트웍스㈜, 코레일로지스㈜, 코레일유통㈜, 코레일테크㈜, 한국도로공사서비스㈜, 한국해외인프라도시개발지원공사, 항공안전기술원 (해수부) 국립해양과학관, 국립해양박물관, 국립해양생물자원관, 한국어촌어항공단, 한국항로표지기술원, 한국해양과학기술원, 한국해양조사협회, 한국해양진흥공사 (중기부) ㈜공영홈쇼핑, 신용보증재단중앙회, 중소기업유통센터, 중소벤처기업연구원, 한국벤처투자, 재단법인 장애인기업종합지원센터 (금융위) 중소기업은행, 한국산업은행 (공정위) 한국공정거래조정원 (원안위) 한국원자력안전기술원, 한국원자력안전재단, 한국원자력통제기술원 (보훈처) 88관광개발㈜ (식약처) 식품안전정보원, 한국의료기기안전정보원, 한국의약품안전관리원 (관세청) (재)국제원산지정보원 (방사청) 국방과학연구소, 국방기술품질원 (문화재청) 한국문화재재단 (산림청) 한국등산·트레킹지원센터 (기상청) (재)차세대수치예보모델개발사업단, (재)APEC기후센터 (특허청) 한국발명진흥회, 한국지식재산보호원, 한국지식재산연구원, 한국특허정보원

2) NCS 국가표준직무 이해하기

▸ 직업기초 능력과 직무수행 능력

NCS(National Competency Standards)는 국가직무능력 표준의 약자로 각각의 산업현장에서 직무를 수행하기 위해 요구되는 지식과 기술, 태도를 체계화한 것이라고 할 수 있어. 직무능력표준을(National Competency Standards) 풀어서 보면, '직무: 수행해야 할 직무(일)'과 '능력: 직업기초 능력+직무수행 능력'으로 구분할 수 있는데, 직업기초 능력은 직업인이 갖추어야 할 공통적인 기본 능력으로 이해하면 돼(10개 직업기초 능력).

직업기초 능력과 직무수행 능력이 모두 우수하다면 기관에서는 성과로 이어질 수 있다고 판단하고 회사 비전을 달성할 수 있다고 여기고 있어. 그렇기 때문에 직업기초 능력과 직무수행 능력을 모두 갖추어야만 공기업에 입사할 수 있고 입사 후에도 성과를 낼 수 있는 구조야. 그렇다면 공기업 채용에서 당연히 이 두 능력을 겸비한 지원자를 채용하는 것이 너무도 당연한 것이지.

직업기초 능력은 직종이나 직위, 수행하는 직무에 상관없이 모든 직업인들에게 공통적으로 요구되는 기본적인 능력과 자질이야. 공기업에 취업하기 위해서는 직업기초 능력 10개와 하위 능력까지 포함한 심층적인 이해가 필요해. 직업기초 능력(자기소개서, 면접, 필기시험까지 그대로 연계)과 직무수행 능력(자기소개서, 면접 연계)을 명확하게 이해할 수 있어야 공기업 취업의 긴 채용프로세스를 감당할 수 있기 때문이야.

또한 직업기초 능력은 각 공기업, 기관마다 직무별로 요구하는 능력이 다르므로 기관에 대한 분석과 직무에 대한 분석, 직무에 대한 이해와 어떤 직업기초 능력을 필요로 하는지 알고 있어야 자기소개서 작성, 경험·경력기술서, 면접까지도 연결해 활용할 수 있다는 점을 잊지 말아야 해. 직업기초 능력은 다음과 같아.

직업기초 능력 10개 영역	34개 하위 영역(능력)
의사소통 능력	문서이해 능력, 문서작성 능력, 경청 능력, 의사표현 능력, 기초 외국어 능력
수리 능력	기초 연산 능력, 기초 통계 능력, 도표 분석 능력, 도표 작성 능력
문제해결 능력	사고력, 문제 처리 능력
자원 관리 능력	시간 관리 능력, 예산 관리 능력, 물적 자원 관리 능력, 인적 자원 관리 능력
조직 이해 능력	국제 감각, 조직체제 이해 능력, 경영 이해 능력, 업무 이해 능력
정보 능력	컴퓨터활용 능력, 정보 처리 능력
자기개발 능력	자아인식 능력, 자기 관리 능력, 경력개발 능력
대인관계 능력	팀워크 능력, 리더십 능력, 갈등관리 능력, 협상 능력, 고객 서비스 능력
기술 능력	기술 이해 능력, 기술 선택 능력, 기술 적용 능력
직업윤리 능력	근로윤리, 공동체윤리

10개의 직업기초 능력을 상세히 이해하고 하위 34개 영역까지 이해할 수 있어야 공기업에 합격할 수 있어. 다시 이야기하면 직업기초 능력은 자기소개서, 필기, 면접 모든 것에 연결되어 있는데, 이 직업기초 능력과 직무수행 능력(직무수행에 필요한 지식, 기술, 태도)이 부합하면서 동시에 기관에서 요구하는 조직에 대한 적합성(미션과 비전, 핵심가치, 인재상 등)이 모두 부합하는 그런 인재를 필요로 하는 게 공기업 채용의 핵심이라는 거야.

직무수행 능력은 해당 직무를 수행하는 데 필요한 역량(지식, 기술, 태도)이라고 이해하면 되는데 쉽게 말해 직무를 수행하기 위한 전문적인 능력이라고 할 수 있어. 직무수행 능력은 24개의 대분류로 구분되어 있고 중분류, 소분류, 세분류는 NCS 홈페이지에서 자세한 내용을 확인할 수 있어. 홈페이지에서 NCS 및 학습모듈 메뉴에 접속하면 직무수행 능력 능력단위별 지식, 기술, 태도를 확인하여 내가 갖추어야 할 능력과 역량을 확인하고 이해할 수 있어. 각 기관의 채용공고는 NCS 및 학습모듈 메뉴 기반으로 제공하기 때문에 내가 입사하고자 하는 기관과 직무를 선택하여 직업기초 능력을 기본으로 어떤 직무수행 능력과 역량을 갖추어야 하는지 철저히 공부한다면 원하는 공기업에 합격할 수 있어.

NCS 및 학습모듈 검색

출처: NCS 홈페이지

직업기초 능력과 직무수행 능력을 정리해서 다시 이야기하면, 직업기초 능력은 직업인, 직장인이라면 누구나 갖추어야 할 기초 공통 능력이라고 정리할 수 있고 직무수행 능력은 주어진 직무를 성공적으로 수행하기 위해 갖추어야 할, 직무를 성공적으로 수행하는 데 필요한 능력이라 할 수 있어.

▶ NCS 개발 배경

NCS가 개발된 배경 중 하나는 기존 공기업의 스펙 위주 채용 방식으로 인해 직무와 연관 없는 영어 점수 올리기, 공모전 입상 등 우선 스펙을 쌓고 보자는 식의 취업 준비생들의 과도한 스펙 쌓기가 문제가 된 데 있어. 이러한 문제에 대해 '능력 중심 사회' '능력 중심 채용'이라는 새로운 인사 관리의 필요성과 시대적 사회욕구가 맞아떨어진 것이지. 즉 학벌 중심의 채용에서 직무, 역량, 능력 중심 채용으로 공기업의 채용과 취업의 패러다임이 변화했다고 할 수 있어. 국가에서도 NCS를 국정 과제로 설정한 후 본격적으로 공기업을 우선으로 많은 민간 기업에도 도입하고 운영하고 있어.

이런 NCS가 도입되면서 여러 가지 긍정효과도 발생했어. ① 채용하고자 하는 인원의 지식, 기술, 태도가 정의되어 있어 그에 맞는 적합인재(Right person)를 채용프로세스 전 과정에서 평가할 수 있게 되어 원하는 인재를 채용할 수 있게 되었어. ② 능력 중심, 역량 중심 채용을 지향하는 NCS가 기존의 채용 방식에서 변별력을 가리기 위한 과도한 스펙 쌓기를 최소화할 수 있게 하여 사회적 비용 감소에도 상당한 영향을 끼쳤다고 할 수 있지.

다시 말해 우리 아들딸들이 공기업에 취업하고자 한다면 과도한 스펙 쌓기보다는 가고 싶은 공기업을 정해 놓고 기관에서 요구하는 직무수행에 실제 필요한 자격증, 토익 등 스펙을 갖추는 것이 필요해. 무분별하게 스펙을 쌓는 것은 이제는 공기업 취업에서는 무의미하다는 말이야. 내가 가고 싶은 공기업을 골라 해당 직무에 필요한 경험을 쌓고 해당 직무에서 필요로 하는 역량(지식, 기술, 태도)을 개발하여 공기업 취업을 준비한다면 누구든 원하는 공기업에 갈 수 있다는 말이야.

기존
직무수행과 무관한
과도한 스펙 쌓기

과도한
스펙 쌓기는
그만!!

현재
기관에서 요구하는
실제 직무수행에 필요한
스펙을 갖추어야 함

▶ 블라인드 채용이란

NCS가 도입되기 시작하면서 직무가 점점 구체적으로 세분화되고 각 직무별로 명문화하였고 아직도 개발하고 있으며, 여전히 개발해야 하는 직무들이 많이 있기도 해. NCS 도입 후 이전에 문제시되었던 학벌, 불필요한 스펙, 남녀 차별 문제를 최소화하고 극복하기 위해서 2017년부터 블라인드 채용이 본격 도입되기 시작했어.

블라인드 채용

차별적 평가요소 제거, 직무 능력 중심으로 평가,

지원자를 평가하지 않는다는 것은 아님

기관이 직무수행에 필요하여 요구한 스펙도 필요함

차별, 편견을 제거하고 평가하는 것이
블라인드 채용의 핵심

블라인드 채용이란 무엇일까? NCS 기반 능력 중심 채용을 조금 더 발전적으로 개선하고 보완한 것이 블라인드 채용이야. 블라인드 채용은 채용 과정(서류, 필기, 면접)에서 편견이 개입되어 차별을 야기할 수 있는 출신지, 가족관계, 학력, 외모 등의 불차별적 요소들을 걷어 내고 지원자의 실력(직무 능력) 즉 직업기초 능력과 직무수행 능력만을 평가하여 인재를 채용하는 방식을 말해. 계속 이야기했던 채용 시 문제가 되었던 것이 무엇일까? 무분별한 스펙 쌓기, 학벌 중심 채용, 불필요한 영어 점수요소 등이 있지. 블라인드 채용은 2017년부터 점차 많은 공기업과 기업들이 준비하고 도입했고 계속해서 더 많은 공기업과 기업이 도입할 예정인 상황이야. 즉, 블라인드 채용은 이렇게 정리할 수 있어.

---

① 차별적 평가요소를 제거
② 직무 능력을 중심으로 평가

출처: 「공공기관 블라인드 채용 가이드라인」

블라인드 채용에서 오해하지 말아야 할 것은, 평가에서 지원자를 평가하지 않는다는 것은 아니야. 학력, 그 동안의 경력, 경험, 직무에 따라 필요한 영어 점수 등 직무에서 자격 해 놓은 직무자격 내용은 기본으로 본다는 이야기라고 할 수 있어. 다시 말해 어느 기관에서 직무를 수행하는 데 토익 점수가 필요하다면 당연히 직무자격(채용공고)에 토익 점수를 제시할 수 있고, 컴퓨터활용 능력이 필요한 직무라면 컴퓨터활용 능력 자격증을 보유한 사람을 채용한다는 말이지. 그래서 기관에서 제공하는 채용공고의 직무기술서를 철저히 분석하면 어떤 인재를 채용하고 싶은지 확인할 수 있어. 블라인드 채용은 사람, 자격을 평가하지 않는다는 것이 아니라, 채용에 있어 직무 능력을 중심으로 평가를 하고 차별적, 편견적 요소를 제외한다는 것이야.

그럼 우리는 무엇을 준비해야 할까? 각 공기업들이 제공하는 채용공고를 정확하게 이해하고 채용 제도 역시 명확하게 이해하는 것이 필요해. 또, 공기업별 채용 방식에 대해 이해하고 '나'는 이 기관이 채용공고에서 제시하고 있는 직업기초 능력, 직무수행 능력에서 어떤 '역량을 갖추고 있는지'를 냉정하게 판단하고 준비해야 해. 너무나도 간단하고 당연한 이야기지. 공기업은 이제 스펙을 갖춘 사람을 채용하는 것이 아니라 직무를 수행할 수 있는 직업기초 능력을 갖추고 직무수행 능력에서 요구하는 '역량을 갖춘 자-인재상과 부합한 자'를 채용한다는 거야.

블라인드 채용은 각 기관별로 지원자에게 직무기술서를 제공함으로 직무에 대한 적합성이 높은 사람이 해당 채용전형에 지원하도록 유인하는 수단이라고 이해해도 좋을 거야. 이는 직무에 적합한 역량을 갖춘 사람을 최종 선발함으로써 각 공기업은 조직에 빠르게 적응하고 인사 관점에서 기관이 요구하는 기본을 갖춘(직무적합성과 조직적합성) 인재 채용을 통해 효율을 도모할 수 있는 이점을 확보할 수 있게 되는 거지. 더 나아가 기관이 추구하는 비전도 달성할 수 있을 것이고. 이것이 블라인드 채용의 기본 목적과 취지라고 할 수 있어.

▶ **NCS**(National Competency Standards) **분류**

공기업에 입사하기 위해서는 수행준거가 가장 중요하다고 할 수 있어.

국가직무능력표준 능력단위 구성

인력 채용 능력단위 검색 결과입니다.
02.경영·회계·사무>02.총무·인사>02.인사·조직>01.인사>03.인력 채용

출처: NCS 홈페이지- '능력단위' 검색 결과

수행준거가 중요한 이유는, 능력단위(그림 '능력단위' 검색 결과 참고) 대분류의 직무 내용, 소분류, 세분류 다음 능력단위 업무(각 기관에서 제공하는 직무기술서에서 능력단위를 의미하는, 예를 들어 인사에서 인사조직, 인력 채용 인사 평가), 즉 실제 기관에서 제공되는 직무기술서의 능력단위는 지원자가 실제 수행해야 할 업무이기 때문에 이 업무를 수행할 사람을 채용하는 과정(자기소개서, 면접)이 직무수행준거를 확인하는 절차로 진행되기 때문이야.

쉽게 설명하자면 자기소개서에서 수행준거(어떤 경험에서 어떤 행동을 했는지)가 드러난 부분을 평가한 후, 면접에서 실제 직무수행에 필요한 준거와 유사한 경험과 행동을 했는지를 재차 확인하는 과정을 통해 해당 면접자의 역량과 실무 상황에서 어떻게

대처하고 반응할지를 종합적으로 평가하기 때문에 수행준거가 중요하다는 거지.

▶ 직무기술서 보는 방법

직무기술서를 정확하게 이해하는 것은 상당히 중요해. 직무기술서를 통해 아래와 같은 내용들을 확인할 수 있거든.

① 채용분야	⑥ 능력단위
② NCS 분류 체계	⑦ 직무수행에 필요한 지식, 기술, 태도(역량)
③ 기관 소개	⑧ 직무수행에 필요한 자격(자격증)
④ 기관 주요 사업 내용	⑨ 직무수행에 필요한 직업기초 능력
⑤ 직무수행 내용(능력단위의 세부 업무 내용)	⑩ 기타 참고사항 등

일반적으로 직무기술서는 이 내용에서 크게 달라지지 않아. 우리가 익숙하지 않은 단어와 문장들이 많아서 그렇지, 직무기술서는 그리 어렵지 않게 해석하고 확인할 수 있어. 이미 NCS 홈페이지에서 충분히 찾아볼 수 있는 내용이기 때문이야.

직무기술서에서 핵심적으로 반드시 이해해야 할 부분은 '능력단위를 NCS 홈페이지에서 확인하고 필요지식을 내가 갖추고 있는가?' '그에 맞는 경험과 행동을 자기소개서 면접에 표현할 수 있는가' '필요 지식을 갖추었다면 필요 기술을 직무수행에 활용할 수 있는가' '직무 지식과 기술을 갖추고 나의 성격적 특성이 기관에서 제시한 직무기술서에서 요구하는 바와 부합한가' 이것을 스스로 자신과 맞는지 판단하고 해석, 자각하는 것이 가장 중요하다고 할 수 있어. 나머지 영역은 교육과 NCS 홈페이지에 있는 내용으로도 충분히 커버할 수 있는 부분이기도 해.

직무기술서에서 가장 중요한 것은 능력단위(업무 내용)에 있는 업무를 성공적으로 수행할 수 있는 능력, 즉 역량(지식과 기술, 태도)이 나의 경험, 역량과 맞는지 점검하고 적용할 줄 아는 것이라고 할 수 있어. 자기소개서, 면접이 직무기술서에 있는 내용과 아주 밀접하게 연계, 연관되어 있기 때문이지. 다시 말해 공기업 채용프로세스 중 서류 전형프로세스에서는 지원자의 경험과 경력이 성공적인 직무수행을 위한 자격과 얼마나 연관되어 있는지, 직무 관련 역량(지식, 기술, 태도)을 갖추었는지 보여 주는 것이 핵심이라는 거야.

NCS 기반 채용 직무기술서 예시

한국고용노동교육원				
채용 분야	**교육직- 일반(교육기획, 운영, 이러닝, 일반행정)**			
NCS 분류 체계	대분류	중분류	소분류	세분류
	04. 교육·자연· 사회과학	02. 평생교육	02. 평생교육 운영	01. 고용노동교육 프로그램 기획·개발·평가
				02. 고용노동교육 프로그램 운영·상담·교수
		03. 직업교육	01. 직업교육	02. 위탁교육
			02. 이러닝	03. 이러닝 과정 운영
	02. 경영·회계· 사무	01. 기획사무	01. 경영 기획	01. 경영 기획
		02. 총무·인사	01. 총무	01. 총무
			03. 일반사무	02. 사무행정
교육원 소개	한국고용노동교육원은 고용노동 분야의 전문적이고 체계적인 교육을 통해 국가 고용창출에 이바지하고, 고용노동 문제의 올바른 이해와 문제해결력을 제고하기 위해 설립된 교육기관입니다.			
교육원 주요 사업	• 근로자 및 사업주에 대한 노동교육 • 고용노동행정에 종사하는 공무원 등 관련 업무 종사자에 대한 직무교육 • 청소년 등 일반 국민에 대한 노동인권 및 노동자 권리보호 관련 교육 • 교육원 외의 자가 행하는 고용노동교육 사업에 대한 지원 • 교육 프로그램 연구개발 보급 및 관리 • 전문가의 양성 및 관리 • 고용노동교육 관련 홍보 및 상담			

	• 국내외 고용노동교육 관련 자료수집, 통계작성 및 간행물 발간 • 고용노동교육 관련 국제협력사업
직무 수행 내용	• **(고용노동교육 온/오프라인 프로그램 기획·개발·평가)** 고용노동 분야의 요구조사 및 분석 결과를 바탕으로 온/오프라인교육 프로그램을 설계하고, 그 운영 결과를 평가하는 업무 • **(고용노동교육 프로그램 운영·상담·교수)** 고용노동 분야교육 프로그램의 목적 달성과 학습자들의 요구를 충족시키기 위해 프로그램을 운영하고, 적절한 지도와 조언 등 상담 활동을 제공하며, 학습성취도 증진을 위한 교수 업무를 수행하는 업무 • **(위탁교육)** 위탁기관이 추구하는 목적과 비전에 적합한 인재를 개발하기 위하여, 인재상과 인재개발 전략에 의거하여, 교육 기획, 교육 과정의 개발과 운영, 교육 성과의 측정과 평가, 교육 사후 관리 등을 수행하는 업무 • **(이러닝 과정 운영)** 학습자의 학습 성과를 극대화하기 위하여 교육 과정에 대한 운영 계획을 수립하고, 학습자와 교강사 활동을 지원하며, 학습과 관련한 불편사항을 개선함으로써 학습 목표 달성을 지원하는 업무 • **(사무행정)** 조직이나 부서 구성원들이 본연의 업무를 원활하게 수행할 수 있도록 조직 내부와 외부에서 요청하거나 필요한 업무를 지원하고 관리하는 업무
능력 단위	• **(교육 프로그램 기획·개발·평가)** 01. 교육 상황 분석, 02. 교육 요구 분석, 03. 교육 자원 조사, 04. 교육 프로그램 설계, 05. 교육 교수학습 자료개발, 09. 기관 프로그램 통합 관리, 10. 교육 프로그램 평가, 11. 학습 결과 인정 • **(교육 프로그램 운영·상담·교수)** 04. 프로그램 현장 관리, 05. 교육 교수 업무 실행, 06. 학습 설계, 11. 교육 인적자원 관리, 12. 학습동아리 운영, 13. 교육 조직 운영, 14. 교육 네트워크 관리, 15. 교육 현장실습 관리, 16. 교육 실무행정 • **(위탁교육)** 02. 교육 체계 수립, 04. 교육 과정 운영, 11. 교육 운영 기획, 13. 정부지원 사업·제도 활용 • **(이러닝 과정 운영)** 04. 이러닝 운영 교강사 지원, 05. 이러닝 운영 학습 활동 지원, 11. 이러닝 운영 활동 관리, 12. 이러닝 운영교육 과정 관리 • **(사무행정)** 01. 문서작성, 02. 문서 관리, 03. 자료 관리, 06. 회의 운영·지원, 07. 사무행정, 업무 관리
필요 지식	• 교수설계 이론 • 고용노동교육 관련 정부정책 • 교육 관련 법규 • 학습 미디어, 학습 도구, 학습 테크놀로지 • 학습 관리시스템(LMS)의 기능과 구성 • 교육 프로그램 평가 유형 지식 • 교육 프로그램 평가 방법 지식 • 요구조사 방법 및 절차 • 「개인정보보호법」 • 교수법 및 교수 설계 방법 • 노사 관계 및 노동법, 「노동조합 및 노동관계조정법」 지식

	• 학습자 특성의 이해 • 고용노동 정책 및 관련 최신 트렌드 • 문서 관리 규정 • 정보기술 변화와 흐름	• 노동인권의 이해 • 보안 규정 • 이러닝콘텐츠 개발 방법 및 절차

필요
기술
	• 모니터링 능력
	• 고용노동교육 분야 정보 분석 능력
	• 고용노동교육 분야 동향예측 능력
	• 대인관계 능력
	• 계산 능력
	• 기획서 구성 능력
	• 고용·노동 전문 인력 양성 능력
	• 노동법 쟁점 이슈 해석 능력
	• 클라우드 적용 능력
		• 의사소통 능력
		• 보고서 작성 능력
		• 학습자와의 라포 형성 기술
		• 학습 활동 지원에 필요한 의사소통 능력
		• 분석적 사고 능력
		• 학습 관리시스템(LMS) 사용 능력
		• 고용노동정책 및 타 유관 분야의
		  융복합적 활용 능력
		• 고용노동정책 관련 교육 커리큘럼 기획·개발
		  능력

직무
수행
태도
	• 기획하고자 하는 태도
	• 꼼꼼한 일 처리
	• 업무의 특성을 이해하고자 하는
	  적극적인태도
	• 학습자에 대한 관심과 배려
		• 주어진 시간 내에 업무를
		  수행하고자 하는 성실한 태도
		• 타인과 원활한 의사소통을 할 수 있는
		  친절한 태도
		• 새로운 지식에 대한 열린 마음

관련 자격	• 직업상담사 1·2급, 평생교육사 1·2급, 공인노무사, 경영지도사(인적 자원 관리), 사회조사 분석사 1·2급, 컴퓨터활용 능력 1·2급, 사무자동화산업기사, 정보 처리산업기사 이상 • OCWCD(Oracle Certified Web Component Developer), OCA(Oracle Certified Administrator), OCP(Oracle Certified Professional), 정보보안산업기사 이상, 멀티미디 어콘텐츠제작전문가	
직업 기초 능력	• 의사소통 능력, 대인관계 능력, 문제해결 능력, 직업윤리, 기술 능력	
참고 사항	• 참고사이트: [NCS] www.ncs.go.kr [한국고용노동교육원] https://www.keli.kr • 위 직무기술서는 현재 개발된 NCS 중 한국고용노동교육원의 채용직무와 관련된 NCS를 연계하여 작성되었으며 일부 용어는 기관의 사정에 맞게 변경되었습니다. • 향후 NCS 개발동향과 한국고용노동교육원 주요 사업 변경 등 내·외부 상황에 따라 변경 될 수 있음을 양지하여 주시기 바랍니다.	

출처: 잡알리오

3) 직업기초 능력

▶ **의사소통 능력**

그 동안 우리 아들딸들이 속해 있었거나 지금 속해 있는 학교, 직장 등 모든 조직의 구성원이라면 반드시 필요한 것이 의사소통이라는 것은 이미 잘 알고 있는 내용일 거야. 일상생활을 하는 데 있어서 의사소통이 제대로 되어야 목표했던 일도 이루고 그에 맞는 방향도 세울 수 있어.

회사 입장에서 봤을 때도 의사소통을 통해 효율적으로 업무를 처리할 수 있고, 발생된 문제를 해결할 수도 있으며 타인을 설득하고, 합의하고, 조정하는 등 많은 것들을 해낼 수 있다고 여겨. 즉, 정보전달이 조직의 업무 효율과도 맥락을 같이 한다고 할 수 있기 때문에 어느 집단, 조직이든 의사소통은 상당히 중요해. 의사소통을 단순히 대화를 한다는 정도로 이해하면 안 돼. 의사소통은 내가 발송한 문서로 의사소통을 할 수도 있고 내가 받은 문서를 보고 '아, 상대방이 전달하고자 하는 의도는 이런 의도구나'라고 이해하며 의사소통을 할 수도 있어. 물론, 문서뿐 아니라 대화로 의사소통을 하는 것도 기본 중의 기본이라고 할 수 있지. 또, 대화, 문서를 통한 의사소통 말고도 상대방의 말을 적극적으로 경청한다거나 나의 생각과 주장을 표현하는 것들도 모두 의사소통이라고 할 수 있어.

직업기초 능력 중 하나인 의사소통 능력에 대한 자기소개서 작성 방법은 자기소개서 작성 부분에서 상세하게 알려 줄 것이니, 먼저 의사소통 능력에 대한 기본적인 이해를 제대로 하고 자기소개서를 작성할 수 있도록 해.

NCS 홈페이지에는 의사소통 능력을 이렇게 정의하고 있어. '업무를 수행함에 있어 글과 말을 읽고 들음으로써 다른 사람이 뜻한 바를 파악하고 자기가 뜻한 바를 글과 말을 통해 정확하게 쓰거나 말하는 능력이다'. 이 문장을 통해 의사소통 능력의 의미를 충분히 파악할 수 있을 거야.

의사소통 능력의 하위 능력 구조

하위 능력	하위 능력 정의	세부요소
문서이해 능력	업무를 수행함에 있어 다른 사람이 작성한 글을 읽고 그 내용을 이해하는 능력	- 문서 정보 확인 및 획득 - 문서 정보 이해 및 수집 - 문서 정보 평가
문서작성 능력	업무를 수행함에 있어 자기가 뜻한 바를 글로 나타내는 능력	- 작성 문서의 정보 확인 및 조직 목적과 상황에 맞는 문서작성 - 작성한 문서 교정 및 평가
경청 능력	업무를 수행함에 있어 다른 사람의 말을 듣고 그 내용을 이해하는 능력	- 음성 정보와 매체 정보 듣기 - 음성 정보와 매체 정보 내용 이해 - 음성 정보와 매체 정보에 대한 반응, 평가
의사표현 능력	업무를 수행함에 있어 자기가 뜻한 바를 말로 나타내는 능력	- 목적과 상황에 맞는 정보 조직 - 목적과 상황에 맞게 전달 - 대화에 대한 피드백과 평가
기초 외국어 능력	업무를 수행함에 있어 외국어로 의사소통할 수 있는 능력	- 외국어 듣기 - 일상생활의 회화 활용

문서이해 능력

이미 이야기했지만 의사소통은 말로 하는 대화만을 뜻하지 않아. 조직에서는 조직 구성원들과 기안서, 보고서, 기획서, 공문, 기타 명문화되어 있는 문서들로도 충분한 의사소통이 가능해. 그렇기 때문에 보고서, 기안서, 공문 등을 보고 상대가 요구하는 것과 의도하는 바가 무엇인지 파악하는 것, 반대로 내가 상대방에게 전달하고자 하는 것과 의도를 명확히 하여 문서로 의사소통하는 것, 이것이 문서이해 능력이라고 할 수 있어. 경험으로 볼 때 간결하게 축약된 한 장의 보고서(문서)를 직장 상사, 동료에게 제공하는 것이 가장 좋고 한 장의 보고서 외에 반드시 백데이터를 첨부하여 추가 설명을 할 수 있도록 준비해야 해.

정리해서 다시 이야기하면 문서로 의사소통을 해야 하는데, 타인에게 받은 문서의 도표, 숫자, 기호 등을 반드시 이해해야 하고 내가 문서를 제공(전달)할 때도 마찬가지로 상대방이 이해할 수 있는 도표, 숫자, 기호 등을 활용하여 가공, 작성해서 추가 첨부 자료와 함께 제공할 수 있어야 한다는 거야. 이것이 직업기초 능력 의사소통 문서 이해의 기본이야.

문서작성 능력

문서작성은 문서 안에 어떤 내용을 구성하여 문장과 데이터를 담을 것인지, 어떤 방법으로 내용을 공유하고 전달할지 등을 고민하고 전달받는 사람(동료, 타 부서 사람들, 또는 외부 거래처 등)이 나의 의도를 정확하게 파악할 수 있도록 문서에 담아 이해시키는 능력을 말해. 문서를 작성하여 의사소통하는 것은 대화로 내 생각과 의견을 전달하는 것보다 의미의 이해가 어려운 경우가 많고 내가 표현하고자 하는 것이 보는 사람에 따라 해석을 달리 하는 경우도 많아. 그래서 문서를 통해 의사소통을 할 때는 문서를 작성하기 위한 배경, 문서작성 목적, 추진되는 일정 등 다른 사람이 봤을 때 무엇을 전달하고자 하는지를 이해하기 쉽게 작성해야 해. 이처럼 문서의 이해는 단순히 작성된 문서, 서류를 보고 이것을 이해하는 능력도 필요하지만 문서를 통해 내 의사를 전달할 줄 아는 작성 능력도 필요해.

경청 능력

경청은 다른 사람의 말을 주의 깊게 듣고 그 내용을 이해, 경청하고 공감하는 능력이야. 상대방의 이야기를 잘 들어 주는 것만 해도 의사소통의 기본은 할 수 있다는 말과 같다고 생각해. 경청함으로써 상대방의 이야기를 이해할 수 있고 기분, 상황 등을 파악한다면 업무를 수행하기 훨씬 수월하지 않을까? 직장인의 본분은 일을 잘 해내는 것, 목표한 것을 이루는 것이기 때문에 다른 사람의 말을 경청하여 끝까지 듣고 상대의 말을 이해하려는 자세가 무엇보다 중요하지. 중간에 상대의 말을 끊는다거나 감정적으로 다가가면 절대로 일이 수월하게 진행될 수 없어. 상대방의 말을 끝까지 들는 것과 중간에 말을 끊거나 대화를 중단시키지 않는 것은 경청의 기본이야.

의사표현 능력

의사표현은 다른 사람에게 나의 생각과 의견, 감정 등을 직업인, 직장인답게 바르게 예의를 갖춰 전달하는 것을 말해. 의사표현 자체가 '말하기'와 같은 말이기 때문에 직장생활에 있어 어떻게 자신의 의사를 말하느냐가 상당히 중요하다는 것은 누구나 다 알 거라고 생각해. 직장생활에 있어 목표한 바를 이루기 위해, 정보를 제공하고 받기 위해 의사표현이 반드시 필요하다고 할 수 있어.

기초 외국어 능력

기초 외국어는 외국어로 의사소통할 수 있는 능력을 의미해. 회사, 국가 기관 등이 요즘은 여러 나라들과 업무를 같이 하고 있기 때문에 세계화의 추세에 맞게 기초 외국어 능력이 필요한 거야. 오해하지 말아야 할 것은 기초 외국어가 외국인과의 원어민과 같은 의사소통을 의미하는 것은 아니라는 거야. 직무수행에 필요한 이메일, 통화, 간단한 대화 등을 할 수 있는 기초 외국어가 필요하다는 말이야. 물론 각 기관의 직무마다 그 중요도가 상이하고 외국어를 원어민과 같이 잘한다면 더할 나위 없이 좋겠지만, 모든 기관의 절대적 요소는 아니라는 거지. 세계 공용어인 영어를 통해 기초 업무를 수행할 수 있는 정도의 외국어 능력이 필요한 것이야. 직업기초 능력 중 하나, 중요한 의사소통을 위해서는 반드시 기초 외국어 능력을 개발할 수 있도록 해.

▶ 수리 능력

수리 능력는 업무를 수행함에 있어 사칙연산, 통계, 확률의 의미를 정확하게 이해하고, 이를 업무에 적용하는 능력이라 해. 수리 능력은 정확한 업무수행에 기반한 직업기초 능력이라 할 수 있어. 정확한 업무수행의 범위, 범주는 숫자를 통한 연산과 통계해석, 도표 작성과 분석으로 도출돼.

하위 능력	하위 능력 정의	세부요소
기초 연산 능력	업무를 수행함에 있어 기초적인 사칙연산과 계산을 하는 능력	- 과제 해결을 위한 연산 방법 선택 - 연산 방법에 따라 연산 수행 - 연산 결과와 방법에 대한 평가
기초 통계 능력	업무를 수행함에 있어 필요한 기초 수준의 백분율, 평균, 확률과 같은 통계 능력	- 과제 해결을 위한 통계 기법 선택 - 통계 기법에 따라 연산 수행 - 통계 결과와 기법에 대한 평가
도표 분석 능력	업무를 수행함에 있어 도표(그림, 표, 그래프 등)가 갖는 의미를 해석하는 능력	- 도표에서 제시된 정보 인식 - 정보의 적절한 해석 - 해석한 정보의 업무 적용
도표 작성 능력	업무를 수행함에 있어 자기가 뜻한 바를 말로 나타내는 능력	- 도표 제시 방법 선택 - 도표를 이용한 정보 제시 - 제시 결과 평가

다시 말해 수리 능력은 기초 연산 능력, 기초 통계 능력, 도표 분석 능력, 도표 작성 능력으로 나뉘어져. 직장생활에서는 다양한 자료들을 확인하고 작성하게 되는데, 이 때 필요한 수리적 요소를 연산, 통계, 도표 분석 및 작성 능력을 통해 상대방에게 효과적으로 제시하는 것을 수리 능력이라 할 수 있는 거지.

기초 연산 능력

업무를 수행하는 데 필요한 기초적인 사칙연산을 의미해. 사칙연산이란 잘 알다시피 덧셈, 뺄셈, 곱셈, 나눗셈과 같은 기초 연산 능력을 말하는 거야. 직장생활 중 상황에 따라 복잡한 사칙연산을 필요로 하는 경우도 많이 있어. 기초적인 사칙연산은 모르는 사람이 없으니 간단히 설명할게.

기초 통계 능력

업무를 수행함에 있어 필요한 기초 수준의 백분율, 평균, 확률과 같은 통계 능력을 의미해. 여러 가지 통계 기법을 이해하고 있어야 하며 통계 기법에 따라 연산을 수행하고 통계 결과와 기법에 대한 평가를 하는 능력인데 조금 더 쉽게 이야기하면 표본을 통해 평균, 분산, 표준편차 등의 통계를 구하는 것과 우리가 학교 다니면서 배웠던 최댓값, 최솟값, 상위 %, 하위 % 등 다양한 통계를 통해 의사결정의 기초 자료로 활용하고 문제를 유추할 수 있는 기본 근거 등으로 직장생활에서 활용되는 능력인 거야.

도표 분석 능력

도표 분석 능력은 직장생활에서 업무를 수행함에 있어 그림, 표, 그래프 등이 갖고 있는 의미를 해석하는 능력을 말해. 각종 데이터와 자료의 그림, 표, 그래프를 해석하고 도표의 의미를 찾아내야 하고 그 의미와 도표안 자료의 증, 감의 내용과 이유, 백분위와 사분위 구성 내용을 통해 알 수 있는 점과 확인이 어려운 점(백분위, 사분위뿐 아니라 모든 도표가 이에 해당)을 구분하고 가공하여 분석할 수 있는 능력을 꼭 길러야 해.

도표 작성 능력

도표 작성 능력은 우선 상대방에게 자료(정보)를 제공하는 것으로 도표를 선택하는 것부터 시작이야. 어떤 도표(선 그래프, 막대 그래프, 원 그래프 등)를 사용하여 효과적으로 제시할지 선택할 수 있어야 해. 일반적으로 매출, 비용과 같은 자료들은 선 그래프, 막대 그래프를 많이 사용하고 비율(%)은 원 그래프를 많이 사용하고 있어. 항목과 내용에 따라 어떤 그래프가 좋을지 선택해서 보는 사람이 이해하기 쉽게 전달하면 돼.

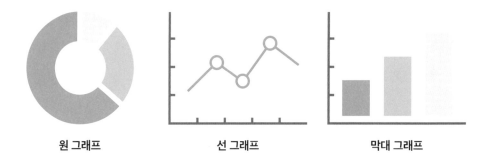

원 그래프   선 그래프   막대 그래프

▶ 문제해결 능력

우리는 살면서 수많은 문제에 부딪히며 살고 있어. 친구들과의 문제, 이성 간의 문제, 직장 상사와의 문제, 후배 직원과의 문제 등 수많은 문제가 발생되고 있지. 비단 사람과의 관계뿐 아니라 직장에서는 수많은 문제가 생기고 있는 것이 현실이야. 우리는 이런 문제들을 해결하기 위해 어떤 전략으로 합리적이고 효율적인 사고를 하고 있을까? 이렇게 문제를 인식하고 문제의 특성을 파악해 그에 맞는 합리적인 대안을 제시하고 결과를 평가하는 것이 문제해결 능력의 기본이야.

문제 처리에 있어서도 사고력을 통해 업무와 관련된 문제를 인식하고 해결하는 능력에 대한 프로세스(문제 인식 → 대안 선택 → 대안 적용 → 대안 평가)를 이해해야 하며 문제에 대해 창조적이고 논리적, 비판적으로 생각하는 능력을 길러야 진정한 의미의 문제해결을 할 수 있어.

하위 능력	하위 능력 정의	세부요소
사고력	업무와 관련된 문제를 인식하고 해결함에 있어 창조적, 논리적, 비판적으로 생각하는 능력	- 비판적 사고 - 논리적 사고 - 창의적 사고
문제 처리 능력	업무와 관련된 문제의 특성을 파악하고, 대안을 제시, 적용하고 그 결과를 평가하여 피드백하는 능력	- 문제 인식 - 대안 선택 - 대안 적용 - 대안 평가

사고력

사고력은 비판적 사고와 논리적 사고, 창의적 사고로 나누어 볼 수 있어. 비판적 사고는 능동적인 의미의 사고이고 적극적으로 사안에 대해 분석하고 검토하여 평가하는 문제해결적 사고야. 간단한 일 따위의 시시비비라기보다는 핵심사안 중 집중할 내용과 중요한 내용의 긍정적 비판 시각이라 생각하면 돼. 회사에서 일어나는 모든 일에 대한 사고는 긍정적 비판에서 시작되기 때문에 이러한 사고가 중요해.

논리적 사고를 위해서는 생각의 습관을 기르고 연습해야 해. 업무를 수행할 때 보고서, 문서, 제안서 등을 보며 사고의 구조화를 지속적으로 연습해야 하고 상대의 논리에 대해 구조화하는 연습을 게을리 해서는 안 돼. 논리적 사고의 구조화라는 것은 발생된 문제의 전체 내용을 합리적 논리 하나로 합친, 통일된 것으로 만드는 것이라 할 수 있어. 추가로 논리적 사고 능력은 발생된 문제에 대한 상관관계 또는 인과관계를 잘 파악하여 문제 처리에 적절히 적용하는 것이 기본이야.

창의적 사고는 기존과 다른 새로운 방식의 일처리 능력의 의미로 받아들이는 것이 가장 좋아. 특별한 사람이 특별한 능력으로 아주 창의적인 업무를 처리한다는 의미는 아니야. 현재 발생한 문제에서 새로운 방법을 합리적으로 찾아 문제를 해결해 내는 것이 직업기초 능력에서의 창의적 사고(능력)이기 때문에 패러다임을 변화할 수 있는 아주 획기적 이론, 논리를 내세운 창의적 사고의 의미는 아니라는 거야. 다시 말하지만 창의적 사고는 기존의 것에서 새로운 방식(합리적이고 객관적인)을 채택하여 문제를 해결하는 사고라고 이해하는 것이 좋아.

창의적 사고를 개발하는 방법은 자유연상법, 강제연상법, 비교발상법 등이 있고 다음 그림과 같이 연습을 통해 창의적으로 사고하는 방법을 익힐 수 있어.

연상법

자유연상법	생각나는 대로 자유롭게 발상	브레인스토밍
강제연상법	각종 힌트에 강제적으로 연결 지어 발상	체크리스트
비교발상법	주제의 본질과 닮은 것을 힌트로 발상	NM법, Synectics

출처: NCS 문제해결 능력- 교수용

비교발상법에서 나오는 NM법은 문제의 대상과 비슷한 것을 찾아 그것을 힌트로 새로운 아이디어를 생각하는 것이고 Synectics는 서로 연관 없는 것을 조합하여 새로운 것을 도출해 내는 문제해결법을 말해.

문제 처리 능력

문제 처리 능력은 업무 문제를 파악하고 그에 맞는 적절한 대안을 제시하며 그 결과를 평가하고 피드백하는 능력이야. 문제를 인식하는 것은 해당 문제의 프로세스를 인식하여 원인을 분석하고 대안을 수립하는 과정의 첫 번째로, 해결해야 할 문제의 전체를 파악하는 중요한 능력이라고 할 수 있어. 직무에 대한 이해와 조직과 각 구성원과의 직무 연결고리를 잘 이해하고 있다면 직장생활 중 발생한 문제를 인식하고 처리하기 위한 원인을 분석하고 대안을 수립하기가 훨씬 쉬울 거야. 대안의 선택은 발생된 문제를 어떻게 해결할 것인지 적절한 대안을 선택하는 것으로 이건 인적 자원 투입, IT 솔루션 도입 등 여러 가지 대안을 제시하여 그 문제에 맞게 적용하고 선택하는 능력이야. 대안이 선택되었다면 그 문제에 적용하여 문제가 잘, 제대로 처리되었는지 평가를 거쳐 발생된 문제를 해결하는 것까지를 문제 처리 능력이라고 해.

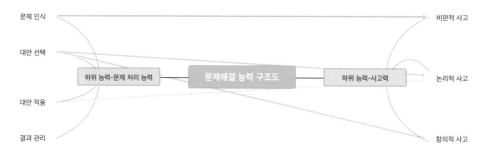

문제해결 능력 구조도

▶ 자원 관리 능력

자원 관리 능력은 직장에서 업무를 수행할 때 시간, 자본, 재료 및 시설, 인적 자원 등 한정된 자원 중에 무엇이 얼마나 필요한지를 확인하고, 이용 가능한 자원을 수집하여 실제 업무에 어떻게 활용할 것인지를 계획하여 업무수행에 할당하는 능력을 말해. 직장생활을 할 때 우리에게 주어지는 인적, 물적, 시간 등 모든 자원들은 한정적이야. 그렇기 때문에 직장인이라면 자원을 스스로 효율적으로 관리하고 사용하는 능력을 반드시 길러야 해.

하위 능력	하위 능력 정의	세부요소
시간 관리 능력	업무수행에 시간 자원이 얼마나 필요한지를 확인하고, 이용 가능한 시간 자원을 최대한 수집하여 실제 업무에 어떻게 활용할 것인지를 계획하고 할당하는 능력	- 시간 자원 확인 - 시간 자원 확보 - 시간 자원 활용 계획 수립 - 시간 자원 할당
예산 관리 능력	업무수행에 자본 자원이 얼마나 필요한지를 확인하고, 이용 가능한 자본 자원을 최대한 수집하여 실제 업무에 어떻게 활용할 것인지를 계획하고 할당하는 능력	- 예산 확인 - 예산 할당
물적 자원 관리 능력	업무수행에 재료 및 시설 자원이 얼마나 필요한지를 확인하고, 이용 가능한 재료 및 시설 자원을 최대한 수집하여 실제 업무에 어떻게 활용할 것인지를 계획하고 할당하는 능력	- 물적 자원 확인 - 물적 자원 할당
인적 자원 관리 능력	업무수행에 인적 자원이 얼마나 필요한지를 확인하고, 이용 가능한 인적 자원을 최대한 수집하여 실제 업무에 어떻게 활용할 것인지를 계획하고, 할당하는 능력	- 인적 자원 확인 - 인적 자원 할당

시간 관리 능력

직장생활에서 시간 관리는 상당히 중요한 요소로 작용해. 이미 직장생활 이전에 충분히 시간을 관리하는 연습이 되어 있다면 직장생활을 시작할 때 빠르게 적응할 수 있을 거야. 시간 관리 능력은 시간 자원을 어떻게 활용할 것인지, 계획을 수립하고 내 업무 시간, 내 회의 시간 등 나의 직장 활동을 스케줄링하여 관리하는 능력이야. 일하는 시간은 하루 평균 8시간 정도로 정해져 있기 때문에 한정된 시간 자원을 효율적으로 분배하여 사용하여야 해. 시간이 효율적으로 사용되지 않는다면 내 업무 처리 속도, 완성도, 타 구성원들과의 약속 등에 많은 피해를 줄 수도, 받을 수도 있어. 그렇기 때문에 시간 관리 능력은 직업인으로서 갖추어야 할 기본 능력 중 하나이고 시간을 제대로 관리하여 직무를 수행한다면 직무수행의 균형을 맞출 수 있고, 업무에 대한 생산성도 굉장히 높아질 수 있어. 계획된 시간 관리는 목표 달성에도 상당한 영향을 줄 수 있는 능력이야. 시간 관리, 시간 계획을 할 때 명심해야 할 사항들은 아래의 표를 참고할 수 있도록 해.

시간 관리, 시간 계획 구분	내 용
행동과 시간 저해요인 분석	어디에서 어떻게 시간을 사용하고 있는가를 확인한다.
행동 리스트업 (List up)	해당 기간에 예정된 행동을 모두 리스트화한다.
규칙성, 일관성	시간 계획을 정기적 체계적으로 체크하여 일관성 있게 마무리한다.
현실적인 계획	무리한 계획을 세우지 말고, 실현가능한 것만을 계획한다.
유연성	유연하게 하여야 한다. 시간 계획 자체가 아니라 목표 달성을 위해 필요하다.
시간의 손실	발생된 시간 손실은 미루지 않고 가능한 즉시 보상해야 한다.
기록	체크리스트나 스케줄 표를 사용하여 계획을 반드시 기록하여 전체 상황을 파악한다.
미완료의 일	꼭 해야만 할 일을 끝내지 못했을 경우 차기 계획에 반영한다.
성과	예정 행동만을 계획하는 것이 아니라 기대되는 성과나 행동의 목표도 기록한다.

출처: NCS 자원 관리 교수학습 자료

전문가들은 시간 계획 기본 원리로 60:40(20:20) 규칙을 제시하고 있어. 자신에게 주어진 시간 중 60% 정도는 계획된 행동을 해야 한다는 뜻이고 예측하지 못한 상황, 즉 계획 외의 상황과 자발적 행동(창조성을 발휘)을 세 가지 범주로 구분해. 현실적으로 시간을 완벽하게 계획적으로 사용하기는 힘들기 때문에 직장생활을 하며 아래 그림과 같이 시간을 관리하는 연습을 꾸준히 할 수 있도록 해.

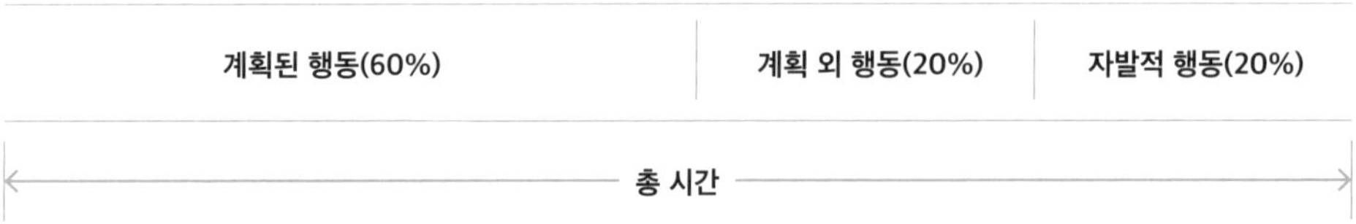

계획된 행동(60%)	계획 외 행동(20%)	자발적 행동(20%)

←———————————— 총 시간 ————————————→

시간 프레임	적절한 시간 프레임을 설정하고 특정 일을 하는 데 꼭 필요한 시간만을 계획에 삽입한다.
우선순위	여러 일 중에서 어느 일을 가장 우선적으로 처리해야 할 것인가를 결정한다.
권한 위양	모든 일을 처리할 수 없기에 권한을 분리, 결정해 놓는다.
시간 낭비 요인과 여유 시간	갑작스러운 외부인 방문, 길어지는 통화, 면담, 상담 시간 등 부족할 수 있는 시간을 대비한다.
여유 시간	자유롭게 일 처리의 앞, 뒤 시간을 계산하여 여유롭게 활용한다.
정리할 시간	중요한 일에 시간을 더 투자, 그렇지 않은 일은 시간을 단축한다.
시간 계획 조정	자기 외에 다른 사람의 시간도 고려하여 시간 계획을 수립한다.

출처: NCS 자원 관리 교수학습 자료

예산 관리 능력

예산 관리 능력은 직장생활에서 필요한 예산을 확인하고 확보하여 실제 업무에 어떻게 집행하고 처리할 것인지 계획을 세워 효율적으로 집행하는 능력이야. 예산 관리는 미래를 보는 미래 예측적 관점이기도 해. 이번 달, 분기, 반기에 어떤 행사, 업무가 예정되어 있고, 그밖에 다른 업무를 수행하면서 필요한 예산의 분배와 비용을 어떻게 효율적으로 사용할 것인지를 고려하는 것이 핵심이야. 이것이 '예산은 무조건 조금 써야 한다' '아껴야 한다'는 관점은 아니야. 적재적소에 필요한 예산이 투입되고 투입 대비 최적의 산출물이 나온다면 훌륭한 예산 집행, 예산 관리라 할 수 있기 때문이지. 무조건 예산을 아껴야 한다는 관점이 아니란 사실을 꼭 기억해.

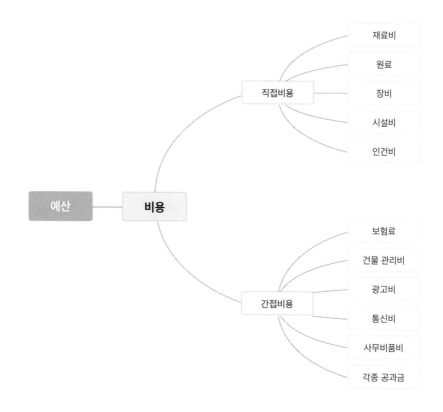

예산을 사용하는 데 가장 기본 구분은 직접비용과 간접비용을 구분하는 것인데 직접비용과 간접비용을 구분하여 어디에서 비용을 절감하고 어디에 더 추가해서 관리해야 하는지를 이해해야 해. 직접비용과 간접비용이 위의 그림과 같이 구분하고 효율적으로 관리될 때 제대로 된 예산의 집행과 사용이 이뤄진다고 할 수 있어.

물적 자원 관리 능력

물적 자원 관리 능력은 직장생활에서 필요한 물적 자원을 확인하고 확보하여 어떻게 활용할 것인지 계획을 수립하고 효율적으로 활용, 관리하는 능력을 말해. 물적 자원이 실제 직장생활 현장에서 효율적으로 활용되고 적절한 장소에 필요에 의해 배치되어 있는지를 이해하고 있는 것도 상당히 중요해.

회사에서 교육 업무를 수행한다고 예를 들자. 교육 업무를 수행하기 위해서는 필요한 교육기자재 등 물적 자원의 확보와 관리가 반드시 필요해. 구체적으로 교육 강의를 하기 위해서는 칠판이 있어야 할 것이며, 교육을 진행하고 효율적으로 운영하기 위해서는 교육 자료를 USB 등 이동저장 장치를 이용해 저장하고, 이동하는 상황이 있을 거야. 결국 성공적인 교육 업무수행을 위해서 꼭 필요한 것이 교육기자재 물적 자원 관리라는 말이야.

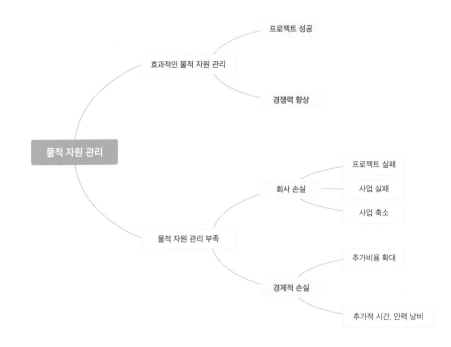

물적 자원을 제대로 관리하기 위해서는 체크리스트, 손망실대장 등을 작성해야 하며, 필요에 따라 즉시 사용할 수 있고 안전하게 보관이 가능한 장소에서의 관리가 필요해. 그래야 진정한 의미로 물적 자원을 관리했다고 할 수 있는 거야. 물적 자원이 효과적으로 관리되면 회사 경쟁력이 살아나고 진행하는 프로젝트나 사업이 성공적이고 효율적으로 완수되는 핵심요소가 될 수 있어. 반대로 물적 자원 관리가 부족하다면 사업 프로젝트를 실패할 것이며 그에 따른 회사의 손실도 당연한 것이지.

다시 정리한다면, 필요한 상황에 적절한 물적 자원을 동원해 활용할 수 있어야 하는데, 그러기 위해서는 물적 자원의 보관 장소를 명확하게 선택하여 효율적으로 관리해야 한다는 거야. '내 물건은 내가 챙긴다'는 관점인 거지.

인적 자원 관리 능력

인적 자원 관리 능력은 인적 자원을 적재적소에 필요에 따라 물적 자원과 예산에 맞게 적절히 운영하는 것을 말해. 인적 자원은 개인적 차원, 조직적 차원 두 가지로 나눌 수 있어.

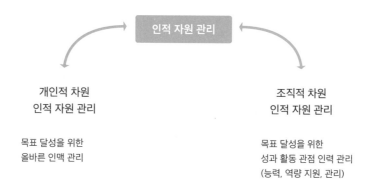

개인적 차원의 인적 자원 관리는 인맥 관리를 의미한다고 할 수 있는데 즉 직장생활 및 일상생활에서 맺은 인맥 등 다양한 인맥을 포함하는 거야. 이러한 인맥을 통해 상호 필요한 부분을 메워 주고 지원해 주는 역할을 해. 실제 직장생활에서 인맥은 상당한 영향력을 발휘할 때도 많이 있어. 예를 들어 이직을 할 때 인맥을 통한 이직을 결정하고 제안을 받을 수 있는 활동들이 실제로도 활발하게 이루어지고 있고 내가 부족한 직무를 공부하기 위한 한계를 주변 사람을 통해 극복하는 경우도 상당히 많아. 그만큼 인적 자원 관리, 인맥이 중요하다고 할 수 있어. 단순히 이직의 관점에서의 인맥 관리보다는 업무를 수행함에 있어 목표를 달성(성과 달성)하기 위한 인맥 관리가 중요하다고 이해하는 것이 좋아.

조직적 차원의 인적 자원 관리는 말 그대로 조직 내에서 이루어지는 활동이 성과로 이어지도록 영향을 미치는 것을 의미해. 즉 성과에 초점이 맞추어져 있다고 할 수 있는데 적재적소에 인력을 배치하여 관리하는 것, 개개인의 능력과 역량을 고려하여 최대의 능력을 발휘할 수 있는 상황과 여건을 마련해 주는 것을 말해.

▶ 조직 이해 능력

조직 이해 능력은 회사에서 나의 수행 직무에 필요한 국제적인 추세를 파악하고 업무와 관련된 조직의 체제(어떤 정해진 목적, 또는 목표를 달성하기 위하여 각 구성요소, 혹은 부분이 전체와 유기적으로 관련되어 조화롭게 기능하는 관계의 집합 내지 단위, 출처: 네이버 지식백과)를 바르게 알아 사업, 경영, 조직 전체의 업무를 이해하는 것으로 회사 전체의 경영환경을 이해하며 내 직무를 국제적 감각에 맞추어 직장생활하는 것을 말해.

추가로 내가 속한 조직의 비전과 미션을 바르고 정확하게 이해하여 업무에 적용할 수 있어야 하고, 회사 구성원 모두에게 공유하고 내재화해야 하는 핵심가치와 회사 인재상이 무엇인지 등을 정확하게 이해하면서 직장생활을 하는 것을 포함해.

하위 능력	하위 능력 정의	세부요소
국제 감각	주어진 업무에 관한 국제적인 추세를 이해하는 능력	- 국제적인 동향 이해 - 국제적인 시각으로 업무 추진 - 국제적 상황 변화에 대처
조직체제 이해 능력	업무수행과 관련하여 조직의 체제를 올바르게 이해하는 능력	- 조직의 구조 이해 - 조직의 규칙과 절차 파악 - 조직 간의 관계 이해
경영 이해 능력	사업이나 조직의 경영에 대해 이해하는 능력	- 조직의 방향성 예측 및 경영 조정(조직의 방향성을 바로잡기에 필요한 행위 하기) - 생산성 향상 방법
업무 이해 능력	조직의 업무를 이해하는 능력	- 업무의 우선순위 파악 - 업무 활동 조직 및 계획 - 업무수행의 결과 평가

국제 감각

국제 감각에 대해 대부분의 조직은 글로벌 조직을 표방하고 있고 해외 사업 기반 구축과 업무 협업이 기본으로 진행되는 기관, 회사들이 상당히 많아. 이것은 조직의 규모적 팽창(매출의 증대)과 지속가능 사업의 일환으로, 글로벌 시대에 맞춰 진행되는 사업들을 기관 혹은 일반기업이 산업군에 맞게 진행하기 때문이야.

국제 감각은 타국의 문화나 환경 등을 이해하고 업무 관련 국제 동향을 수시로 파악하고 익히는 것을 말해. 그렇기 때문에 개인은 외국어 능력과 국제(해외) 동향을 이해하고 조직의 성장과 발전에 반드시 기여해야 해. 글로벌 시대, 세계화 추세에 맞게 국제 감각을 꾸준히 개발한다면 더할 나위 없겠지.

조직체제 이해 능력

조직(기관, 회사)은 내부 규정과 규칙, 또는 법의 테두리 내에서 일이 진행되고 각 업무의 기능이 세분화, 분업화되어 있는데, 이 조직의 체제(어떤 정해진 목적, 또는 목표를 달성하기 위하여 각 구성요소, 혹은 부분이 전체와 유기적으로 관련되어 조화롭게 기능하는 관계의 집합 내지 단위, 출처: 네이버 지식백과)에 따라 효율적이고 생산적으로 업무를 진행할 줄 아는 능력을 조직체제 이해 능력이라고 해.

다시 말해 조직의 목표(미션, 비전, 핵심가치, 인재상, 사업 전략 핵심 목표, 세부수행 과제 등)를 명확히 이해하면서 업무를 수행할 때 규정과 규칙(내부 규정, 법적 이행 필수사항)을 이해함으로 구성원들 간 긍정적인 상호 작용을 해야 한다는 것과 조직의 목표 달성을 위한 기준과 방향성을 이해하고 주어진 업무에 몰입하는 것이라고 할 수 있어.

경영 이해 능력

경영 이해 능력은 조직의 경영 목표에 대한 이해 즉 경영 활동에 필요한 각 부서 또는 회사 전체 목표에 대한 상세한 이해, 경영 목표 달성을 위한 내부 관리와 경영 전략을 이해하는 능력이야. 경영을 하는 기본 구성요소로는 경영 목적과 인적 자원, 자금, 전략이라는 네 가지 요소가 있어.

첫 번째 경영 목적은 목적을 달성하기 위해 어떤 경영 과정과 방식을 채택할 것인가, 다시 말해 목적을 달성, 실현하기 위해 경영자가 나아갈 방향, 따라야 할 구성원의 방향을 말해.

두 번째 인적 자원은 조직에서 업무를 수행하는 구성원이 어떤 역량을 가지고 있는지, 그 역량에 따라 경영 목적을 달성하여 실질적인 성과를 낼 수 있는지, 결국 우수한 인재가 경영 목적에 부합하여 이를 충실히 목표를 달성해 낼 수 있다는 것을 말해.

세 번째 자금은 기관(회사)을 운영하고 경영함에 있어 필수적 요소로, 경영에 필요한 투자, 인적 자원 확보 등 경영 활동에 없어서는 안 되는 '경영하는 데 쓰는 모든 돈'이라고 이해해도 좋아.

네 번째 전략은 조직이 경영 목표를 달성하는 데 필요한 구체적 방법, 어떤 구체적인 전략으로 어떻게 목표를 달성할 것인가 하는 경영진과 구성원의 목표 달성 활동이라고 할 수 있어.

이를 통해 조직이 더 성장하고 경영의 효율과 생산성을 높일 수 있는 직업기초 능력이 바로 경영 이해 능력이야. 가치 체계에서 이야기한 사업 전략 목표, 세부 과제가 경영 이해의 기본이라 할 수 있어.

업무 이해 능력

업무 이해 능력은 내가 수행하는 업무에 대한 지식, 기술, 태도를 알고 있는 것을 의미한다고 할 수 있어. 직장생활의 기본은 나에게 주어진 업무를 성공적으로, 효과적으로 수행하는 것인데 이것은 업무 이해 능력이 뒷받침되지 않으면 안 되겠지? 업무 이해 능력은 업무의 특성을 파악하고 업무 절차에 대해 정확하게 이해하는 것, 업무를 수행하는 데 필요한 계획을 세워 주어진 업무를 효과적으로 처리하는 것이라고 할 수 있는 거야. 다시 말해 업무는 소속된 공기업에 따라 다양하게 개인별로 주어질 수 있는데, 내가 지원하고자 하는 공기업의 업무를 직무기술서에 제시된 대로 이해하고 조직의 목표와 목적 달성을 지향하며 이루는 데 반드시 필요한 것이 업무에 대한 이해 능력이라는 거지. 그래서 각 공기업에서 제공한 직무기술서에서 확인할 수 있는 업무에 대한 이해를 반드시 할 필요가 있어.

조직 이해 능력 중 업무 이해 능력을 이해할 때는, 필요한 지식과 기술, 태도는 각자 모두 다르지만 각 구성원이 수행하는 업무가 상호 보완적이며 연관되어 있다는 점을 꼭 이해했으면 좋겠어.

▸ 정보 능력

정보 능력은 직장생활에서 기본적으로 필요한 정보를 수집하고 분석해 활용하는 능력이라 할 수 있어. 현시대에는 수많은 정보와 자료가 생성되기 때문에 컴퓨터를 통해 유용한 정보를 수집하고 분석, 가공하여 사용할 수 있는 능력이 있어야 하며 이런 능력은 지속적으로 개발해야 해.

하위 능력	하위 능력 정의	세부요소
컴퓨터활용 능력	업무와 관련된 정보를 수집, 분석, 조직, 관리, 활용하는 데 있어 컴퓨터를 사용하는 능력	- 컴퓨터 이론 - 인터넷 사용 - 소프트웨어 사용
정보 처리 능력	업무와 관련된 정보를 수집하고, 이를 분석하여 의미 있는 정보를 찾아내며, 의미 있는 정보를 업무수행에 적절하도록 조직하고, 조직된 정보를 관리하며, 업무수행에 이러한 정보를 활용하는 능력	- 정보 수집 - 정보 분석 - 정보 관리 - 정보 활용

컴퓨터활용 능력

컴퓨터가 없는 세상 상상해 본 적 있어? 이제 일상생활에서 컴퓨터가 없으면 정상적인 생활이 불가능할 정도야. 직장생활에서의 컴퓨터활용 능력은 필수 중에 필수야. 컴퓨터를 활용하는 능력은 인터넷을 사용하여 정보를 획득할 줄 아는 것을 의미하지.

더 쉽게 이야기하면 컴퓨터활용 능력을 이용해 직무수행에 필요한 정보를 수집하고 분석, 조직화, 또는 구조화해서 관리하는 것이 핵심이라는 거야. 이 핵심을 기본으로 직무를 수행하는 데 적용하고 필요한 소프트웨어를 채택하여 적재적소에 사용하는 것도 중요한 컴퓨터활용 능력이라고 할 수 있어.

기본적인 MS오피스, 한글, 사내 메신저 등의 소프트웨어를 업무에 활용할 수 있는 능력, 다시 말해 정보를 수집하고 분석, 조직화, 관리하는 것, 나의 수행 업무의 효율을 높이기 위해 여러 소프트웨어를 적재적소에 선택하고 활용하는 능력이야.

정보 처리 능력

정보 처리 능력은 직장생활에서 필요한 정보를 수집(보관)하고 분석하고 관리하여 업무수행에 적절히 활용하는 능력이야. 유용하고 활용가능한 정보가 수집이 되었다고 해도 지속적으로 획득한 정보를 가공하여 적용할 수 있는 역량을 반드시 길러야해. 정보를 많이 획득하고 보유하고 있다고 해서 끝나는 문제는 아니야. 얼마나 적절하게 가공하고 분석해서 예측할 수 있는지도 정보 처리 능력에서 정말 중요한 부분이라고 할 수 있어. 추가로 수집된 정보에 대한 보관과 관리, 실제 업무에서의 활용 방안을 수립하고 운영하는 것도 상당히 중요한 능력이야.

▶ 자기개발 능력

자기개발 능력은 지속적인 학습으로, 직장생활을 하며 내가 수행해야 할 직무에 대해 지속적으로 학습하고 배우는 것을 말해. 이는 성공적인 직무수행과 직결되어 있고, 나의 역량과 능력을 향상시키며 공기업의 경쟁력까지 높일 수 있는 중요한 직업기초 능력 중 하나이지.

하위 능력	하위 능력 정의	세부요소
자아인식 능력	자신의 흥미, 적성, 특성 등을 이해하고, 이를 바탕으로 자신에게 필요한 것을 이해하는 능력	- 자기 이해 - 자신의 능력 표현 - 자신의 능력발휘 방법 인식
자기 관리 능력	업무에 필요한 자질을 지닐 수 있도록 스스로를 관리하는 능력	- 개인의 목표 정립(동기화) - 자기통제 - 자기 관리 규칙의 주도적인 실천
경력개발 능력	끊임없는 자기개발을 위해서 동기를 갖고 학습하는 능력	- 삶과 직업세계에 대한 이해 - 경력개발 계획 수립 - 경력 전략의 개발 및 실행

많은 직장인들이 이렇게 이야기하고 있어. "학교 다닐 때만 공부하는 것이 아니다. 직장생활에서도 끊임없는 자기개발과 공부가 필요하다". 직장생활에서 현재에 안주하면 다른 경쟁자들에게 뒤처질 수밖에 없어. 아주 현실적으로 말해 모르면 윗사람에게 질책을 받고, 후배들에게도 무시받는 상황이 발생할 수도 있어. 꼭 이런 부분 때문에 자기개발이 필요하다는 것은 아니지만, 공기업이든 일반기업이든 어디에서 재직하든지 끊임없이 학습하고 자기개발을 해야 하는데, 그 이유는 시시각각 바뀌는 산업, 직무 트렌드와 수시로 바뀌는 환경에 적응해야 하기 때문이야. 나를 알고 나를 관리하며 지속적으로 경력을 개발해야 성공적인 직장생활을 할 수 있어.

자아인식 능력

면접 장면에서 평가자가 "나를 어떤 단어나 문장으로 표현해 보세요" "지원자는 어떤 사람이라고 생각하나요?"라는 엉뚱한 질문을 하는 경우가 있어. 질문의 의도는 나를 본인 스스로는 어떻게 생각하고 있는지, 스스로를 어떻게 이해하고 있는지 자아인식 능력을 확인하고자 하는 거야. 사실 공기업 면접에서 나올 수 있는 질문은 아니긴 하지만 이해를 돕기 위한 예시 정도로 생각했으면 좋겠어. 직장인은 자기 정체감을 확고히 해야 한다는 말이야. 자아를 인식하여 나의 흥미와 적성, 성격적 특성(장점과 단점)을 이해, 관리해야 해.

다시 말해 '일을 할 때 나의 성격적 장점은 무엇인가?' '단점은 무엇인가?' '무엇 때문에 일이 지체되고 실패했는가?' '일에 대한 나의 목표는 무엇인가?' '어떤 것을 할 때 가장 재미있고 성과가 많이 났는가?' '어떤 활동을 할 때 가장 기분이 좋았는가?' 등을 따져 보고 적성과 흥미를 구분하여 자아인식 능력을 개발해야 해.

- 커리어넷(www.career.go.kr): 직업흥미 인성 검사, 직업적성 검사, 직업가치관 검사
- 워크넷(www.work.go.kr): 직업흥미 검사, 적성 검사, 직업가치관 검사, 직업인성 검사
- 한국행동과학연수소(www.kirbs.re.kr): 적성 검사, 인성 검사, 직무 지향성 검사
- 한국심리검사연구소(www.kpti.com): MBTI, STRONG 진로탐색 검사, 직업흥미 검사, AMI 성취동기 검사
- 한국적성연구소(www.juksungtest.co.kr): 진로흥미 검사, 적성특성종합 검사, 일반적성 검사, 진로탐색 검사
- 중앙적성연구소(www.cyber-test.co.kr): 생애진로 검사, 학과와 직업 적성 검사, GATB적성 검사, 적성진단 검사
- 한국사회적성개발원(www.qtest.co.kr): KAD(Korean Aptitute Development) 검사, 인성 검사, 인적성 검사

출처: NCS 홈페이지- 자기개발 능력 교수자용 자료

위 해당 사이트를 통해 나를 알기 위한 검사 도구를 활용해 볼 수 있어.

자기 관리 능력

자기 관리 능력은 직장생활을 통해 자신이 목표하는 바를 달성하기 위해 스스로를 통제하고 관리하는 능력이야.

자기 관리의 주체는 '나'라고 할 수 있어. 자기 관리 능력의 핵심은 '나 스스로를 통제하고 관리하는 것'이기 때문이지. 직장생활, 개인 직무를 수행함에 있어 수립된 목표가 있다면 달성하기 위한 계획표 수립, 실제 수행, 피드백과 장단점 분석, 과정의 관리와 분석, 결과의 반성과 추후 계획 재수립 등의 과정을 이해하고 관리해야 자기 관리 능력을 갖출 수 있다고 할 수 있어.

경력개발 능력

경력개발이란 현대 사회는 빠르게 변화하고 있고 이런 변화는 나의 직장생활 직무, 회사 모두에게 영향을 주기 때문에 경력개발의 목표를 분명히 설정해 놓고 개인의 역량을 개발하기 위해 단계적으로 계획을 세우고 실천할 줄 아는 능력을 말해. 경력개발이 필요한 이유는 ① 환경 변화 ② 조직 요구 ③ 개인 요구 등의 여러 가지 요인들을 찾아볼 수 있어.

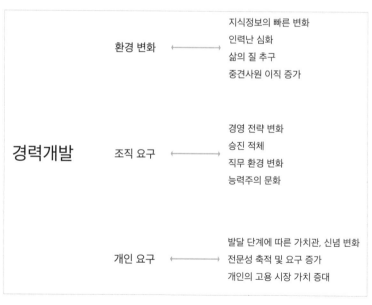

출처: NCS 홈페이지- 자기개발 능력 교수자용 자료

이처럼 여러 가지 환경과 요인에 따라 회사의 경영 전략, 운영 전략이 변화하는데

(일정 부분 혹은 구조 전체가 바뀌는 경우도 있음) 이런 경영 전략에 대비해 새로운 사업에 대한 적응과 직무를 수행할 때 필요한 새로운 지식과 기술 등을 학습해야 하는 거야.

경력개발은 직장생활(이직해도 마찬가지)을 지속한다면 단계적으로 목표를 세우고 달성하는 데 필요한 기본 역량, 고급 역량과 경험, 필요한 교육을 받고 나의 경력을 계속 개발해 나가는 것이라고 정리할 수 있을 것 같아.

▶ 대인관계 능력

직장생활은 절대로 혼자 할 수 없기 때문에 대인관계 능력이 상당히 중요해. 직장생활에서 협조적인 관계를 통해 여러 업무를 처리하고 스스로도 타인에게 도움을 주는 것이 대인관계 능력이기 때문이야. 직장생활에서 발생되는 갈등(내부, 외부 갈등 모두 포함)을 원만하게 해결하고 팀워크를 바탕으로 주어진 직무를 수행해야 하거든. 또한 내부 대인관계(내부고객)와 외부 대인관계(외부고객)를 반드시 구분하여 다르게 이해하고 내부 대인관계와 외부 대인관계는 서로 성격이 다르다는 것을 꼭 이해해야 해.

내부, 외부 대인관계에서 우선시되어야 할 것은 내부, 외부 모두 약속된 일(것)에 대

한 이행을 반드시 해야 한다는 거야. 이는 나의 신뢰도에 상당한 영향을 미치는 것이 기 때문이야. 다음으로는 상대방을 이해하고 수용하는 자세로 임해야 할 필요가 있다 는 것이야. 무조건적인 수용을 이야기하는 것이 아니라 상대가 논리, 제안 등에 있어 합리적인 것 또는 객관적인 것들을 제안하고 제시했을 때 수용할 것은 수용하고 나 역시도 제안할 것은 제안한다면 내부, 외부 대인관계가 한층 더 좋아질 수 있을 거야.

하위 능력	하위 능력 정의	세부요소
팀워크 능력	다양한 배경을 가진 사람들과 함께 업무를 수행하는 능력	- 적극적 참여 - 업무 공유 - 팀 구성원으로서의 책임감
리더십 능력	업무를 수행함에 있어 다른 사람을 이끄는 능력	- 동기화시키기 - 논리적인 의견 표현 - 신뢰감 구축
갈등 관리 능력	업무를 수행함에 있어 관련된 사람들 사이에 갈등이 발생하였을 경우 이를 원만히 조절하는 능력	- 타인의 생각 및 감정 이해 - 타인에 대한 배려 - 피드백 제공 및 받기
협상 능력	업무를 수행함에 있어 다른 사람과 협상하는 능력	- 다양한 의견 수렴 - 협상 가능한 실질적 목표 구축 - 최선의 타협 방법 찾기
고객 서비스 능력	고객의 요구를 만족시키는 자세로 업무를 수행하는 능력	- 고객의 불만 및 욕구 이해 - 매너 있고 신뢰감 있는 대화법 - 고객 불만에 대한 해결책 제공

팀워크 능력

팀워크 능력은 직장생활에서 조직구성원들과 같이 공동의 목표를 달성하기 위해 반드시 필요한 직업기초 능력 중 하나인데 구성원들과 원만한 인간관계가 기본이 되 어 개인 스스로의 역할에 충실하고 개인에 맞는 역량과 역할을 분배할 줄 아는 능력 을 말해. 이런 팀워크 능력은 팀과의 연계성 있는, '구성원과 공동의 목표를 달성하기 위한 것'이 목적이 되는 것이 기본이야.

목표 달성

개인   팀 조직

　단순히 '우리는 팀워크가 좋아!' '서로 사이가 좋아!' '우리팀은 분위기가 너무 좋고 팀장님이 너무 좋은 분이셔!'라는 것은 팀워크가 좋다기보다 조직 구성원들이 마음이 잘 맞아 팀이 통합하는 힘이 있다는 것 그 이상 이하도 아니야. 진정한 팀워크에서는 나의 희생과 조직구성원들의 역량의 분배와 조절, 조직화된 규정과 절차, 개인의 책임과 역할, 직무수행의 명문화 등 많은 요소들을 바탕으로 '목표한 바를 이루어 성과를 창출해 내는 것'이 가장 중요한 핵심이라고 할 수 있어. 아래 열두 가지 팀워크의 핵심적 특징의 합이 이루어졌을 때 진정한 팀워크가 발휘된다고 할 수 있지.

팀워크의 핵심적 특징

① **팀의 사명과 목표를 명확하게 기술한다.** 팀은 명확하게 기술된 목적과 목표를 가질 필요가 있다. 지금 당장 해야 할 일을 이해할 뿐만 아니라 팀이 전체적으로 초점을 맞추고 있는 부분을 이해하는 것이다. 목표와 목적을 공유하면, 팀원들은 팀에 헌신하게 된다. 따라서 효과적인 팀의 리더는 팀의 목표를 규정하는 데 모든 팀원을 참여시킨다.

② **창조적으로 운영된다.** 실험정신과 창조력은 효과적인 팀의 중요한 지표이다. 이러한 팀은 서로 다른 업무수행 방식을 시도해 봄으로써 의도적인 모험을 강행한다. 실패를 두려워하지 않으며, 새로운 프로세스나 기법을 실행할 수 있는 기회를 추구한다. 또한 효과적인 팀은 문제를 다루거나 결정을 내릴 때 유연하고 창조적으로 행동한다.

③ **결과에 초점을 맞춘다.** 필요할 때 필요한 것을 만들어 내는 능력은 효과적인 팀의 진정한 기준이 된다. 효과적인 팀은 개별 팀원의 노력을 단순히 합친 것 이상의 결과를 성취하는 능력을 가지고 있다. 이러한 팀의 구성원들은 지속적으로 시간, 비용 및 품질 기준을 충족시켜 준다. '최적 생산성'은 바로 팀원 모두가 공유하는 목표이다.

④ **역할과 책임을 명료화시킨다.** 효과적인 팀은 모든 팀원의 역할과 책임을 명확하게 규정한다. 팀원 각자는 자신에게서 기대되는 바가 무엇인지를 잘 알고 있으며, 동료 팀원의 역할도 잘 이해하고 있다. 효과적인 팀은 변화하는 요구와 목표 그리고 첨단 기술에 뒤처지지 않도록 역할과 책임을 새롭게 수정한다.

⑤ **조직화가 잘 되어 있다.** 효과적인 팀은 출발에서부터 규약, 절차, 방침을 명확하게 규정한다. 잘 짜인 구조를 가진 팀은 자체적으로 해결해야 하는 업무 과제의 요구에 부응할 수 있다.

⑥ **개인의 강점을 활용한다.** 스포츠팀의 코치는 운동선수가 지닌 역량을 끊임없이 파악한다. 이와 마찬가지로, 탁월한 팀의 리더는 팀원이 지닌 지식, 역량 및 재능을 정기적으로 파악한다. 팀 리더는 팀원의 강점과 약점을 잘 인식하며, 팀원 개개인의 능력을 효율적으로 활용한다.

⑦ **리더십 역량을 공유하며 구성원 상호 간에 지원을 아끼지 않는다.** 효과적인 팀은 팀원 간에 리더십 역할을 공유한다. 이러한 팀은 모든 팀원에게 각각 리더로서 능력을 발휘할 기회를 제공한다. 또한, 팀의 공식 리더가 팀을 지원하는 데 노력하고 팀원 개개인의 특성을 존중하기 때문에 팀원들은 감독자의 역할을 충분히 이해할 수 있다.

⑧ **팀 풍토를 발전시킨다.** 효과적인 팀의 구성원들은 높은 참여도와 집단 에너지(시너지)를 갖고서 열정적으로 함께 일한다. 팀원들은 협력하여 일하는 것을 생산적이라고 느끼며 팀 활동이 흥미와 원기를 회복시킨다고 본다. 이러한 팀은 고유한 성격을 더욱 발전시켜 나간다.

⑨ **의견의 불일치를 건설적으로 해결한다.** 어떤 팀에서든 의견의 불일치는 발생한다. 그러나 논쟁은 나쁘거나 파괴적이지만은 않다. 효과적인 팀은 갈등이 발생할 때 이를 개방적으로 다룬다. 팀원은 갈등의 존재를 인정하며, 상호신뢰를 바탕으로 솔직하게 토의를 함으로써 갈등을 해결한다.

⑩ **개방적으로 의사소통한다.** 효과적인 팀의 구성원들은 서로 직접적이고 솔직하게 대화한다. 팀원 각자는 상대방으로부터 조언을 구하고, 상대의 말을 충분히 고려하며, 아이디어를 적극 활용한다.

⑪ **객관적인 결정을 내린다.** 효과적인 팀은 문제를 해결하거나 의사를 결정할 때 잘 정리되고 전향적인(긍정적인 태도) 접근 방식을 가지고 있다. 결정은 합의를 통해 이루어진다. 따라서 모든 사람들은 내려진 결정을 준수하고 기꺼이 이를 지원하고자 한다. 팀원들은 어떠한 결정에 대해서든 각자의 생각을 자유롭게 개진한다. 이를 통해 결정을 명확하게 이해하고 수용하며, 상황별 대응계획(예비계획)을 마련한다.

⑫ **팀 자체의 효과성을 평가한다.** 팀은 자체의 운영 방식에 대해 일상적으로 점검할 필요가 있다. '지속적인 개선'과 '전향적 관리'는 효과적인 팀의 운영 원리이다. 따라서 만약 업무수행에 문제가 발생하더라도 심각한 상태가 되기 전에 해결할 수 있다.

출처: NCS 직업기초 능력 교수학습 자료 대인관계- 팀워크

리더십 능력

리더십은 "나를 따르라"가 아니야. 직장생활에서는 개인마다 다양한 리더십의 특성을 발휘하고 있고, 그만큼 많은 리더십의 종류가 있어.

대표적인 리더십은 서번트 리더십(Servant leadership)이야. 구성원들에게 목표(비전)를 설정하고 공유하여 서로 간의 신뢰를 형성하고 성과, 목표를 달성하게 하는 리더십이야. 즉 서번트 리더십은 구성원들과의 신뢰가 기본이 되고 리더의 지식과 기술을 전수하여 구성원들이 성장하도록 돕고 목표를 달성하는 리더십이라고 할 수 있지. 다음은 변혁적 리더십이야. 이 변혁적 리더십은 구성원들에게 목표와 목적을 인식시키고 집단, 조직 전체의 이익을 위해 일을 하도록 하는 리더십이야. 이처럼 목표와 목적을 설정하고 달성하게 하는 데에 방식의 차이가 있을 뿐 궁극적으로 리더십이란 명확하게 목표와 목적을 제시할 줄 아는 것을 말해.

다시 말해 모든 리더십에는 비전을 제시해야 한다는 공통점이 있는데 비전을 제시하고 주어진 여건과 상황 속에서 구성원에게 여러 유인을 제공하여 동기부여를 시킴으로써 조직의 목표를 달성하는 기능을 수행하는 것이 직장생활의 리더십인 거지. 내

위치와 직위를 적절히 고려하여 구성원들의 동기부여를 이끌어 내야 하고 문제해결과 새로운 도전, 학습과 성장에 대한 갈망과 이를 기반으로 업무를 실제 실행하는 것, 고객 지향적인 목표, 성과 지향적인 목표, 결과 지향적 목표를 갖도록 하는 것이 리더십이라고 할 수 있는 거지.

리더는 누구나 될 수 있어. 꼭 팀장이어야만, 사장이어야만 리더십을 발휘할 수 있는 것이 아니라는 거야. 결국 조직의 공동 목표, 목적을 달성하기 위해 업무에 영향을 미치는 합리적인 여러 가지 과정이 리더십이라고 할 수 있어. 내 직위에 맞게 내 위치에 맞게 앞선 두 가지 리더십을 기반으로 직장생활을 한다면 진정한 리더가 될 수 있을 거야.

갈등 관리 능력

'모두 내 마음 같지 않다' '모두 내 생각 같았으면'이란 생각을 한 번씩 해 봤을 거야. 그동안 학교생활을 하며 조직에 속해 있을 때, 구성원(친구들 등)과 갈등을 겪어 본 경험도 분명히 있을 거야. 특히 직장생활을 하면 '나를 위주로' '내 팀을 위주로' '나만을 생각해서' 갈등이 일어날 요소가 많기 때문에, 언제든 갈등에 노출되어 있다고 생각할 수 있어.

이런 갈등은 누구도 피해 갈 수 없어. 그렇다면 갈등은 왜 일어나는 것일까? 직장생활 중 갈등이란 목적과 목표의 차이, 서로 주어진 역할의 차이, 성격의 차이, 관점의 차이 등 수많은 요소들에 의해 일어나는데 상대방에 대한 감정적 공격, 언행, 다른 의견에 대한 비난과 비아냥 등이 있을 수 있고 지속적으로 상대방에 대한 적대적 행동과 나의 입장만을 내세우는 행동 등이 갈등을 더욱 증폭시킬 수 있어. 이렇게 직장생활에서 발생하는 갈등을 해결할 수 있는 방법을 다음 표를 참고하여 해결하고 조직이 목표하는 성과를 달성할 수 있도록 해야 해.

갈등을 해결할 수 있는 방법	
상대에 대한 이해 마음의 태도 갖추기	상대방을 비판하거나 비난하지 말아야 한다. 또한 '포용 가능한 멘탈과 마음의 여유로움'을 키워 포용하고 상대를 이해해야 한다.
	역지사지의 마음으로 상대방의 마음을 이해하고 상대방의 말에 모순이 있거나 논리적이지 않더라도 차분히 되묻고 원하는 대답, 결과가 나오도록 유도해야 한다.
	상대와 나의 공통된 의견을 찾아 잘못된 방향의 갈등을 바로잡아야 한다.

갈등을 줄일 수 있는 방법	
갈등 줄이기	내부 규정과 원칙에 따라 업무를 수행(대화를 통해 유연함은 발휘해야 한다)해야 한다. 또한 이 정보를 공유하고 피드백하는 것이 중요하다.
	사람을 긍정적인 시각으로 바라보고 부족한 점은 보완해 줘야 한다. 또한 의견이 다른 부분은 인정해야 한다(단, 긍정적이고 생산적인 대화를 다시 할 것).
	서로 윈-윈 할 수 있는 합의점을 대화를 통해 찾아야 한다. 또한 목적과 목표를 다시 확인하여 서로 대화하고 공유해야 한다.

협상 능력

직장생활, 일상생활 등 모든 영역이 협상과 관련이 있다 해도 과언이 아니야. 일상생활을 예를 들어 보자면, 직장 동료들과 점심식사를 하러 나가는 경우 "어제 과음했으니 오늘 해장국 드시는 게 좋지 않을까요?" 하는 이런 상황 역시 협상과 관련되어 있는 거지.

다시 한번 보자. "어제 과음했으니 오늘 해장국 드시는 게 좋지 않을까요?", 어제 술을 마셨으니 해장국으로 점심식사를 하는 것이 너도 좋고 나도 좋다는 거지. 이렇듯 협상이란 발생된 상황 또는 문제를 대화를 통해 설득하고 서로의 이익 즉 윈-윈(WIN-WIN)을 통해 최종적 의사결정을 하는 것을 의미해. 단순한 예를 들어 설명했지만 직장생활을 하며 생기는 수많은 협상 상황들을 상대방과 논의하고 해결책을 찾아내 합리적 의사소통을 하여 문제를 해결하고 결정하는 과정을 거쳐야 해.

직장생활에서는 다음과 같이 여러 가지 차원의 협상이 있을 수 있어.

첫 번째 의사결정 차원에서의 협상이 있을 수 있어. 예를 들어 인사팀에서 구성원들의 복리후생 추가 확정에 대한 팀 회의를 진행한다 가정했을 때 여러 가지 선택 사안 중 회의에 참석한 모든 이가 합의하고 수용할 수 있는 차원의 협상이 있을 수 있어.

두 번째 갈등을 해결하기 위한 협상이 있을 수 있는데 대립되는 각 의견은 대화를 통해 서로 이득이 되는 관점으로 협상이 진행될 수 있어.

세 번째 의사소통 차원에서 협상이 있을 수 있어. 의사소통 차원의 협상은 의견이 다른 상대와 나의 의견을 상호 대화를 통해 논리적으로 설득하여 최선의 선택지를 얻을 수 있는 것을 말해. 논리적 대화, 객관적 지표들을 가지고 이야기한다면 협상에서 우위를 점할 수 있겠지. 이렇듯 직장생활에서 여러 가지 차원으로 협상이 진행될 수 있으니 반드시 각 차원별 협상에 대한 기본을 이해하고 적용할 수 있는 역량을 개발해야 해.

고객 서비스 능력

고객 서비스 능력은 고객(내부고객, 외부고객)이 원하는 요구를 파악하고 제공, 서비스하며 고객의 불편함이나 불만 등을 처리하는 것을 말해. 한 가지 예를 들어 보자. 더운 날 냉면집에 길게 줄이 늘어서 있다고 하자. 고객들은 더운 날씨에 장시간 줄을 서서 차례를 기다리는 것에 상당히 불편해 할 것이고 시원하게 대기할 수 있는 방법이나 장소를 제공해 달라 요청을 할 수 있겠지? 식당 주인은 당연히 해야 할 일은 아니지만 고객 서비스를 차원에서 편의사항을 제공해야 해.

고객의 불편함, 불만을 해결해 주기 위해 식당주인은 별도의 대기 장소를 제공한다거나 임시 장소에 에어컨을 설치, 대기표를 사전에 제공할 수 있을 거야. 모든 고객의 불편 상황과 유형을 만족시키기는 어렵겠지만 그래도 좋은 서비스를 제공하기 위해 내부고객, 외부고객에 대한 중요성을 항상 인식하고 현재 수준에 만족하지 않고 지속적으로 변화하고 개선해야 해. 고객 서비스 능력이 개발된다면 나아가 회사 성장과 매출 성장에도 상당한 기여를 할 수 있을 것이기 때문이지.

고객 불만 처리프로세스

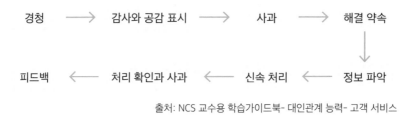

출처: NCS 교수용 학습가이드북- 대인관계 능력- 고객 서비스

경청	고객의 항의에 경청하고 끝까지 듣는다. 또한 선입관을 버리고 문제를 파악한다.
감사와 공감 표시	일부러 시간을 내서 해결의 기회를 준 것에 감사를 표한다. 그리고 고객의 항의에 공감을 표시한다.
사과	고객의 이야기를 듣고 문제점에 대한 인정과 잘못된 부분에 대해 사과한다.

해결 약속	고객이 불만을 느낀 상황에 대해 관심과 공감을 보이며, 문제의 빠른 해결을 약속한다.
정보 파악	문제해결을 위해 꼭 필요한 질문만 하여 정보를 얻는다. 최선의 해결 방법을 찾기 어려우면 고객에게 어떻게 해 주면 만족스러울지를 묻는다.
신속 처리	잘못된 부분을 신속하게 시정한다.
처리 확인과 사과	불만처리 후 고객에게 처리 결과에 만족하는지를 물어본다.
피드백	고객 불만 사례를 회사 및 전 직원에게 알려 다시는 동일한 문제가 발생하지 않도록 한다.

▸ 기술 능력

기술은 사람, 학자마다 다르게 해석을 하고 있어. 하지만 우리는 NCS 직업기초 능력에서의 기술 능력을 알아보고 있기 때문에 직업기초 능력의 기술 능력을 집중해서 알아보도록 하자.

직업기초 능력에서 기술이란 '제품을 생산하는 방법, 생산하기 위한 원료나 투입된 사람, 지식 등의 집합체'라 할 수 있어. 이것을 광의(넓은 의미)의 의미로는 '기술적 교양'이라고도 해. NCS에서 기술 능력은 이 기술적 교양이라는 개념을 더 구체화시킨 것이라고 할 수 있지. 아래 예시와 같이 IN PUT이 들어가면 기술을 통해 OUT PUT으로 제품이 생산되는 논리야.

이 기술이라는 것은 각 직무마다 차이가 있어서 상당히 정의를 내리기 어려워. 대표적으로 생산직 직무를 수행하는 사람은 기술에 대한 논리와 정의가 쉽지만, 서비스 직무를 수행하는 직무 담당자의 기술은 IN PUT, OUT PUT에 대한 정의가 상당히 힘들다는 것을 참고로 알아 두도록 해. 우리 아들딸들은 취업을 준비함에 있어 기술 능력을 갖추기 위한 직무 관련 학습 활동, 전문 양성 과정교육 등을 미리 준비해서 직업기초 능력 기술 능력개발을 지속적으로 해야 해. 그리고 기술은 노하우(Know how)와 노와이(Know why)로 구분하고 분류할 수 있어. 기술의 특성도 잘 숙지하고 이해할 수 있도록 해.

기술 분류	기술의 특성
노하우(Know how)	경험에 의해 체화, 체득된 것
노와이(Know why)	이론적 지식이나 과학적 지식

기술 원리- 기본 예시

IN PUT	기술	OUT PUT
원료 재료	사람(인력), 지식, 역량 등 과정의 조화	새로운 제품

기술 원리- 자동차 예시

IN PUT	기술	OUT PUT
금속 재료 비금속 재료	사람(인력), 지식, 역량 등 과정의 조화	자동차

기술 원리- 서비스 예시

IN PUT	기술	OUT PUT
고객니즈 고객가치	사람(인력), 지식, 역량 등 과정의 조화	우수한 서비스

하위 능력	하위 능력 정의	세부요소
기술 이해 능력	업무수행에 필요한 기술적 원리를 올바르게 이해하는 능력	- 기술의 원리와 절차 이해 - 기술 활용 결과 예측 - 활용 가능한 자원 및 여건 이해
기술 선택 능력	도구, 장치를 포함하여 업무수행에 필요한 기술을 선택하는 능력	- 기술 비교, 검토 및 최적의 기술 선택
기술 적용 능력	업무수행에 필요한 기술을 실제로 적용하는 능력	- 기술의 효과적 활용 - 기술 적용 결과 평가 - 기술 유지와 조정

기술 이해 능력

기술 이해 능력은 간단하게는 '기술의 혁신'을 의미한다고 할 수 있어. 학교를 다니면서 학습한 전공, 별도의 교육을 통해 학습한 지식으로 나의 직무수행의 기술에 선택을 하고 적용하는 것의 기본 밑바탕이지. 내가 받은 교육과 학습 내용을 실무에 연계, 적용하여 '기술의 혁신'을 하는 것, 이것이 기술 이해 능력인 거야. 대표적인 기술 혁신의 사례는 다들 잘 알다시피 삼성의 반도체 개발이 있어. 메모리 분야 기술 혁신 세계 1위 기업이 대표적 사례로 있는데 이것은 꾸준한 기술 혁신을 통해 이루어 낸 성과이기도 해. 이런 성과는 그림과 같이 고도로 학습된 인력과 지식 역량이 합쳐진 과정으로 생긴 성과라고 할 수 있지.

기술

사람(인력), 지식, 역량 등
과정의 조화

기술 혁신의 특성은 매우 불안정하다는 거야. 왜냐하면 외부고객이 우리 상품에 대한 소비를 어떻게 할 것인지와 기술 혁신을 이루기 위한 목표나 성공에 대한 확신이 없기 때문이야. 또 지식의 총합이 기술 혁신인데, 지식은 측정하기 어렵고 수치화하는 것에 대한 모순점이 많기 때문도 있어. 마지막으로 불확실한 성공의 기대 때문에 각기 다른 생각과 관점을 가지고 있는 사람들끼리 갈등이 발생할 여지도 충분히 많다는 것이지. 비록 실패하더라도 이 지식과 경험들이 축적되어 진정한 '기술 혁신'을 이루기 위해 모두 노력해야 해.

기술 혁신이라는 것을 다소 어려운 내용으로 이야기했지만 기술 이해 능력은 기술 혁신을 이루기 위한 하나의 이해 능력, 즉 앞에 이야기한 대로 지식 관점으로 내가 전공한 교육, 그 외의 지식수준을 통해 기술에 대한 원리를 이해하고 그 기술의 절차, 시스템 등을 이해하는 능력이라고 할 수 있어. 실제로 지원하는 공기업 지원 분야의 기술에 대한 정확한 이해를 묻는 자기소개서 지시문이 출제되기도 했을 정도로 이 능력이 중요해.

IN PUT	기술	OUT PUT
원료 재료	사람(인력), 지식, 역량 등 과정의 조화	새로운 제품

IN PUT → OUT PUT 세부 내용을 이해		

IN PUT	기술	OUT PUT
금속 재료 비금속 재료	사람(인력), 지식, 역량 등 과정의 조화	자동차

이 기술의 절차, 시스템을 이해하는 능력을 다른 말로 '역량'이라고 할 수 있어. 실제로 지원하는 기관 지원 분야의 기술에 대한 정확한 이해를 묻는 자기소개서 지시문이 출제되기도 하는데, 여기서 직업기초 능력 자기소개서 출제의 의도가 바로 '역량'

에 있다는 거야. 내가 지원한 기관 지원 분야의 역량을 정확하게 이해하고 있는지, 내 경험 중에 지원한 분야의 원리와 기술을 이해하고 활용한 경험이 있는지를 자기소개서를 작성해야 한다는 말이지. 또한 직무 지원동기, 공기업(회사) 지원동기와 밀접하게 연계되어 있는 숨은 의도에 대해서도 숙지하고 기술 이해 능력을 확실히 이해했으면 좋겠어.

기술 선택 능력

기술 선택 능력은 업무수행에 필요한 기술을 선택해야 하는데 이것을 외부에서 전부 도입을 할 것인지 아니면 벤치마킹을 해서 기업 특성에 맞게 커스터마이징 하여 도입을 할 것인지 또는 어떤 것, 어떤 기술을 선택해야 할 것인지를 결정하는 것이라고 할 수 있어.

기술을 선택하고 도입할 때는 회사 손익(회사이익)에 어떤 영향을 미치고 전사 직원들에게 파급효과는 어떠한지, 한 개의 서비스에 제공하는 서비스를 위한 단조롭고 단편적인 기술을 도입할 것인지, 가장 중요한 우리만의 자체 기술로 계속 유지를 할 수 있는 것인지 등을 고려해 최적의 선택을 해야 해.

다시 말해 기술을 선택할 때 합리성을 반드시 갖추고 그 기술을 선택해야 한다는 말이야. 그럼 이 선택은 어떻게 기업과 관계가 이어질까? 꾸준한 매출 성장과 회사 성장 등 긍정적 효과를 기대할 수 있겠지? 반복해서 이야기하지만 기술을 선택할 때는 원칙과 기준을 가지고 절차를 고민하고, 조직 구성원과 회사 모두의 성장을 도모할 수 있는 합리적인 기술을 선택해야 한다는 거야.

기술 선택을 위한 절차

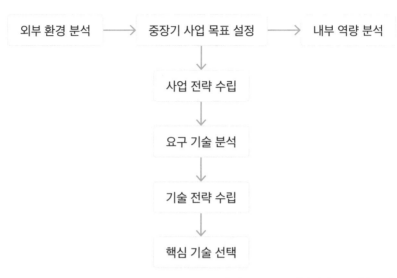

출처: NCS 교수용 학습가이드북- 기술 능력

기술 선택을 위한 세부 절차

① 외부 환경 분석: 수요 변화 및 경쟁자 변화, 기술 변화 등 분석
② 중장기 사업 목표 설정: 기업의 장기 비전, 중장기 매출 목표 및 이익 목표 설정
③ 내부 역량 분석: 기술 능력, 생산 능력, 마케팅/영업 능력, 재무 능력 등 분석
④ 사업 전략 수립: 사업 영역 결정, 경쟁 우위 확보 방안 수립
⑤ 요구 기술 분석: 제품 설계/디자인 기술, 제품 생산공정, 원재료/부품 제조 기술 분석
⑥ 기술 전략 수립: 기술 획득 방법 결정

기술 선택을 위한 우선순위 결정

① 제품의 성능이나 원가에 미치는 영향력이 큰 기술
② 기술을 활용한 제품의 매출과 이익 창출 잠재력이 큰 기술
③ 쉽게 구할 수 없는 기술
④ 기업 간에 모방이 어려운 기술
⑤ 기업이 생산하는 제품 및 서비스에 보다 광범위하게 활용할 수 있는 기술
⑥ 최신 기술로 진부화 될 가능성이 적은 기술

기술 적용 능력

기술 적용 능력은 직장생활에 필요한 선택된 기술을 가공하고 실제로 분석하여 사용하고 불필요한 기술은 버리며 기술을 사용한 결과를 확인하는 능력이라고 할 수 있어.

이런 기술을 적용할 때 반드시 고려되어야 할 것을 살펴보면, ① 너무 과다한 비용이 발생하지는 않는지 꼭 확인 후 도입해야 하고 ② 적용한 기술이 장기적으로 활용할 수 있는 기술인지를 고려해야 하며 ③ 잠재적인 미래 기술 응용 가능성도 검토해야 하고 ④ 기업 입장에서 중요한 부분인지 아닌지를 적용하기 전에 반드시 미리 철저하게 확인하고 합리적으로 검토가 되어야 해.

또한, 기술 적용 능력은 단순히 적용하는 것에 그치지 않고 그 기술을 장기적으로 유지하고 관리할 수 있는, 위에 언급한 잠재적 미래 기술 응용과 연계하여 기술을 관리하고 장기적으로 유지하고자 노력해야 해. 그렇기 때문에 기술을 관리하는 관리자, 즉 기술 담당자(기술 선택자, 기술 적용자)는 기존의 기술을 유지하고자 하는 노력과 항상 새로운 기술 트렌드에 촉각을 세우고 새로운 기술을 효과적으로 습득하기 위한 노력과 불필요한 기술은 과감하게 버릴 수 있는 기술 관리 능력을 갖추어야 해.

▶ 직업윤리 능력

직업윤리가 개인적으로 가장 중요하게 생각하는 직업기초 능력 중 하나야. 많은 기업들이 직업윤리를 강조하고 있기도 하고 면접에서도 "상사의 부당한 지시, 불법을 저지르고 있다면 어떻게 할 것인가?"라는 질문을 하는 경우가 있어. 사실 해석은 여러 가지로 할 수 있어. 단순 압박 질문일 수도 있지만 기본적으로는 직업과 직장에 대한 기본 윤리 개념과 가치관, 직업윤리에 대해 어떻게 생각하는지 등이 궁금하기 때문에 자기소개서 지시문과 면접에서 이런 종류의 질문들을 하는 거야.

직업윤리의 의미는 간단해. '내가 맡은 바 직무에 충실히 임하고 직업생활에서 요구하는 규범을 잘 지키고 지속적으로 올바른 방향으로 일관성 있게 규범을 개발하는 것'. 이것이 직업윤리이고 이는 개인적인 윤리와도 일맥상통하는 부분이 있어. 개인윤리도 이와 비슷하다는 거야.

하위 능력	하위 능력 정의	세부요소
근로윤리	업무에 대한 존중을 바탕으로 근면하고 성실하고 정직하게 업무에 임하는 자세	- 근면성 - 정직성 - 성실성
공동체윤리	인간 존중을 바탕으로 봉사하며, 책임 있고, 규칙을 준수하며 예의 바른 태도로 업무에 임하는 자세	- 봉사정신 - 책임의식 - 준법성 - 직장예절

직업윤리는 사회적인 '규범(인간이 행동하거나 판단할 때에 마땅히 따르고 지켜야 할 가치 판단의 기준)'이야. 더 쉽게 이야기하면 '우리 모두 지키기로 한 약속'이라 할 수 있지.

우리 모두 지키기로 한 약속이 무엇일까? 개인적 일상생활에서는 교통신호를 잘 지키는 것, 무단 횡단을 하지 않는 것과 같은 것들이 있지. 회사의 규범은 일부 강제력이 포함된 것이 있지만 당연히 지켜야 할 규범으로 회사에 늦지 않게 출근하는 것, 약속하고 정해 놓은 점심시간, 휴게 시간을 지키는 것, 편법을 사용하여 업무를 처리하지 않고 원칙과 규칙을 지키며 직무수행하는 것 등을 예로 들 수 있어.

가끔 여러 매체에서 비윤리에 대한(회사 경영 관점) 기사들을 심심치 않게 접할 수 있었을 거야. 대형 ○○사의 탈세, 불법증여, 노동법위반 사례, 대기업 ○○사의 비윤리적 갑질 문제 등이 올바른 직업윤리를 지키지 않은 대표적 최근 사례들이라고 할 수 있어. 이렇게 직업윤리가 훼손된다면 회사는 어떻게 될까? 그동안 쌓았던 신뢰가 무너지고 제공하는 서비스에 대한 불신이 생기며 여러 문제들이 발생하겠지? 그렇기 때문에 직업윤리가 상당히 중요하다고 할 수 있는 거야. 반대로 직업윤리를 잘 지킨다면 개인의 성장은 물론이고 회사가 지속적으로 성장할 수 있는 근간, 회사 성장의 핵심 원동력이 될 수 있다는 점을 반드시 알아 둘 수 있도록 해.

윤리		규범
사람으로서 **마땅히** 행하거나 **지켜야 할** 도리	**+**	인간이 **행동**하거나 **판단할** 때에 마땅히 따르고 지켜야 할 **가치 판단의 기준**

근로윤리

직업윤리 하위 능력인 근로윤리는 근면, 정직, 성실이 포함된 내용이야. 근로윤리의 요소들을 하나씩 살펴보자.

첫 번째 근면(성)은 사전적 정의로 '부지런히 일하며 힘쓴다'라고 되어 있어. 부지런히 일하고 힘쓰는 것이 직장생활에서 어떤 것들이 있을까? 업무 시간에 집중해서 내가 맡은 업무 정확하게 처리하기, 업무 마감 기한을 지키기 위해 내가 할 일을 다음 날, 다음 주로 미루지 않기, 사적인 대화나 전화통화 등을 하지 않기 등이 근면함을 증명할 수 있는 행동들이야. 어쩌면 당연한 것일 수 있지. 즉 근면이란 게으르지 않고 부지런한 것을 의미하는 거야. 부지런한 사람 중 성공을 못 한 사람 있을까? 대부분은 다 성공했다고 생각해. 그만큼 근면은 중요하고 성공을 이루기 위한 기본이라 할 수 있어. 근면은 누군가에게 강요당하는 근면과 스스로 능동적으로 임하는 근면으로 나눌 수 있어. 어떤 근면이 좋을까? 당연히 후자겠지. 스스로 능동적이고 부지런한 근면이 몸에 체득되도록 상당한 노력을 기울여야 해.

근면이라는 것을 다른 시각으로 바꾸기 위한 사회적 노력도 분명히 필요해. 예전에는 야근을 많이 하고 일을 많이 하면 근면 성실하고 판단하는 경우가 상당히 많았거든. 지금도 그렇게 인식하는 경우가 상당히 많이 남아 있어. 이런 과도한 근면을 요구하는 것들은 사회적 분위기, 새로운 세대를 위해 사회적으로 지양해야 할 부분이야.

두 번째 정직(성)은 직장 구성원들 모두에게 가장 중요한 직업윤리일 수 있어. 정직이란 가치 자체가 신뢰와 밀접한 연관성이 있고 이 신뢰를 유지해야 같이 직장생활을 할 수 있기 때문이지. 편법을 사용하고 요령을 피우는 행동을 하거나 순간의 위기를 모면하기 위해 거짓이나 꾸민 이야기한다면 구성원들과 함께하기 힘들 거야. 정직과 관련된 네 가지 행동지침은 다음과 같아.

구성원들로부터 **정직과 신뢰의 자산을 매일 조금씩 쌓기**

잘못된 것도 **정직하게 밝히고**, 피드백받아 **정직하게 바로잡기**

부정한 것과 타협하거나 **눈감아 주지 않기**, **중대한 부정**은 내부 절차를 밟아 **보고하기**

부정한 관행은 인정하지 않고 **바꾸려 노력하기**

세 번째 성실(성)은 '정성스럽고 진실한 품성'으로 사전에 정의되어 있어. 직장생활의 관점에서 정성스럽다는 건 무슨 의미일까? 내가 맡은 일을 하나하나 꼼꼼하게 챙기고 거짓 없이 진실 되게 구성원들을 존중하며 업무에 임하는 것이라 할 수 있을 거야. 이런 성실함이 계속 쌓이면 어떻게 될까? 아마도 회사에서 인정받는 사람이 되어 있을 거야. 그리고 취업준비 전 꾸준히 성실함에 대한 경험, 긍정적 사례를 많이 가지고 있다면 자기소개서와 면접에도 정말 많은 도움이 될 수 있을 거야.

공동체윤리

공동체윤리는 구성원들 즉 인간 존중을 바탕으로 하는 봉사, 책임, 준법, 직장예절

등을 말해. 공동체윤리는 '인간 존중'이 기본이고 핵심이야. 이 기본인 봉사와 책임, 준법, 직장예절은 다른 사람과 함께 직장생활을 하기 위해 꼭 필요한 필수 능력이라고 할 수 있어. 이에 대해 자세히 살펴보면, 다음과 같아.

첫 번째 봉사정신은 '국가나 사회 또는 남을 위하여 자신을 돌보지 아니하고 힘을 바쳐 애씀'이라 정의할 수 있고, 직장생활의 봉사는 '고객에 대한 서비스'로 봐도 무방해. 고객은 내부고객, 외부고객 모두 포함이야. 즉 고객에게 서비스를 제공함에 내부고객, 외부고객 모두에게 봉사한다는 자세가 공동체윤리의 핵심이라고 할 수 있어.

두 번째 책임의식은 나에게 주어진 직무의 역할에 대한 책임을 다하고 업무를 충실하게 수행하는 능력을 말하는 거야. 나에게 주어진 업무, 직무는 내가 추진하고 때로는 기획하고 보고하는 것이기 때문에 끝까지 책임지는 것이 중요해. 직장생활 중 책임을 전가한다거나 일을 안 하려 한다는 것은 나의 업무에 책임을 다하지 않는 아주 무책임한 행동이야. 이 책임의식은 상대방에게도 상당한 피해를 줄 수 있어. 회사는 팀단위, 부서단위, 본부단위로 여러 구성원들과 하나의 그룹, 조직으로 묶여 있어 업무가 유기적으로 연관되어 있는데, 자신의 책임을 다하지 않으면 다른 사람들에게까지 엄청난 피해를 줄 수 있고 무책임한 행동이 팀워크을 저해하고 구성원 간 커뮤니케이션의 단절로 이어질 수 있기 때문에 이 책임의식은 아주 중요한 부분이라 할 수 있어.

세 번째 준법정신은 단어 그대로지. 법률이나 규칙을 지키는 것으로 법을 지킨다는 것은 예외 없이 누구나 공통된 것이라 할 수 있어. 사회질서를 위해 우리 모두 법과 원칙을 지켜야 한다는 건 누구든 아는 이야기지. 회사도 마찬가지로 법에 위배되는 행동을 하지 않는 것이 기본이고 회사 내부 법(취업규칙, 직무에 대한 개별 규정)에 대해서도 반드시 지켜야 해.

네 번째 직장예절은 구성원들과 고객들에게 바른 예절을 지키는 것을 말해. 직장생활에서는 다양한 사람을 만나고 접하게 되기 때문에 형식적인 예절이 아닌 마음에서 우러나는 예절을 지켜야 해. 특히 직장예절은 직장상사에게만 지키는 것이 아니라 후배사원에게도 마찬가지로 인격을 상호 존중하고 존경하는 마음으로 예절을 지키는 것이 정말 중요해. 최근 성희롱 관련 사건, 직장 내 괴롭힘 사건, 폭력, 폭언, 갑질 사건, 음주 강요, 술자리 강요 등 많은 직장 문제들을 여러 매체를 통해 접해 본 적이 있을 거야. 이런 문제들이 발생된 근본적 원인은 상대에 대한 배려 즉 예절을 지키지 않았기 때문이야. 우리 모두 직장예절을 잘 지킨다면 이 같은 문제가 발생할 일이 없을 거야.

2. 공기업분석

1) 공기업분석

공기업을 준비함에 있어 중요한 것 중 하나는 기업분석이야. 기업분석은 일반기업도 마찬가지로 반드시 해야 하고 기업에 대한 이해를 도와 자기소개서, 면접에 활용할 수 있는 중요한 일이기도 해. 공기업의 기업분석 관련 내용은 아래와 같아.

첫 번째 홈페이지 분석부터 시작해야 해. 홈페이지에는 지원자에게 필요한 기관의 기초 정보가 상당히 많이 있어. 기관의 운영 목적, 기관의 미션과 비전, 핵심가치, 인재상, 전략 목표 등 취업 활동에 필요한 기초 정보가 모두 홈페이지에 있기 때문이야.

두 번째 알리오(http://www.alio.go.kr/alioIntroduce.do) 사이트에 접속해서 내가 지원하고자 하는 공기업의 상세 내용을 확인할 수 있어. 알리오 사이트는 기획재정부가 운영하는 공기업 경영정보 공개시스템으로, 일반기업 전자공시(다트)와 동일한 기능을 하는 사이트야. 알리오 사이트는 공기업의 경영과 기관의 주요한 정보를 국민들이 쉽게 접할 수 있고 확인할 수 있도록 구축한 사이트여서 여기서 각 기관의 상세한 내용을 모두 확인할 수 있어.

홈페이지 분석(국민연금공단 예시)

구분	내용	참고	활용 범위
대표자 인사말	김용진 이사장/대표인사말(홈페이지)	홈페이지	자기소개서 및 면접에 선택적 활용
주요 사업 또는 설립 목적	국민의 노령, 장애 또는 사망에 대한 연금급여를 실시함으로 국민의 생활안정과 복지 증진에 이바지하는 것을 목적으로 한다.		
미션	기관(기업)의 존재 이유 ex) 국민연금공단: 지속가능한 연금과 복지서비스로 국민생활 안정과 행복한 삶에 기여		
비전	세대를 이어 행복을 더하는 글로벌 리딩 연금기관, 중장기적 이루고자 하는 일들		
핵심가치 인재상	기관 재직자(취업준비생 포함) 모두가 인식(인지)해야 할 핵심적인 가치 행복, 신뢰, 혁신, 공정 등		
전략 목표 (업무 목표)	대단위 달성 업무 목표, 방법론		
전략 과제 (업무 상세)	대단위 업무를 이루기 위한 하위 업무 활동		
조직도	각 조직별 특성, 업무에 대한 이해를 돕기 위한 참고 자료		
언론 기사 (긍정, 부정 기사 모두)	기관의 일반 언론에 노출된 긍정, 부정적 기사 모두 정독, 필요사항 별도 보관하여 면접에 질문 활용, 답변 활용	개별 언론사 홈페이지 인터넷 뉴스 등	
알리오 사이트	지원한 기관의 공시 자료에 기관에 대한 경영 활동 대부분의 내용(기관의 개괄적 내용 전체)을 확인할 수 있음	http://www.alio.go.kr/alioIntroduce.do	
국회 회의록	상임위 회의에서 기관에 대해 언급된 내용을 미리 확인하여 조치하고 있는 사항이 있는지 개선된 내용이 있는지 확인하여 자기소개서 면접에 활용	http://likms.assembly.go.kr/record/mhs-10-010.do	

국회 의안 정보 시스템	기관과 관련된 법안이 심의하고 있는지, 계류 중인지, 변경될 사유가 있는지 참고하기 위한 사이트로 활용하여 조직 이해 능력을 업그레이드하고 필요시 면접에 연계하여 활용	likms.assembly.go.kr/ bill/main.do

추가적으로 공기업분석을 조금 더 고차원적으로 할 수 있는 사이트 더 알려 줄게.

첫 번째 국회회의록(http://likms.assembly.go.kr/record/mhs-10-010.do) 사이트에 접속해서 내가 지원하고자 하는 공기업의 국회 본회의, 국정감사, 특별위원회, 인사위원회 등 각 회의를 카테고리별로 검색하여 중요한 이슈에 대한 회의 내용을 확인할 수 있어.

국회회의록 사이트 접속해서 회의록을 확인해 보는 것이 중요한 이유에 대해 예시를 보여 줄게. 아래 회의록 일부 발췌 내용을 보면 앞으로 국민연금공단이 나아갈 방향에 있어 현재 운영 방식의 변화, 반성 등 많은 내용들을 담고 있어. 만약 이 내용을 숙지하고 자기소개서, 면접에 임한다면 누구보다 좋은 성과를 낼 수 있겠지? 이런 이유 때문에 회의록 확인이 중요한 거야. 또한 회의록은 직업기초 능력 중 조직 이해 능력을 이해할 수 있는 기초 자료로도 활용할 수 있을 거야.

코로나19 확산으로 금융 시장의 불확실성이 급격히 커졌을 때에는 공단의 위기인식 지수에 따라 위기대응 TF를 즉시 가동하여 선제적으로 대응하고 있습니다.
해외투자 및 대체투자 확대에 따라 위험 관리와 성과요인 분석도 개선하였으며 기금본부 평판 위험과 투자기밀 유출을 철저히 차단하기 위한 내부 통제시스템도 강화하였습니다.

기금 규모 1,000조 원 시대를 대비하여 안정적이고 글로벌 경쟁력을 갖춘 조직으로의 변화를 추진하고 있습니다. 해외채권실 신설 등 해외투자 운용 전략과 연계한 조직 운영 방안을 마련하여 해외 대체투자 팀장을 해외사무소로 전진배치 하는 등 해외투자 종합계획의 성공적 실행을 위하여 투자조직을 강화해 나갈 예정입니다.

또한 유능한 인적 자원을 확보하고, 전문 인력 양성교육을 내실 있게 운영하는 한편 성과 평가 체계를 개선하여 전문성과 윤리의식을 고루 갖춘 인재를 육성하겠습니다. 더불어 24시간 글로벌 투자 환경에 맞는 투자시스템 구축 등 운용 인프라도 지속적으로 늘려 나가겠습니다.

이어서 18쪽, 국민 체감 복지서비스 강화입니다. 전 국민의 체계적인 노후 준비를 위한 지원을 강화하였습니다. 은퇴예정자, 임대주택 입주민 등 노후 준비가 시급한 분들을 우선적으로 발굴하여 맞춤형 상담과 교육을 실시하였습니다.

지역사회에 흩어져 있는 서비스 자원을 연계하고 신중년 프로그램을 개발하여 지방자치단체를 지원하는 등 노후 준비 허브기관으로서의 역할을 강화하였습니다. 앞으로는 언택트 시대로의 변화에 맞추어 비대면 온라인 서비스를 확대하고 더 나아가 노후 준비 종합정보시스템을 구축하여 모든 국민이 스스로 노후 준비를 할 수 있도록 도와 드릴 예정입니다.

출처: 국회회의록 분석자료 예시, 제21대 국회 보건복지위원회 국정감사(2020년 10월 14일 내용 일부 발췌)

위의 국회회의록을 통해 아래와 같은 자기소개서 지시문을 해결할 수 있어.

자기소개서 지시문

우리 공사 사업과 관련된 주요 이슈에 대해 한 가지를 언급하고 그것에 대한 본인의 견해를 기술하여 주시기 바랍니다.

위와 같은 지시문이 있을 때 우리는 국회회의록을 통해 이슈를 확인해 봐야 해.

국회회의록 통해 확인한 이슈

- 위기대응 TF를 즉시 가동하여 선제적으로 대응
- 투자기밀 유출을 철저히 차단하기 위한 내부 통제시스템도 강화
- 해외채권실 신설, 해외투자 종합계획의 성공적 실행을 위하여 투자조직을 강화

이 같은 주요 이슈사항을 검토한 후 나의 견해를 자기소개서에 작성할 수 있겠지?

두 번째 국회 의안정보시스템(likms.assembly.go.kr/bill/main.do)을 활용하는 방법이야. 모든 공기업은 법의 테두리 내에서 운영된다는 것은 상식, 기본 중의 기본이지.

내가 지원하고자 하는 공기업과 연관된 법률을 찾아보고 변경될 법안 중 어느 조항이 변경되고 신설이 되는지 정도는 알고 있어야겠지? 이 부분은 면접에서 정말 유용하게 사용할 수 있어. 또, 필기시험 준비할 때도 유용하게 사용할 수 있겠지? 하지만 주의해야 할 것은 의안정보시스템 자체가 현재 심의를 하고 있는 법이라는 점, 심의 결과 과정에서 수정될 수도 있다는 점, 폐기될 수도 있는 법이라는 점, 계류 중인 법일 수 있다는 점은 유의해서 법의 내용을 확인해야 해. 공기업의 사업과 관련된 관련법에 대한 내용은 법체처(www.moleg.go.kr)를 통해 확인하고 이해할 수 있어.

2) 경험정리와 활용 방법

내 경험은 정말 하나하나 모두 다 소중해. 취업을 하기 위한 단순한 경험이 아니라, 경험을 통해 내가 얻은 것, 새롭게 알게 된 것, 교훈 등 수많은 상황과 경험을 통해 얻은 것이 정말 많을 거야. 하지만 이렇게 소중하고 다양한 경험과 상황을 정리해 놓지 않아서 정작 중요한 자기소개서 작성, 면접에서 활용하지 못한다면 무용지물이겠지?

취업에 활용할 수 있는 나의 경험과 상황에 대해 오해하지 말아야 할 것이 있어. 경험과 상황은 크기가 중요한 것이 절대 아니야. 즉, 그 경험과 상황을 통해 발생된 문제를 어떻게 합리적으로 처리했는지, 그 상황과 경험에 있어 내가 얻을 수 있었던 소중한 교훈과 경험들이 무엇이었는지가 중요한 거야. 이 경험과 상황이 공기업에서 요구하는 핵심가치와 인재상(역량), 전략 목표와 부합하는 상황과 경험이라면 정말 좋은 소재로 활용할 수 있다는 거야. 다시 말하지만 국토대장정, 공모전 입상, 어학연수 같은 굵직한 경험도 상당히 중요하지만 절대 경험의 크기나 질만 중요한 것은 아니야.

공기업에서 자기소개서를 평가하고 경험면접, 상황면접을 보는 이유는 간단해. 그 경험과 상황이 공기업에서 규정해 놓은 직업기초 능력과 직무수행 능력에 있어 얼마큼 유사성을 가지고 있는지, 그 경험을 통해 드러난 지원자의 역량이 공기업에서 요구하는 역량과 유사성이 있는지를 확인하고, 이렇게 유사성이 높은 인재는 우리 기관의 비전을 달성할 수 있을 것이라는 예측을 해 볼 수 있는 것이지. 이미 경험한 것, 그 상황이 합리적이고 회사와의 유사성(핵심가치, 인재상, 비전을 달성할 수 있는 역량 등)이 확인된다면 미래에도 그 경험한 것을 바탕으로 바람직한 행동이 발현될 것이라고 예측하며 인재를 채용하는 거야. 이것이 공기업 채용의 기본이자 본질이야.

또 하나 중요한 것이 있어. 바로 사실에 근거한 경험을 반드시 써야 한다는 거야. 경험에는 허위, 허구가 있어서는 절대 안 돼. 자기소개서는 면접과 반드시 연계가 되고 설령 서류에 합격했다 하더라도 면접에서 다 거짓이 들통 나기 때문이야. 내 경험이 아닌데 합리적으로 또는 논리적으로 표현이 가능할까? 불가능하다고 생각해.

내가 경험한 소재를 찾는 것은 쉽지 않을 거야. 하지만 지금까지 살면서 한 번도 문제를 해결해 본 경험이 없고, 의사소통을 해 본 적이 없고, 수리 능력을 통한 사칙연산을 해 본 적이 없고, 자원을 관리하여 생활해 본 적이 없을까? 결코 그렇지는 않다고 봐. 소재 찾는 어려움은 분명히 이해는 하지만 거창한 소재를 원하는 것이 아니라는 것을 기억해.

이미 이야기했지만, 경험의 질, 크기가 중요한 게 아니라 직업기초 능력과 맞는 경험을 했는지, 그 경험이 기관에서 요구하는 직업기초 능력 중 어디에 부합한지가 자기소개서 작성의 핵심이고 취업의 출발점이야. 직업기초 능력에 맞춘 질문에 나의 경험을 충분한 시간을 가지고 생각해 보면 많은 소재들이 분명히 있을 거야. 단, 직업기초 능력에 부합하고 유사한, 직무수행 능력에 부합하고 유사한 경험이 중요하다는 거야.

그럼 경험을 어떻게 써야 할까? 소재를 채택하고 경험을 써야 하는데 단순히 '~했습니다' 혹은 '~달성했습니다' 이런 식의 자기소개서 작성은 좋은 점수를 받기 힘들어. 각 공기업은 자기소개서 평가지표, 준거가 개발이 되는데 여기에 부합하는 경험과 경력을 작성해야 좋은 점수를 받을 수 있는 거야.

예를 들어 직업기초 능력 대인관계 능력 중 팀워크라는 직업기초 능력에 대해 묻는 자기소개서 지시문이라 해 보자. 직업기초 능력에서 말하는 팀워크의 핵심은 구성원들과 원만한 인간관계가 기본이 되어 개인 스스로의 역할에 충실하고 각자 가진 역량에 맞는 역할을 분배할 줄 아는 거야. 그리고 팀과의 연계성 있는, '구성원과 공동의 목표를 달성하는 것'이 가장 핵심이라고 할 수 있어. 그렇다면 경험 작성의 예시를 보자.

~한 목표를 설정했습니다. ~와 함께 팀이 구성되어 ~업무들을 진행하였습니다. -중략- 팀원 중한 명의 ~한 역량이 뛰어나 역할을 다시 재분배하여 ~한 업무를 진행한 결과 전체 팀 대비 실적이 120% 이상 달성되었습니다. 그래서 ~한 목표를 초과 달성할 수 있었습니다.

위의 예시처럼 경험에 대해 작성할 때는 추상적 표현을 지양하고 구체적인 행동과 상황을 써야 해. 단순히 '팀워크가 중요합니다. 우리 팀장님, 팀장 역할을 부여받은 친구가 잘 이끌었습니다(뭘 잘 이끌어?). 그래서 좋은 결과가(어떤? 무슨?) 나왔습니다' 이런 식의 자기소개서는 분명히 지양해야 할 작성 방식이야.

조직적합 경험정리(핵심가치, 인재상, 직무수행 역량 매칭)			

**형성된(확보된) 가치관이 회사의 핵심가치와 상호 유사하도록
표를 작성하여 비교 후 자소서, 면접에 활용할 것**

가치관을 갖게 된 계기 (성장하며 또는 큰 영향을 받은 사건 등)	경험 소재 예시	상세 내용 예시	확보된 가치관
	약한 신체, 정신력	학생 마라톤대회 1위	도전, 해결
	부모의 교육철학	지속적 학습, 나와 주변 동반성장	성장, 화합
	학교행사 운영위원	행사 진행을 믿고 지지해 준 교수님, 구성원	신뢰

**형성된(확보된) 역량이 회사의 인재상과 상호 유사하도록
표를 작성하여 비교 후 자소서, 면접에 활용할 것**

		경험 소재 예시	상황	목표	행동	결과	확보된 인재상 (역량)
학창시절	목표 지향적 · 고객 지향적으로 작성	과대표	행사 관리	전원 참석	불편함 제거	전원 참석	문제 해결
		봉사 활동	일손 부족	업무 완수	목표 이상 업무 처리	구청장 표창	
아르바이트		매장 관리	불친절 동료	클레임 감소, 동료 태도 개선	CS 교육 자료 정보 제공 등	클레임 감소, 친절한 동료	고객 지향 협업
		판촉 아르바이트	매출 감소	매출 증대	고객 니즈 분석	매출 증대 본사 포상	고객 지향 분석력

**개인 경험과 행동을 통해 확보된 가치관과 인재상(역량)을 회사 조직과 직무적합성에 대해
상호 유사성을 확인하여 조직, 직무적합성 체크리스트를 통해
자기소개서와 면접에 적극적으로 활용할 것**

조직, 직무 적합성 경험정리와 연계된 체크리스트					
조직적합성요소		조직/직무적합성요소		직무적합성요소	
핵심가치		**인재상**		**직무수행 역량**	
ex) 도전	ex) 해결	ex) 주도적	ex) 혁신적	ex) 문제해결	ex) 고객 지향
나와 회사의 핵심가치 유사성 여부 체크		나와 회사의 인재상 유사성 여부 체크		나와 회사의 직무 역량 유사성 여부 체크	
유사	다름	유사	다름	유사	다름
○			○	○	
가치관과 경험이 회사가 요구하는 핵심가치, 인재상과 유사하다면 경험소재를 그대로 하여 자소서 면접에 활용, 다르다면 다른 경험소재를 발굴하여 재작성					

직업기초 능력 경험정리(직업기초 능력 매칭)			
나의 경험과 행동이 직업기초 능력 중 **무엇과 유사한지 포커스를 맞추어 작성**			**확보된** **직업기초 능력**
기관에서 제시한 자기소개서 지문 입력 ex) 스스로 문제를 발견하고 이를 해결했던 경험을 기술하시오(문제해결을 묻는 지시문).			
	경험	**행동**	
3년 이내 **나의 경험**	나의 경험 1	나의 행동(긍정 행동으로)	ex) 문제해결 능력
	나의 경험 1	나의 행동(긍정 행동으로)	ex) 의사소통 능력
	나의 경험 1	나의 행동(긍정 행동으로)	ex) 갈등 관리 능력
	나의 경험 1	나의 행동(긍정 행동으로)	ex) 자원 관리 능력
공기업 자기소개서 작성 실전 파트로 이동 ▼			
행동기준 참고가이드, 체크리스트 활용하여 내 경험을 기초능력에 맞게 수정, 보완하여 자기소개서 작성에 활용		면접 준비에 활용	

직무수행 능력(역량) 경험정리(직무수행 능력 매칭)		역량 유사성 체크		기관요구 역량 직무기술서의 지식, 기술, 태도
내가 가지고 있는 역량이 직무수행 능력(역량)과 기관의 직무기술서에서 제공한 지식, 기술, 태도에 포커스를 맞추어 작성 경험과 행동을 통해 얻게 된 나의 역량 (지식, 기술, 태도)		유사	다름	
지식	ex) 고객 관리 기법	○		ex) 고객 응대법
기술	ex) 고객 유형에 따른 대응		○	ex) 적극적인 의사소통
기술	ex) 고객 클레임 처리	○		ex) 고객 응대 능력
태도 (성격적 특성)	ex) 차분하게 경청하는 자세		○	ex) 경청하고 공감하는 자세(태도)
내가 경험한 역량(지식, 기술, 태도)과 기관에서 요구하는 역량(지식, 기술, 태도)이 다르다면 다른 유사 경험을 통해 얻은 역량을 다시 고민하여 작성할 것				

경험에 대한 정리는 반드시 성과와 결과를 지향하여 작성해야 해. 거듭 이야기하지만 공기업 자기소개서와 면접 평가는 수행준거가 정해져 있고, 이를 성과 지향적으로 작성했을 때, 평가자는 이런 결과 지향적이고 성과 지향적인 경험들이 기관에서 미래에 바람직한 행동과 태도로 발현될 수 있을 것이라는 예측을 할 수 있기 때문이야. 경험정리시트의 종류별로 더 자세히 이야기해 보자.

첫 번째 조직적합성 경험정리시트는 각 기관별로 제시하고 있는 핵심가치 즉 행동지침과 규범적 성격(업과 직무 특성상 반드시 지켜야 할 기준과 원칙)이 내가 경험한 것과 어느 정도 유사성을 확보하고 있는지의 기준에 맞추어 작성해야 해. 이 핵심가치는 조직문화와 밀접한 연관이 있기 때문에 핵심가치와 유사한, 다시 말해 회사의 행동지침과 규범에 맞는 사람은 조직문화에 빠르게 적응할 수 있다는 기초 원리를 담은 경험정리이기 때문에 반드시 내 경험과 행동이 공기업에서 요구하는 핵심가치와 서로 상호 유사 관계에 있어야 해.

다음, 인재상은 공기업이 원하는 '사람의 이상적인 상'을 의미하는 것이기 때문에 내 경험과 행동이 인재상과 얼마나 닮아 있는지를 보겠지. 그것으로 곧 지원자가 조직과 직무에 대한 적합성이 우수한지를 판단할 수 있기 때문에 인재상 역시 당연하게도 내 경험과 기관에서 요구하는 인재상의 상호 유사성이 있어야 좋은 평가를 받을 수 있어.

두 번째 직업기초 능력 경험정리시트는 나의 경험과 행동이 직업기초 능력 중 무엇과 유사한지를 조직적합성 경험정리시트와 비교하면서 작성하면 돼. 직업기초 능력 경험정리는 정리된 경험을 기준으로 공기업에서 제시한 자기소개서 지시문이 직업기초 능력 중 무엇을 묻는 것인지 반드시 해석하고 작성해야 해. 해석이 끝났다면 공기업 자기소개서 작성 실전 부분 행동기준 참고가이드, 체크리스트를 통해 내 경험을 더 고도화하는 작업이 절대적으로 필요할 거야. 이 정도만 직업기초 능력에 대한 경험을 정리해도 자기소개서, 면접에서 상당히 높은 수준으로 자기소개서, 면접 준비를 할 수 있어.

세 번째 직무수행 능력 경험정리는 두 번의 경험정리와 공기업에서 제공한 직무기술서의 지식, 기술, 태도 부분을 참고하여 현재 정리된 나의 경험이 기관에서 제공한 지식과 기술 태도와 얼마나 유사한가 또는 정확하게 일치하는가를 판단하면 돼. 단 유사성이 현저히 낮거나 전혀 다른 역량을 보유하고 있다면 다시 처음부터 이와 유사한 경험을 정리하고 자기소개서 작성, 면접 준비를 해야 해.

이 모든 정리시트는 각 공기업에서 요구하는 자기소개서 지시문과 공기업에서 제공하는 직무기술서에 따라 다르게 운영될 수 있다는 것, 즉 기준을 자기소개서 지시문, 직무기술서와 비교하여 나의 경험을 정리하고 직업기초 능력, 직무수행 능력의 유사성을 정리하여 활용하는 것이 제공된 경험정리시트의 본질이자 최대로 활용할 수 있는 방법이야.

3) 공기업 자기소개서 작성 전 필독사항

예시- 팀워크의 서류 전형 평가준거

- 주어진 경험 속(상황 속)에서 적극적으로 참여하여 목표를 달성하기 위한 활동에 기여했나.
- 팀원(팀장)과 업무를 적극적으로 공유하여 목표 달성을 이루기 위한 행동을 했는가.
- 끝까지 맡은 임무를 책임감 있게 수행한 경험과 행동이 관찰되는가.

자기소개서 평가는 직업기초 능력 또는 하위 능력, 세부요소에서 경험에 대한 평가 준거를 설정하고 운영돼. 위에 팀워크의 준거 예시를 참고해.

하위 능력	하위 능력 정의	세부요소
팀워크 능력	다양한 배경을 가진 사람들과 함께 업무를 수행하는 능력	- 적극적 참여 - 업무 공유 - 팀 구성원으로서의 책임감

이와 같은 형태로 모든 직업기초 능력 자기소개서 지시문이 제시되더라도 자기소개서 작성 방식의 기본 틀을 벗어나면 안 된다는 거야. 경험에 대해서는 아래 세 가지를 반드시 지켜서 작성할 수 있도록 해.

① 직업기초 능력 기반, 벗어나지 않는 개인 경험의 소재를 도출할 것
② 구체적 사례, 행동을 작성할 것
③ 구체적 사례, 행동을 작성하되 직업기초 능력, 하위 능력, 세부요소를 연계하여 작성할 것

자기소개서는 10개의 직업기초 능력 하위 34개 능력, 하위 능력 중 세부요소까지 실제 직무수행에 필요한 직업기초 능력을 규정하고 그에 맞는 지시문을 만들어 지원자가 자기소개서를 작성하도록 한 후 작성된 자기소개서를 통해 지원자의 경험과 경력을 확인하고 있어. 다시 말해 모든 공기업의 자기소개서는 철저히 직업기초 능력을 검증하고 측정하기 위한 지시문이라는 거지.

자기소개서를 작성하기 위해 개인적으로 갖추어야 할 능력이 어떤 것일까? 바로 자기소개서 지시문이 주어졌을 때 '아! 의사소통 능력을 묻는 자기소개서 지시문이구나' '아! 이 지시문은 조직 이해를 묻는 자기소개서 지시문이구나!'라는 것을 단번에 알아차릴 수 있는 능력이야. 즉 자기소개서 지시문이 직업기초 능력 중 무엇을 묻는 것인지 묻는 의도를 명확하게 알아야 제대로 된 자기소개서를 작성할 수 있다는 이야기야. 이것이 정말 중요해. 그러기 위해서는 아주 당연한 이야기지만 직업기초 능력 10개 영역에서의 하위 34개 능력을 이해하고 직업기초 능력의 세부항목까지 이해하고 있어야 하고 가치 체계에서 다뤄 본 핵심가치와 인재상, 전략 목표를 기반으로 한 자기소개서 지시문도 반드시 출제가 되니 자기소개서 지시문 개별 해석 능력을 반드시 갖출 수 있도록 해.

자기소개서는 대부분 경험을 묻고 있어. 과거 경험(행동)을 토대로 앞으로 유사한 상황이 발생되면 지원자가 어떻게 대처하고 행동할지 미래를 예측해 볼 수 있거든. 더 쉽게 이야기하면 지원자가 과거 경험과 상황에 대처한 행동을 통해 앞으로 직장생활 중 비슷한 경험과 상황에 놓였을 때 바람직한 행동을 발현할 수 있을 가능성을 예측해 보는 거지. 이는 사람은 크게 변하지 않는다는 전제로 채용하기 때문이라고도 할 수 있어(이건 면접에서만이 아니고 자기소개서에 작성된 경험과 행동으로도 판단할 수 있어).

대표적으로 정말 많이 출제되는 직업기초 능력 중 문제해결 능력에 대한 지시문을 한번 살펴보도록 하자.

하위 능력	하위 능력 정의	세부요소
사고력	업무와 관련된 문제를 인식하고 해결함에 있어 창조적, 논리적, 비판적으로 생각하는 능력	- 비판적 사고 - 논리적 사고 - 창의적 사고
문제 처리 능력	업무와 관련된 문제의 특성을 파악하고, 대안을 제시, 적용하고 그 결과를 평가하여 피드백하는 능력	- 문제 인식 - 대안 선택 - 대안 적용 - 대안 평가

자기소개서 지시문 예시

1. 예상치 못한 어려움에 직면했을 때, 이를 해결한 경험에 대해 기술하시오.

2. 창의적인 아이디어를 제시하고 적용하여 좋은 성과를 도출했던 경험에 대해 기술하시오.

3. 기존의 방식에서 벗어나 새로운 것을 적용하여 긍정적 성과를 이룬 경험을 기술하시오.

비슷한 듯 조금씩 다른 점을 스스로 알아낼 수 있을까? 첫 번째 자기소개서 지시문은 문제해결에 대한 전체 직업기초 능력을 묶어서 표현한 포괄적 문제해결 지시문의 내용이야. 즉 하위 영역, 세부영역까지 모두 포함된 경험을 작성해야 하는 조금 까다로운 자기소개서 지시문이라 할 수 있어. 두 번째 자기소개서 지시문은 문제해결 능력의 하위 능력 사고력 중 세부요소 창의적 사고에 대해 묻는 자기소개서 지시문이야. 세 번째 지시문은 두 번째 자기소개서 지시문과 동일한 내용 즉 말만 조금 변형하여 제시한 것으로 이 또한 창의적 사고에 대해 묻는 지시문이야.

어때? 자기소개서 지시문을 이해하려면 단순히 직업기초 능력 10개만 숙지한다고 될 문제는 아니지? 이와 같은 예시처럼 NCS 기반 자기소개서 지시문은 상당히 어렵고 분석적인 시각으로 바라보지 않는다면 자기소개서를 제대로 작성할 수 없어. 다시 말하지만 꼭 직업기초 능력 10개 하위 영역 34개 외 세부요소까지 반드시 이해하고 자기소개서 작성을 하도록 해. 추가로 자기소개서를 작성할 때 글쓰기의 기초 구조 'STAR프레임 워크'를 활용하면 가장 효율적으로 나의 경험을 표현하고 제시하는 데 도움이 많이 될 거야.

STAR프레임 워크 기초 구조

구분	내용	내용 예시
Situation(상황)	경험에 대한 배경, 계기 등을 설명	~하기 위한 ~한 상황이었다.
Task(과제)	경험에 있어 나의 역할, 수행한 것(일), 경험의 목표, 실천 과제 등	~과제를 수행해야 했고 ~한 목표를 수립했다.
Action(행동)	구체적인 나의 경험 속 행동	~역할을 ~수행했다. ~방식을 선택하고 적용했다.
Result(결과)	경험에 대한 결과(합리적 결과 등), 느낀 점, 성과	~결과가 성공적이었다. ~배우고 해결했다.

4) 공기업 직업기초 능력별 자기소개서 작성 방법

이제 본격적으로 각 직업기초 능력별 자기소개서 예시, 작성법 등을 알아보도록 하자.

직업기초 능력

직업기초 능력 10개 영역	34개 하위 영역(능력)
의사소통 능력	문서이해 능력, 문서작성 능력, 경청 능력, 의사표현 능력, 기초 외국어 능력
수리 능력	기초 연산 능력, 기초 통계 능력, 도표 분석 능력, 도표 작성 능력
문제해결 능력	사고력, 문제 처리 능력
자원 관리 능력	시간 관리 능력, 예산 관리 능력, 물적 자원 관리 능력, 인적 자원 관리 능력
조직 이해 능력	국제 감각, 조직체제 이해 능력, 경영 이해 능력, 업무 이해 능력
정보 능력	컴퓨터활용 능력, 정보 처리 능력
자기개발 능력	자아인식 능력, 자기 관리 능력, 경력개발 능력
대인관계 능력	팀워크 능력, 리더십 능력, 갈등관리 능력, 협상 능력, 고객 서비스 능력
기술 능력	기술 이해 능력, 기술 선택 능력, 기술 적용 능력
직업윤리 능력	근로윤리, 공동체윤리

블라인드 채용이란 것을 확실하게 인지할 것

자기소개서를 작성할 때 고유명사가(낱낱의 특정한 사물이나 사람을 다른 것들과 구별하여 부르기 위하여 고유의 기호를 붙인 이름, 출처: 네이버 어학사전) 들어가는 것은 서류합격률에 상당한 영향을 미칠 수 있기 때문에 학교 이름이나 지원자를 인식할 수 있는 특정한 단어, 명칭사용을 반드시 제외(체크)하고 작성해야 해. 간혹 저는 특전사 출신으로서, 해병대 출신으로서, 또는 카투사 출신으로서 또는 특정지역의 아들로서 이런 내용들이 들어간 자기소개서도 볼 수 있는데 이는 분명히 감점 요인으로 작용하고 서류 탈락의 원인이 된다는 점을 분명히 알고 있어야 해.

몇 년 전 어떤 기관에서는 애국가만 써도 '서류에 합격한다'는 사례도 있었어. 이런 사례로 '뭐야 자기소개서 별거 아니네'라고 너무 쉽게 판단하고 접근하거나, 불신하지 않았으면 해. 각 기관들은 이런 문제점을 보완하기 위해 더 견고하게 채용프로세스를 강화하고 있기도 하니, 반드시 주의해서 자기소개서를 작성해야 해. 전부라고 할 수는 없지만 최소한의 기준만 맞추어 작성해도 서류가 통과될 수 있으니 항상 기본을 지키는 자기소개서를 작성하도록 해(공기업 한정, 일반기업 서류 평가 기준은 다름).

자기소개서는 절대적 평가에 근거할 것

공기업 자기소개서는 직업기초 능력과 직무수행 능력을 판단하는 여러 프로세스를 적용하고 있기 때문에 직업기초 능력, 직무수행 능력과 무관한 자기소개서는 절대로 좋은 점수를 받을 수 없어. 상당히 구조화되어 있다는 이야기야. 서류 평가자는 직업기초 능력에 하위 영역, 세부요소 외에 다른 것은 절대로 평가할 수 없게 되어 있어. 공기업 서류 전형 평가 모두 이에 기초한 자기소개서 지시문을 제공하고 있고, 직업기초 능력 중 하위 영역, 세부요소까지 정해진 기준과 행동, 경험의 근거로 판단하기 때문에 이것들이 연계된 경험이 상당히 중요해. 그래서 경험면접, 상황면접을 진행하는 것이기도 하지. 즉, 서류 전형 평가도 정해진 기준에 부합한 절대적 평가를 한다는 거야. 상대 평가는 절대 이루어지지 않는 구조야.

쉽게 말해 공기업 자기소개서는 각 개별 공기업(조직)의 요구와 직업기초 능력(직무 능력)이 기본이고(의사소통, 수리 능력, 문제해결 등 10개 직업기초 능력) 직업기초 능력을 검증하는 자기소개서 지시문이 설계되고 제공되고 있다고 이해하면 돼.

준거에 맞는 경험과 행동으로 예측타당도를 높일 것

직업기초 능력이 기본이 되어 자기소개서 지시문이 제공되고 있다고 이야기했어. 위의 공기업 자기소개서는 무조건 직업기초 능력 내에서 자기소개서 지시문이 출제된다는 거지. 그렇다면 자기소개서를 100% 객관적으로 판단하고 평가할 수 있을까?

현실적인 어려움은 있지만 이 역시 구조화된 채용프로세스 중 서류 평가 '준거(사물의 정도나 성격 따위를 알기 위한 근거나 기준, 출처: 네이버 어학사전)'의 기준으로 상당히 높은 확률로 객관적 평가가 가능해. 그렇기 때문에 직업기초 능력에서 요구하는 하위 영역, 세부요소에 대한 경험과 행동을 작성하여 '준거', 즉 행동준거에 부합한 경험과 행동을 보여주는 것만으로도 높은 확률로 공기업에서 요구하고 평가하는 서류 전형의 예측 타당도(미래의 행동을 정확하게 예측할 수 있는 정도를 나타내는 준거관련타당도 지수이다, 출처: 네이버 지식백과)를 높일 수 있어. 그렇게 하면 서류 합격은 그리 어려운 일은 아니야!

소제목에 절대로 얽매이지 말 것

자기소개서 평가에서 판단하는 영역은 직업기초 능력과 직무수행 능력을 잘 해낼 수 있는 경험과 행동이지 소제목에 따라 평가 점수가 올라가고 감점되는 경우는 절대로 없다는 것만 알아 둬. 소제목의 순수한 기능이 무엇일까? 일반기업 소제목 작성 방법에서도 분명하게 이야기했지만 소제목은 단순히 내가 전달하고자 하는 의미의 축소된 문장 이상, 이하도 아니라는 것을 분명히 알아 두어야 해. 다시 말하지만 소제목을 작성했다고 해서 자기소개서 평가 점수에 더 가점을 받고 소제목을 작성하지 않았다고 해서 감점을 주는 경우는 없어. 절대로 소제목에 얽매여 '아… 소제목을 무엇으로 할까?' 하는 생각은 하지 않도록 해. 서류 평가자는 다 알고 있어 소제목이 큰 의미 없다는 것을. 일반기업 서류 평가자, 인사담당자의 경우는 공기업과는 조금 다르기 때문에 일반기업 내용에서 소개한 소제목에 대한 내용도 참고해 보면 좋겠어.

서류 전형 평가자는 외부 전문가

공기업 서류 전형 평가자는 외부 전문가들로 구성되어 있어. 블라인드 채용이라는 것과 연관이 있는데 이는 부정 채용 이슈, 공정한 채용의 시대적 요구로 외부 전문가들을 초빙하는 이유가 가장 크다고 할 수 있어. 공기업 채용 장면, 면접 장면에서는 지원자의 입장이 아닌 평가자의 입장과 상황에서 평가자는 면접을 시작하기 전 "혹시

면접관 중 알고 있는 사람이 있나요"라는 매뉴얼 형태의 질문을 하기도 해. 이것은 공정한 채용을 위해, 면접의 후광효과, 관대화 경향, 투사 오류 등을 방지하기 위함과 공정한 채용의 바람직한 채용프로세스를 지키려는 각 공기업들의 상당한 노력들이야. 모든 서류 평가, 면접 평가자는 외부인으로 구성이 되는데 대학교수, 현직 인사담당자, 전문 면접관교육을 이수한 전문가들로 구성이 되어 있어. 그렇기 때문에 지원자 입장에서는 거듭 이야기한 대로 서류 전형 평가, 자기소개서 지시문에서 요구하는 직업기초 능력, 직무수행 능력의 '준거' 경험과 행동을 연계하여 성실히 작성만 한다면 공정한 평가의 주인공이 될 수 있다는 거야. 겁내지 말고 정해진 기준과 규칙을 이행하고 자기소개서 지시문을 해석하여 그에 맞는 수행준거를 명확하게 표현한다면 외부 전문가, 내부 관리자 서류 평가, 면접 평가에서 어렵지 않게 좋은 점수 받을 수 있어. 결국 평가자도 기준 내 정해진 규칙을 어길 수 없게 되어 있기 때문이야.

직업기초 능력 중 자기소개서에 가장 많이 지시문으로 활용되는 능력

공기업 자기소개서 지시문에서 가장 많이 사용되는 능력들에 대해 살펴보자.

첫 번째 문제해결 능력이야. 문제해결 능력 자기소개서 지시문을 제공하고 문제해결에 대한 답 즉, 문제를 해결한 경험과 행동을 자기소개서를 통해 평가하는 거지. 직장생활 중 가장 많이 발생하는 문제 발생 장면에서 그간 경험과 행동으로 문제해결 외 의사소통, 자원 관리, 조직 이해 등 다른 직업기초 능력을 활용하여 문제를 해결할 줄 아는 능력까지 보여 줄 수 있기 때문에 자기소개서 지시문으로 가장 많이 활용된다고 할 수 있어. 그만큼 직장생활에 문제해결이 중요하기 때문인데, 문제해결은 이미 이론 내용에서 이야기한 것처럼 혁신적으로 패러다임까지 전환할 수 있는 문제해결을 원한다기보다 문제를 처리하고 해결함에 있어 적절한 대안을 선택하고 적용하여 결과를 관리하고 비판적인 사고와 논리적 사고, 창의적 사고를 바탕으로 문제를 해결하는 것이 중요하기 때문에 위에 이야기한 대로 문제해결 능력뿐 아니라 여러 직업기초 능력을 확인할 수 있게 되는 거야. 다음 문제해결에 대한 구조도를 확인하여 문제해결 능력을 제대로 이해할 수 있도록 해.

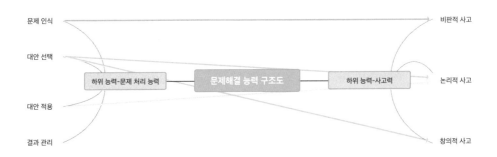

두 번째 공기업 자기소개서 지시문에 많이 활용되고 있는 직업기초 능력은 대인관계, 의사소통 능력이야. 직업기초 능력 자기소개서 지시문은 서류 평가자마다 해석을 달리하는 오류가 발생할 수 있기 때문에 지원자가 확실한 경험과 상황에서 문제를 어떻게 해결했는지, 어떤 방식으로 대인관계 능력을 연계했는지, 어떤 방식을 선택해서 의사소통을 했는지 객관적으로 판단하기 용이한 문제해결 능력, 대인관계 능력, 의사소통 능력 이 세 가지 직업기초 능력을 가장 많이 자기소개서 지시문에 활용하고 있어. 그 말은 대부분 공기업 자기소개서 지시문에서 묻는 것은 문제해결, 대인관계, 의사소통 능력이 상대적으로 다른 직업기초 능력보다 지시문으로 많이 활용된다는 거야. 단, 기관과 직무 특성상 요구하는 직업기초 능력의 차이가 있을 수 있기 때문에 어떤 직업기초 능력 안에서 지시문이 출제된 것인지를 단번에 알아챌 수 있는 능력을 기르는 것은 정말 중요할 거야. 자기소개서 실전 작성 방법에서 확인할 수 있는 10개 직업기초 능력 행동기준 참고가이드를 참고하여 완성된 자기소개서를 작성할 수 있도록 해.

직업기초 능력만이 전부가 아니다

자기소개서 평가의 주안점은 직업기초 능력 하위 능력도 물론 중요하지만 세부요소를 통해 세부요소와 맞는 '경험과 행동 근거가 얼마나 확인될 수 있는가' 이것이 가장 중요한 평가자 입장에서의 평가요소(평가하면서 꼭 봐야 할 경험과 행동들)라 할 수 있어. 직업기초 능력 자체(의사소통, 문제해결, 자원 관리 등)에 대한 자기소개서 지시문만을 가지고 경험과 행동을 판단하고 평가할 수 있는 직무와 공기업이 있는 반면(거의 없음) 대부분의 자기소개서 지시문의 평가 주안점은 자기소개서 지시문 중 직업기초 능력의 하위 능력, 세부요소까지 평가 영역에 반드시 들어가기 때문에 이 세부요소들이 지원자들에게 관찰되어야 한다는 점을 반드시 기억해야 해.

결론적으로 직업기초 능력+하위 능력+세부요소 모두 이해해야 한다고 정리할 수 있을 것 같아. 자기소개서 출발에서 정말 중요한 부분이니 반드시 직업기초 능력과 연계하여 이해하도록 해.

출처: NCS 홈페이지 NCS 학습모듈

STAR 방식 자기소개서 작성 방식을 맹신하지 말 것

자기소개서 작성에서 STAR 방식을 많이 권고하지만, 이것을 맹신하지 않았으면 해. 자기소개서 작성 방식 자체를 'STAR 방식으로 작성하시오'라고 해 놓고 무슨 말을 하는 거야, 라고 반문할 수 있겠지만, 그건 공기업 면접이 자기소개서 내용에서부터 출발하며, 공기업 면접관들에게 STAR기법에 따라 면접 질문을 하도록 권고하고 있기 때문이야. 그렇다면 당연히 STAR 형식으로 작성된 자기소개서, 면접에서의 답변은 면접관에게 권고하는 대로 작성하여 답변할 수밖에 없겠지? 이런 이유로 공기업 자기소개서, 면접 답변에 STAR 방식을 권고하는 것일 뿐 절대적인 작성법과 답변 방식은 아니라는 거지.

위에 이야기한 대로 STAR가 만능은 아니야. 하지만 상당한 수준으로 자기소개서, 면접에서의 답변에 대한 합리성을 갖출 수 있어. 또한 공기업 채용에서 가장 중요한 공정성에 대한 이슈로 인해 각 기업들이 최대한 절대적이고 객관적인 채용프로세스(자기소개서, 면접) 형태를(정해져 있는 직업기초 능력, 직무수행 능력) 유지하며 채용하기 때문에 STAR기법을 이용해 자기소개서, 면접을 본다면 조금 더 유리할 수 있어. STAR 기법에 대해서는 이 정도로 접근하는 것이 가장 좋아. 공기업 채용은 나의 소중한 경험과 각 공기업이 요구하는 조직에 대한 적합성(핵심가치, 인재상 등)이 잘 맞는지와 직무에 대한 적합성(직무수행 능력)이 어느 정도 유사하느냐에 따라 합격과 불합격이 나뉘기 때문이야.

3. 공기업 자기소개서 작성 실전

※ 각 직업기초 능력별 자기소개서 지시문 샘플이 포함된 작성가이드

1) 직업기초 능력별 자기소개서 작성 방법

▶ 의사소통 능력

정의: 업무를 수행함에 있어 글과 말을 읽고 들음으로써 다른 사람이 뜻한 바를 파악하고, 자기가 뜻한 바를 정확하게 쓰거나 말하는 능력

하위 능력	하위 능력 정의	세부요소
문서이해 능력	업무를 수행함에 있어 다른 사람이 작성한 글을 읽고 그 내용을 이해하는 능력	- 문서 정보 확인 및 획득 - 문서 정보 이해 및 수집 - 문서 정보 평가
문서작성 능력	업무를 수행함으로 있어 자기가 뜻한 바를 글로 나타내는 능력	- 작성 문서의 정보 확인 및 조직 목적과 상황에 맞는 문서작성 - 작성한 문서 교정 및 평가
경청 능력	업무를 수행함에 있어 다른 사람의 말을 듣고 그 내용을 이해하는 능력	- 음성 정보와 매체 정보 듣기 - 음성 정보와 매체 정보 내용 이해 - 음성 정보와 매체 정보에 대한 반응과 평가

의사표현 능력	업무를 수행함에 있어 자기가 뜻한 바를 말로 나타내는 능력	- 목적과 상황에 맞는 정보 조직 - 목적과 상황에 맞게 전달 - 대화에 대한 피드백과 평가
기초 외국어 능력	업무를 수행함에 있어 외국어로 의사소통할 수 있는 능력	- 외국어 듣기 - 일상생활의 회화 활용

1 Step 자기소개서 지시문 분해+나의 경험을 간단히 작성(정리)

나와 다른 의견을 가진 타인	성공적으로 설득한 경험
상황: 경험 사례:	설득 경험 구체적 사례(나의 경험에 따라 직업기초 능력 중 어떤 방식을 통해 설득했는지) (문서이해, 문서작성, 경청 등):

2 Step 자기소개서 지시문 분해+자기소개서 요구 직업기초 능력 하위 능력, 세부요소 포함된 핵심 경험, 행동 경험 사례를 작성(반드시 자기소개서 지시문이 직업기초 능력 중 무엇을 묻는지 이해, 해석해야 하며, 직업기초 능력 올바른 행동기준 참고가이드를 포함한 경험과 행동을 작성할 것)

나와 다른 의견을 가진 타인	성공적으로 설득한 경험
구체적 상황, 배경, 사례를 문장화	직업기초 능력 중 올바른 행동기준 가이드 기반 경험, 행동 사례

3 Step 자기소개서 STAR 형식 자기소개서 1차 완성

올바른 행동기준 기반 STAR 형식 자기소개서 1차 완성
S(Situation):
T(Task):
A(Action):
R(Result):

자기소개서 직업기초 능력 점검 체크리스트(자기소개서 지시문 중 해당되는 직업기초 능력을 택하고, 선택된 직업기초 능력(하위 능력, 세부요소))와 연계되었는지 체크해야 해.

직업기초 능력 모두를 자기소개서에 작성할 필요는 없어. 개인별 의사소통 방식, 경험과 상황에 따라 문서를 통해 기초 외국어를 통해 설득할 수도 있어.

구분	의사소통 능력 올바른 행동기준 참고가이드	포함	미포함
문서 이해 능력	문서를 읽고 내용, 핵심을 파악한 증거의 **경험과 행동**		
	문서에 작성된 상대의 의도를 정확하게 파악한 **경험과 행동**		
	문서의 전반적인 내용과 문서의 종류(예: 공문서, 보고서, 기안서 등)를 파악하고 이해한 **경험과 행동**		
문서 작성 능력	문서 안에 전달하고자 하는 내용을 구성하여 문장과 데이터를 담은 **경험과 행동**		
	보고, 설득을 받는 사람이 나의 의도를 정확하게 파악하고 알기 쉽게 문서에 담아 이를 이해시킨 **경험과 행동**		

	도표나 그래프를 적절히 활용하여 상대를 설득하고 이해시킨 **경험과 행동**		
경청 능력	다른 사람의 말을 주의 깊게 듣고 공감하여 그 내용을 정확히 이해한 **경험과 행동**		
	긍정적 언어와 태도로 상대방의 의견을 수렴하고 상황과 행동에 적극적으로 적용한 **경험과 행동**		
	감정적이기보다 경청하는 자세로 목표 달성을 위해 상대와의 합의를 이끌어 낸 **경험과 행동**		
의사 표현 능력	바르게 예의를 갖춰 나의 의사를 적극적으로 표현한 **경험과 행동**		
	전달하고자 하는 핵심적인 내용을 축약, 객관적 자료 등을 문서화하여 의사를 표현한 **경험과 행동**		
	전달하고자 하는 핵심적인 내용을 올바른 언어와 대화를 통해 적극적으로 의사를 표현한 **경험과 행동**		
기초 외국어 능력	내국인이 아닌 외국인과 의사소통이 필요하여 기초 외국어를 통해 의사소통을 원활하게 한 **경험과 행동**		

직업기초 능력 자기소개서 지시문 올바른 행동기준을 가이드 삼아 나의 경험과 행동을 반드시 매칭하여 자기소개서를 작성하도록 해.

체크리스트 내 모든 하위 영역, 세부요소를 억지로 맞추어 포함할 필요는 없지만 내가 경험한 내용을 사실에 기반하여 직업기초 능력과 하위 영역, 필요시 세부요소 경험의 유사성을 자기소개서에 작성할 줄 알아야해. 작성된 내용을 체크리스트를 활용하여 누락된 부분은 없는지 경험과 행동을 잘 표현했는지 수정, 조정하여 최종 자기소개서를 만들면 돼.

의사소통 능력

| 문서이해 | 문서작성 | 경청 | 의사표현 | 기초 외국어 |

자기소개서 지시문(문항)을 해석하여 해당 직업기초 능력과 맞게 매칭

나와 다른 의견을 가진 타인을 성공적으로 설득한 경험을 구체적으로 작성하시오.

| 문서작성을 통해
의견이 다른 사람을 설득한
올바른 행동기준 내
나의 경험과 행동을 작성 | 경청(공감, 조정, 협의)을 통해
의견이 다른 사람을 설득한
올바른 행동기준 내
나의 경험과 행동 | 의사표현을 통해
의견이 다른 사람을 설득한
올바른 행동기준 내
나의 경험과 행동 |

예시된 자기소개서 지문은 **직업기초 능력 하위 영역 중**
문서작성, 경청, 의사표현 능력 경험과 행동을 작성해야 하는 지시문임

개인별 상황, 의사소통 방식에 따라 **문서이해를 통해** 설득을 할 수도,
기초 외국어를 통해 설득을 할 수도 있음

이 방법이 10개의 모든 직업기초 능력 공기업 자기소개서 작성의 최적화된 가장 좋은 작성 방법이라는 것을 반드시 알아 두고, 다시 말하지만 주의해야 할 점은 각 자기소개서 지시문이 어떤 하위 영역, 세부요소를 묻는 지시문인지 해석과 구분이 중요하기 때문에 지시문이 요구하는 능력을 구분할 수 있는 능력을 꼭 기르도록 해야 한다는 거야.

뒤에 이어질 9개의 모든 직업기초 능력도 동일한 방식으로 이해하고 Step별로 이행한다면 상당한 수준의 완성된 자기소개서를 완성할 수 있어.

STAR 형식 자기소개서 최종 완성

S(Situation):

_____
_____
_____
_____
_____
_____
_____

T(Task):

_____
_____
_____
_____
_____
_____
_____

A(Action):

_____
_____
_____
_____
_____
_____
_____

R(Result):

_____
_____
_____
_____
_____
_____
_____

▶ 수리 능력

정의: 업무를 수행함에 있어 사칙연산, 통계, 확률의 의미를 정확하게 이해하고, 이를 업무에 적용하는 능력

하위 능력	하위 능력 정의	세부요소
기초 연산 능력	업무를 수행함에 있어 기초적인 사칙연산과 계산을 하는 능력	- 과제 해결을 위한 연산 방법 선택 - 연산 방법에 따라 연산 수행 - 연산 결과와 방법에 대한 평가
기초 통계 능력	업무를 수행함에 있어 필요한 기초 수준의 백분율, 평균, 확률과 같은 통계 능력	- 과제 해결을 위한 통계 기법 선택 - 통계 기법에 따라 연산 수행 - 통계 결과와 기법에 대한 평가
도표 분석 능력	업무를 수행함에 있어 도표(그림, 표, 그래프 등)가 갖는 의미를 해석하는 능력	- 도표에서 제시된 정보 인식 - 정보의 적절한 해석 - 해석한 정보의 업무 적용
도표 작성 능력	업무를 수행함에 있어 자기가 뜻한 바를 말로 나타내는 능력	- 도표 제시 방법 선택 - 도표를 이용한 정보 제시 - 제시 결과 평가

수리 능력 출제 빈도수는 높지 않지만 그래도 꾸준히 자기소개서 지시문으로 출제되고 있고 다른 직업기초 능력과 연계하여 작성할 수 있는 능력이기도 해. 문제를 해결할 때 수리 능력으로 문제를 해결한 경험과 행동, 자원을 관리할 때 수리 능력으로 문제를 해결한 경험과 행동, 의사소통 능력을 발휘한 경험과 행동에서 수리 능력을 통한 경험과 행동 등 다양하게 연계하여 자기소개서를 작성할 수 있어.

수리 능력 자기소개서를 작성할 때는 직장생활, 학교생활, 기타 내가 속한 조직에서의 경험 중 계산을 하고, 예산을 수립하고, 내가 사용한 경비, 팀이 사용한 경비를 정리하고 계산 또는 타부서에서 받은 도표나 문서에 담긴 숫자를 해석하고 바르게 이해하는 능력 그리고 직접 숫자로 표현된 도표를 작성하여 제시하고 제안하는 경우까

지의 의미를 포함한다는 것을 이해하고 나의 경험을 합쳐 작성해야 해.

1 Step 자기소개서 지시문 분해+나의 경험을 간단히 작성(정리)

정확한 분석력을 바탕으로	문제 상황을 효과적으로 해결한 경험
상황: 경험 사례:	수리 능력 경험 문제해결의 구체적 사례(나의 경험에 따라 직업기초 능력 중 어떤 방식을 통해 해결했는지) (기초 연산, 기초 통계, 도표 분석, 도표 작성 능력 등):

2 Step 자기소개서 지시문 분해+자기소개서 요구 직업기초 능력 하위 능력, 세부요소에 포함된 핵심 경험, 행동 사례를 작성(반드시 자기소개서 지시문이 직업기초 능력 중 무엇을 묻는지 이해, 해석에 기반해야 하며 직업기초 능력 올바른 행동기준 참고가이드를 포함한 경험과 행동을 작성할 것)

정확한 분석력을 바탕으로	문제 상황을 효과적으로 해결한 경험
구체적 상황, 배경, 사례를 문장화	직업기초 능력 중 올바른 행동기준 가이드 기반 경험, 행동 사례

3 Step 자기소개서 STAR 형식 자기소개서 1차 완성

올바른 행동기준 기반 STAR 형식 자기소개서 1차 완성
S(Situation):
T(Task):
A(Action):
R(Result):

구분	수리 능력 올바른 행동기준 참고가이드	포함	미포함
기초 연산 능력	어떤 과제나 문제를 기초적인 연산을 통해 해결하거나 긍정적 상황으로 전환한 **경험과 행동**		
	상황에 따른 기초 연산을 진행하고 평가하여 그 상황에서의 문제가 해결되거나 긍정적으로 평가를 받은 **경험과 행동**		
	정확한 연산 방식을 선택하여 문제를 해결한 **경험과 행동**		
	속한 조직이나 집단에서 매출, 손익을 관리하며 기초 연산 능력을 활용하여 관리해 합리적이고 효과적인 결과를 나타냈던 **경험과 행동**		
기초 통계 능력	통계를 활용하여 도표를 분석하고 복잡한 엑셀데이터를 분석하여 새로운 업무나 진행되는 프로젝트에 적용하여 성공적 결과를 얻어 낸 **경험과 행동**		
	다양한 숫자들을 분석하여 긍정적이고 객관적 결과를 도출한 **경험과 행동**		
	다양한 통계기법들을 선택하고 정확한 연산을 하여 문제를 유추하고 추론한 **경험과 행동**		
	통계를 하기 위해 다양한 자료를 수집하고 유의미한 결과를 만들기 위해 노력한 **경험과 행동**		

	내가 속한 조직, 집단의 잘못된 통계를 확인하고 바로잡아 정확한 의사결정을 한 **경험과 행동**		
	발생된 문제를 해결하기 위한 여러 가지 통계 방법을 선택, 활용하여 문제를 해결한 **경험과 행동**		
도표 분석 능력	도표의 내용을 정확히 인식하고 해석하여 업무(일, 프로젝트)에 반영함으로 긍정적 결과를 얻어 낸 **경험과 행동**		
	도표의 오류를 확인하고 변경, 수정하여 정확하게 정보를 해석한 **경험과 행동**		
	다양한 도표들을 종류별로 해석하고 가공, 활용하여 문제해결에 적극적으로 적용해 본 **경험과 행동**		
도표 작성 능력	정확한 정보를 제공하기 위해 통계자료, 도표를 활용하여 의사결정할 수 있도록 기여한 **경험과 행동**		
	상황에 따른 도표를 작성하고 제공하여 수신자로 하여금 긍정적 반응을 이끌어 낸 **경험과 행동**		
	어려운 자료를 해석하여 쉬운 내용으로 도표를 작성하여 상대방을 이해시킨 **경험과 행동**		

STAR 형식 자기소개서 최종 완성

S(Situation):

_____

_____

_____

_____

_____

_____

T(Task):

_____

_____

_____

_____

_____

_____

A(Action):

_____

_____

_____

_____

_____

_____

R(Result):

_____

_____

_____

_____

_____

_____

▶ 문제해결 능력

정의: 업무를 수행함에 있어 문제 상황이 발생하였을 경우, 창조적이고 논리적인 사고를 통하여 이를 올바르게 인식하고 적절히 해결하는 능력

하위 능력	하위 능력 정의	세부요소
사고력	업무와 관련된 문제를 인식하고 해결함에 있어 창조적, 논리적, 비판적으로 생각하는 능력	- 비판적 사고 - 논리적 사고 - 창의적 사고
문제 처리 능력	업무와 관련된 문제의 특성을 파악하고, 대안을 제시, 적용하고 그 결과를 평가하여 피드백하는 능력	- 문제 인식 - 대안 선택 - 대안 적용 - 대안 평가

1 Step 자기소개서 지시문 분해+나의 경험을 간단히 작성(정리)

스스로 문제를 발견	이를 해결했던 경험
상황: -------------------------------- 문제 발견 경험 사례: -------------------------------- -------------------------------- 	문제해결 경험 구체적 사례(나의 경험에 따라 직업기초 능력 중 어떤 방식을 통해 해결했는지) (비판적 사고, 논리적 사고, 창의적 사고 등): -------------------------------- --------------------------------

2 Step 자기소개서 지시문 분해+자기소개서 요구 직업기초 능력 하위 능력, 세부요소에 포함된 핵심 경험, 행동 사례를 작성(반드시 자기소개서 지시문이 직업기초 능력 중 무엇을 묻는지 이해, 해석에 기반해야 하며 직업기초 능력 올바른 행동기준 참고가이드를 포함한 경험과 행동을 작성할 것)

스스로 문제를 발견	이를 해결했던 경험
구체적 상황, 배경, 사례를 문장화	직업기초 능력 중 올바른 행동기준 가이드 기반 경험, 행동 사례

3 Step 자기소개서 STAR 형식 자기소개서 1차 완성

올바른 행동기준 기반 STAR 형식 자기소개서 1차 완성
S(Situation):
T(Task):
A(Action):
R(Result):

자기소개서 직업기초 능력 점검 체크리스트(자기소개서 지시문 중 해당되는 직업기초 능력을 택하고, 선택된 직업기초 능력(하위 능력, 세부요소))와 연계되었는지 체크할 것.

직업기초 능력 모두를 자기소개서에 작성할 필요는 없어. 개인별 문제해결 방식, 경험과 상황을 아래 구조도에 따라 정리하고 자기소개서를 작성하면 돼.

문제해결 능력 같은 경우 사고력(비판적 사고, 논리적 사고, 창의적 사고)과 문제 처리 능력 순서로 나의 경험과 행동을 자기소개서에 작성하는 것이 가장 합리적이고 일반적이기 때문에 나의 경험과 행동에 대한 소재만 선택이 된다면 아래의 흐름대로, 자기소개서 지시문 올바른 행동기준 가이드를 참고하여 작성한다면 충분히 우수한 평가를 받는 문제해결 능력 자기소개서를 완성할 수 있을 거야.

구분		문제해결 능력 올바른 행동기준 참고가이드	포함	미포함
사고력	비판적 사고	긍정, 능동적, 적극적 태도를 수반한 비판적 시각으로 상황을 인식하고 판단한 **경험과 행동**		
		비합리적인 일을 적극적으로 분석하고 검토한 **경험과 행동**		
		상황, 어떤 주장 등의 고정관념을 새로운 관념으로 바라본 **경험과 행동**		
		현재 사안을 분석하고 추론하여 합리적 판단을 한 **경험과 행동**		
	논리적 사고	발생된 문제의 인과관계를 파악하여 이치에 맞게 적용한 **경험과 행동**		
		발생된 문제의 전체 내용을 합리적 논리 하나로 합쳐 통일된 것으로 구조화한 **경험과 행동**		
		발생된 문제에 대해 의도, 본질을 파악하고 이해한 **경험과 행동**		

		기존과 다른 새로운 방식의 일처리로 문제를 해결한 **경험과 행동**		
		발생된 문제에서 새로운 방법을 합리적으로 찾아 문제에 적용하고 해결한 **경험과 행동**		
	창의적 사고	나만의 지식과 기술로 새로운 것을 적용하여 문제를 해결한 **경험과 행동**		
		집단적 지성을 통해 발생된 문제를 새로운 형태로 해결한 **경험과 행동**		
		패러다임을 전환한 획기적 개념, 이론을 정립하여 문제를 해결한 **경험과 행동(취업자 입장에서 불가능하지만 있을 수도 있음)**		
문제 처리 능력	문제 인식	문제의 중요성과 시급성을 인지하고 즉시 해결 방안을 모색한 **경험과 행동**		
		문제의 원인을 파악하고 대안을 수립하기 위해 문제 전체를 객관적이고 합리적으로 파악한 **경험과 행동**		
	대안 선택	문제의 중요성과 시급성을 인지하고 즉시 적절한 대안을 마련하여 해결한 **경험과 행동**		
		문제를 해결하기 위해 객관적이고 합리적인 도구를 선택한 **경험과 행동**		
	대안 평가	선택된 대안에 대한 결과가 타당했는지, 문제가 정확하게 해결되었는지 평가한 **경험과 행동**		
		문제해결 방안의 프로세스와 계획을 철저하게 수립하고 적용하여 문제가 해결되었는지 평가한 **경험과 행동**		

STAR 형식 자기소개서 최종 완성

S(Situation):

T(Task):

A(Action):

R(Result):

▶ 자원 관리 능력

정의: 업무를 수행하는 데 시간, 자본, 재료 및 시설, 인적 자원 등의 자원 가운데 무엇이 얼마나 필요한지를 확인하고, 이용 가능한 자원을 최대한 수집하여 실제 업무에 어떻게 활용할 것인지를 계획하고, 계획대로 업무수행에 이를 할당하는 능력

하위 능력	하위 능력 정의	세부요소
시간 관리 능력	업무수행에 시간 자원이 얼마나 필요한지를 확인하고, 이용 가능한 시간 자원을 최대한 수집하여 실제 업무에 어떻게 활용할 것인지를 계획하고 할당하는 능력	- 시간 자원 확인 - 시간 자원 확보 - 시간 자원 활용 계획 수립 - 시간 자원 할당
예산 관리 능력	업무수행에 자본 자원이 얼마나 필요한지를 확인하고, 이용 가능한 자본 자원을 최대한 수집하여 실제 업무에 어떻게 활용할 것인지를 계획하고 할당하는 능력	- 자본 자원 확인 - 자본 자원 할당
물적 자원 관리 능력	업무수행에 재료 및 시설 자원이 얼마나 필요한지를 확인하고, 이용 가능한 재료 및 시설 자원을 최대한 수집하여 실제 업무에 어떻게 활용할 것인지를 계획하고 할당하는 능력	- 물적 자원 확인 - 물적 자원 할당
인적 자원 관리 능력	업무수행에 인적 자원이 얼마나 필요한지를 확인하고, 이용 가능한 인적 자원을 최대한 수집하여 실제 업무에 어떻게 활용할 것인지를 계획하고, 할당하는 능력	- 인적 자원 확인 - 인적 자원 할당

1 Step 자기소개서 지시문 분해+나의 경험을 간단히 작성(정리)

한정된 시간, 물적, 인적 자원을 효과적으로 활용	목표를 달성한 경험
상황: --------------------------------------- 한정된 자원을 효과적으로 활용한 경험 사례: --------------------------------------- ---------------------------------------	자원 관리 경험 구체적 사례(나의 경험에 따라 직업기초 능력 중 어떤 방식을 통해 목표 달성했는지) (시간, 예산, 물적, 인적 자원 등): --------------------------------------- ---------------------------------------

2 Step 자기소개서 지시문 분해+자기소개서 요구 직업기초 능력 하위 능력, 세부요소 포함된 핵심 경험, 행동 사례를 작성(자기소개서 지시문이 직업기초 능력 중 무엇을 묻는지 해석에 기반해야 하며 해당 능력의 올바른 행동기준 참고가이드를 포함한 경험과 행동을 작성할 것)

한정된 시간, 물적, 인적 자원을 효과적으로 활용	목표를 달성한 경험
구체적 상황, 배경, 사례를 문장화	직업기초 능력 중 올바른 행동기준 가이드 기반 경험, 행동 사례

3 step 자기소개서 STAR 형식 자기소개서 1차 완성

올바른 행동기준 기반 STAR 형식 자기소개서 1차 완성
S(Situation):
T(Task):
A(Action):
R(Result):

구분		자원 관리 능력 올바른 행동기준 참고가이드	포함	미포함
		시간 계획을 세우고 계획된 시간을 적절히 활용하여 목표를 이루어 낸 **경험과 행동**		
		여러 일 중에서 어느 일이 가장 우선적으로 처리해야 할 것인가를 결정하여 목표를 달성한 **경험과 행동**		

자원 관리 능력	시간 관리 능력	한정된 시간에 따른 업무(일)를 다른 사람과 시간을 분배(권한 이양)하여 효율적으로 활용하여 목표를 달성한 **경험과 행동**		
		목표를 달성하기 위해 시간의 앞, 뒤 활용을 예상하고 계획 또는 계산하여 성공적으로 목표를 달성한 **경험과 행동**		
		다른 사람의 시간까지 고려하고 시간을 활용하여 성공적으로 목표를 달성한 **경험과 행동**		
	예산 관리 능력	어떤 일에 대해 예산을 수립, 확보하고 일에 적용하여 성공적으로 업무를 수행한 **경험과 행동**		
		예산을 적절히 배분하고 조정하여 주어진 일(상황)에 대해 성공적으로 목표를 달성한 **경험과 행동**		
		예산의 우선순위를 정해 일을 효율적으로 진행하여 성공적으로 목표를 달성한 **경험과 행동**		
	물적 자원 관리 능력	목표 달성에 필요한 물적 자원을 확인하고 확보하여 예정된 일을 성공적으로 달성한 **경험과 행동**		
		물적 자원을 보관하고 추후 활용하기 위한 효율적 방법을 찾아(라벨링, 적재 장소 정리 등) 목표 달성에 필요한 물적 자원을 관리·운영하여 성공적으로 목표를 달성(기여)한 **경험과 행동**		
		물적 자원 보관 장소를 선택하고 효율적으로 관리하여 목표 달성을 이루는 데 기여한 **경험과 행동**		
	인적 자원 관리 능력	인적 자원을 적재적소에 활용하여(시간, 물적 자원도 동원해) 성공적으로 목표를 달성한 **경험과 행동**		
		목표 달성에 필요한 다양한 인맥을 활용하여 상호 강약, 장단점을 보완하여 성공적으로 목표를 달성한 **경험과 행동**		
		상호 적대적인 관계가 아닌 우호적 관계를 지속적으로 이어 나가 목표를 달성하는 데 필요한 지원과 도움을 받고 제공하여 성공적으로 목표를 달성한 **경험과 행동**		
		목표 달성을 위해 개인별 역량(능력)을 파악하고 적재적소에 배치, 배분하여 성공적으로 목표를 달성한 **경험과 행동**		

STAR 형식 자기소개서 최종 완성

S(Situation):

_____
_____
_____
_____
_____
_____
_____

T(Task):

_____
_____
_____
_____
_____
_____
_____

A(Action):

_____
_____
_____
_____
_____
_____
_____

R(Result):

_____
_____
_____
_____
_____
_____
_____

▶ 조직 이해 능력

정의: 업무를 원활하게 수행하기 위해 국제적인 추세를 포함하여 조직의 체제와 경영에 대해 이해하는 능력

하위 능력	하위 능력 정의	세부요소
국제 감각	주어진 업무에 관한 국제적인 추세를 이해하는 능력	- 국제적인 동향 이해 - 국제적인 시각으로 업무 추진 - 국제적 상황 변화에 대처
조직체제 이해 능력	업무수행과 관련하여 조직의 체제를 올바르게 이해하는 능력	- 조직의 구조 이해 - 조직의 규칙과 절차 파악 - 조직 간의 관계 이해
경영 이해 능력	사업이나 조직의 경영에 대해 이해하는 능력	- 조직의 방향성 예측 및 경영 조정(조직의 방향성을 바로잡기에 필요한 행위 하기) - 생산성 향상 방법
업무 이해 능력	조직의 업무를 이해하는 능력	- 업무의 우선순위 파악 - 업무 활동 조직 및 계획 - 업무수행의 결과 평가

1. 우리 공사에 지원한 동기를 서술하시오.**(회사 지원동기)**
   국제 감각, 조직체제 이해, 경영 이해 활용하여 자기소개서 작성

2. 건강보험 심사평가원에 지원한 동기 및 이사 후 본인이 수행하게 될
   심사 및 평가 업무 등을 위해 어떤 준비를 하였는지 역량과 연계하여 작성하여 주세요.
   (직무 지원동기+회사 지원동기+@직무 역량)
   국제 감각, 조직체제, 경영 이해, 직무 역량 활용하여 자기소개서 작성

직업기초 능력 중 조직 이해 능력은 지원동기 지시문으로 활용되는 경우가 상당히 많아. 지원동기는 크게 직무 지원동기, 회사 지원동기로 나누어 볼 수 있어.

직무 지원동기는 말 그대로야. 직무에 대한 높은 이해를 가지고 있어야 작성할 수 있어. 직무에 대한 이해도는 NCS 홈페이지 직무기술서를 활용하여 높일 수 있고, 직무 지원동기에 필요한 직업기초 능력은 국제 감각(기관마다 글로벌 사업을 하는지, 하지 않는지의 비중은 다를 수 있음), 업무, 직무에 대한 이해 능력을 갖춰야 작성할 수 있어.

회사 지원동기(직업기초 능력 이론 내용 중 조직 이해 능력을 다시 한번 검토하도록 해)는 회사에 대한 이해가 기본이야. 회사 미션과 비전, 핵심가치와 인재상을 이해하고 사업 전략까지 회사 전반에 대한 모든 내용을 이해하고 있어야 자기소개서를 작성할 수 있어. 중장기적인 비전을 달성하기 위해 어떤 역할과 기여를 했는지와 핵심가치, 인재상에 맞게 '나는 조직적합성이 높다는 것'을 집중적으로 자기소개서에 작성해야 한다는 말이야. 이 내용을 작성하기 위해서 필요한 직업기초 능력인 국제 감각, 조직체제 이해 능력, 경영 이해 능력을 자기소개서에 정확하게 표현해야 해.

조직 이해 능력에 대한 자기소개서 지시문이 상당히 많이 출제되기 때문에 아래 예시 지시문을 보고 지원동기 외에 출제되는 직업기초 능력 하위 능력과 내용을 충실히 이해하고 올바른 행동기준 참고가이드를 참고하여 작성하면 돼.

조직 이해 능력 자기소개서 지시문 예시

1. K-water에 입사 지원한 동기 및 입사 후 실천하고자 하는 목표를 K-water 인재상(내실, 혁신, 신뢰) 중 자신과 가장 부합하는 역량과 결부시켜 기술하시오.

※ 조직체제 이해 능력, 경영 이해 능력, 업무 이해 능력, 직무 역량

2. 본인이 알고 있는 한국지질자원연구원에 대해 자세히 기술(조직의 장단점, 최근 이슈, 주요 사업 등)하고, 지원자가 생각하는 우리 연구원의 역할은 무엇인지 기술하시오.

※ 조직체제 이해 능력, 경영 이해 능력, 업무 이해 능력

----

3. 최근 한국철도공사의 주요 이슈에 대해 한 가지를 언급하고, 그것에 대한 본인의 의견을 기술하시오.

※ 조직체제 이해 능력, 경영 이해 능력, 업무 이해 능력, 직무 역량

----

1 Step 자기소개서 지시문 분해+나의 경험을 간단히 작성(정리)

철도공사 주요 이슈	이슈에 대한 본인의 의견
이슈 검토: 공기업의 이슈는 **미디어 매체+국회 회의록**에서 확인할 수 있는 내용을 활용할 것(대부분의 공기업 **이슈, 개선 방향 개선 방안** 등을 확인할 수 있음): -------- -------- --------	확인한 내용에서 나의 의견 또는 생각과 유사한 경험을 작성(**직업기초 능력** 활용하여 작성할 것)(국제 감각, 조직체제 이해, 경영 이해, 업무 이해 능력): -------- -------- --------

2 Step 자기소개서 지시문 분해+자기소개서 요구 직업기초 능력 하위 능력, 세부요소 포함된 핵심 경험, 행동 사례를 작성(반드시 자기소개서 지시문이 직업기초 능력 중 무엇을 묻는지 이해, 해석에 기반해야 하며 직업기초 능력 올바른 행동기준 참고가이드를 포함한 경험과 행동을 작성할 것)

철도공사 주요 이슈	이슈에 대한 본인의 의견
이슈에 대한 내용 구체적 문장화	직업기초 능력 중 올바른 행동기준 가이드 기반 경험, 행동 사례

3 Step 자기소개서 STAR 형식 자기소개서 1차 완성

올바른 행동기준 기반 STAR 형식 자기소개서 1차 완성
S(Situation):
T(Task):
A(Action):
R(Result):

구분		조직 이해 능력 올바른 행동기준 참고가이드	포함	미포함
조직 이해 능력	국제 감각	다른 나라 사람과 같이 일을 하며 빠르게 변화하는 업무 환경을 개방적인 태도로 수용하고 국제적 감각을 익히기 위해 노력한 **경험과 행동**		
		인터넷, 언론 매체 등을 활용하여 국제 감각을 익히기 위해 적극적으로 활동하고 국제적 동향을 파악한 **경험과 행동**		
		국제적 감각을 익히기 위해 꾸준히 공부하고 자료를 찾아본 **경험과 행동**		
		다른 나라 사람과 공동으로 업무를 수행하여 긍정적 결과를 나타낸 **경험과 행동**		

조직 이해 능력	조직 체제 이해 능력	경험과 행동	내가 속한 조직에서 기초 체계를 갖추기 위해 구성원들과 목표를 설정해 본(미션과 비전) **경험과 행동**		
		회사 규정과 지침, 방침을 이해하고 있다.		
		회사 전반적인 목표와 전략 체계를 모두 알고 이해하고 있다.		
		회사 전체 가치 체계를 이해하고 있다(미션, 비전, 핵심가치, 인재상).		
		회사 주요 사업의 내용을 이해하고 있다.		
		조직 간 업무 관계와 연계성, 특성을 이해하고 있다.		
	경영 이해 능력	경험과 행동	내가 속한 조직에서 세부 전략과 목표를 설정하여 운영해 본 **경험과 행동**		
			내가 속한 조직에서 생산성과 효율성을 극대화한 **경험과 행동**		
			내가 속한 조직에 영향을 주는 내부 역량, 외부 환경 등을 적절히 분석하여 일, 프로젝트를 운영해 본 **경험과 행동**		
	업무 이해 능력	경험과 행동	주어진 업무의 특성과 프로세스를 이해하여 적용한 **경험과 행동**		
			구성원들의 업무를 이해, 분류하여 운영한 **경험과 행동**		
			내가 속한 조직이나 집단에서 업무에 대한 이해를 빠르게 하고 절차를 준수하여 남들보다 효과적, 효율적으로 일해 본 **경험과 행동**		
		직무수행에 필요한 지식, 기술, 태도가 무엇인지 정확하게 알고 있다.		
		업무에 대한 지침과 절차, 규정 등을 이해하고 그것을 업무에 반영할 수 있다.		
		업무수행에 방해가 되는 요인들을 사전에 파악하여 갈등과 스트레스를 관리하고 업무를 진행한다.		

STAR 형식 자기소개서 최종 완성

S(Situation):

T(Task):

A(Action):

R(Result):

▶ 정보 능력

하위 능력	하위 능력 정의	세부요소
컴퓨터활용 능력	업무와 관련된 정보를 수집, 분석, 조직, 관리, 활용하는 데 있어 컴퓨터를 사용하는 능력	- 컴퓨터 이론 - 인터넷 사용 - 소프트웨어 사용
정보 처리 능력	업무와 관련된 정보를 수집하고, 이를 분석하여 의미 있는 정보를 찾아내며, 의미 있는 정보를 업무수행에 적절하도록 조직하고, 조직된 정보를 관리하며, 업무수행에 이러한 정보를 활용하는 능력	- 정보 수집 - 정보 분석 - 정보 관리 - 정보 활용

1 Step 자기소개서 지시문 분해+나의 경험을 간단히 작성(정리)

속한 조직, 집단에서 과제를 수행한 경험	다양한 정보를 효과적으로 수집, 관리, 활용한 경험
상황: 경험 사례:	정보 능력 경험 구체적 사례(나의 경험에 따라 직업기초 능력 중 어떤 방식을 통해 목표 달성했는지) (컴퓨터활용, 정보 처리 등):

2 Step 자기소개서 지시문 분해+자기소개서 요구 직업기초 능력 하위 능력, 세부요소에 포함된 핵심 경험, 행동 사례를 작성(반드시 자기소개서 지시문이 직업기초 능력 중 무엇을 묻는지 이해, 해석에 기반해야 하며 직업기초 능력 올바른 행동기준 참고가이드를 포함한 경험과 행동을 작성할 것)

속한 조직, 집단에서 과제를 수행한 경험	다양한 정보를 효과적으로 수집, 관리, 활용한 경험
구체적 상황, 배경, 사례를 문장화	직업기초 능력 중 올바른 행동기준 가이드 기반 경험, 행동 사례

3 Step 자기소개서 STAR 형식 자기소개서 1차 완성

올바른 행동기준 기반 STAR 형식 자기소개서 1차 완성
S(Situation):
T(Task):
A(Action):
R(Result):

구분		정보 능력 올바른 행동기준 참고가이드	포함	미포함
정보 능력	컴퓨터 활용 능력	인터넷 정보를 통해 업무수행에 필요한 정보를 획득하고 정보를 수집, 활용, 관리, 조직화해 성공적으로 목표를 달성한 **경험과 행동**		
		목적에 맞는 소프트웨어를 채택하여 필요한 툴로 업무에 활용하고 적용한 **경험과 행동**		
		분석, 획득한 정보를 체계적으로 구분(색인, 목록화, 폴더 구성 등)하여 효율적으로 관리하고 추후 필요할 때 정보를 쉽게 찾을 수 있도록 관리한 **경험과 행동**(정보 처리 능력과 중복)		

정보 능력		이메일, 메신저, 기타 소프트웨어 툴을 활용하여 업무수행을 효율적으로 한 **경험과 행동**		
		데이터베이스를 구축하고 자료를 효율적으로 관리한 **경험과 행동**(세 번째 행동기준 가이드와 의미상 중복)		
	정보 처리 능력	다양한 정보를 수집함에 있어 업무수행에 중요한 키워드를 찾아 수집, 관리, 조직화하고 효율적으로 활용한 **경험과 행동**		
		정보에 대한 상관관계를 파악하여(엑셀 수식 등 상관관계 모든 범위) 목적에 맞게 효율적으로 활용한 **경험과 행동**		
		수집된 정보를 분석하여 유의미한 결과를 도출하고 주어진 업무(과제, 일)에 효율적으로 활용한 **경험과 행동**		
		분석, 획득한 정보를 체계적으로 구분(색인, 목록화, 폴더 구성 등)하여 효율적으로 관리하고 추후 필요할 때 정보를 쉽게 찾을 수 있도록 관리한 **경험과 행동**(컴퓨터활용 능력과 중복)		

STAR 형식 자기소개서 최종 완성

S(Situation):

T(Task):

A(Action):

R(Result):

▶ 자기개발 능력

정의: 업무를 추진하는 데 스스로를 관리하고 개발하는 능력

하위 능력	하위 능력 정의	세부요소
자아인식 능력	자신의 흥미, 적성, 특성 등을 이해하고, 이를 바탕으로 자신에게 필요한 것을 이해하는 능력	- 자기 이해 - 자신의 능력 표현 - 자신의 능력발휘 방법 인식
자기 관리 능력	업무에 필요한 자질을 지닐 수 있도록 스스로를 관리하는 능력	- 개인의 목표 정립(동기화) - 자기통제 - 자기 관리 규칙의 주도적인 실천
경력개발 능력	끊임없는 자기개발을 위해서 동기를 갖고 학습하는 능력	- 삶과 직업세계에 대한 이해 - 경력개발 계획 수립 - 경력 전략의 개발 및 실행

대부분 직무에 대한 전문성을 쌓기 위해 무엇을, 어떤 경험과 활동을 하였는지 묻는 지시문이 많이 출제되는데 이는 어떠한 것을 성취하기 위해 무엇을 경험했는지 상당히 높은 수준의 목표를 세우고 달성한 적이 있는지(숨은 의도는 지원자가 도전적인지, 자기 관리 능력을 갖추고, 갖추기 위해 무엇을 경험했는지)를 확인하기 위함이야. 단순히 자기개발을 위해 자격증을 취득했다, 전공 공부에 매진했다, 그래서 좋은 점수를 받았다 등 자기개발 방향 자체를 잘못 이해하고 작성하는 경우가 상당히 많아. 자격증 취득, 공부한 내용이 잘못된 소재라는 말이 아니라, 지시문에 대한 이해를 바탕으로 지시문의 방향에 맞게 작성해야 한다는 말이야(지시문이 달라지면 방향성도 바뀌겠지?).

자기개발 능력 지시문의 자기소개서 작성 방법의 핵심, 기본은 직업기초 능력 하위 능력 그대로 ① 자아(나)를 인식하고(즉 부족한 부분은 무엇이 있는지 적성과 흥미는 무엇인지 등) ② 내가 목표하는 바를 달성하기 위해 나를 스스로 통제하고 관리하고, 어떤 경험과 도전적인 행동을 했는지 ③ 경력개발을 통해 꾸준히 지식과 기술, 태도를 습득하

고 직장생활 목표를 달성하는 데 필요한 역량을 개발하여 경력을 개발한 내용들이 반드시 기술되어야 한다는 것을 잊지 말고 실행에 옮겨 줘.

1 Step 자기소개서 지시문 분해+나의 경험을 간단히 작성(정리)

지원한 분야와 관련된 능력을 키우기 위해	스스로 노력한 경험
상황: ---------------------------------- 자기개발을 하게 된 배경과 경험 사례: ---------------------------------- ----------------------------------	자기개발 경험 구체적 사례(나의 경험에 따라 직업기초 능력 중 어떤 방식을 통해 목표 달성했는지) (자아인식, 자기 관리, 경력개발) 등: ---------------------------------- ----------------------------------

2 Step 자기소개서 지시문 분해+자기소개서 요구 직업기초 능력 하위 능력, 세부요소에 포함된 핵심 경험, 행동 사례를 작성(반드시 자기소개서 지시문이 직업기초 능력 중 무엇을 묻는지 이해, 해석에 기반해야 하며 직업기초 능력 올바른 행동기준 참고가이드를 포함한 경험과 행동을 작성할 것)

지원한 분야와 관련된 능력을 키우기 위해	스스로 노력한 경험
구체적 상황, 배경, 사례를 문장화	직업기초 능력 중 올바른 행동기준 가이드 기반 경험, 행동 사례
----------------------------------	----------------------------------
----------------------------------	----------------------------------
----------------------------------	----------------------------------

3 Step 자기소개서 STAR 형식 자기소개서 1차 완성

올바른 행동기준 기반 STAR 형식 자기소개서 1차 완성
S(Situation):
T(Task):
A(Action):
R(Result):

구분		자기개발 능력 올바른 행동기준 참고가이드	포함	미포함
자기 개발 능력	자아 인식 능력	나의 적성과 흥미 성격적 특성을 이해하고 성격의 장단점 등을 분석해 업무와 연관 지어 본 **경험과 행동**		
		스스로를 분석한 결과로 단점을 개발하고 장점을 극대화한 **경험과 행동**		
		목표를 달성하는 데 나의 미흡한 부분을 객관적인 시각에서 분석한 **경험과 행동**		
		스스로에 대한 한계를 발견하고 극복하기 위해 노력했던 **경험과 행동**		
		나를 개발해야 하는 분야를 명확히 설정하여 성장한(성장시킨) **경험과 행동**		
	자기 관리 능력	직장생활을 하는 데 필요한 개인 비전과 명확한 목표를 세우고 실행한 **경험과 행동**		
		목표를 달성하기 위해 계획을 수립하여 우선순위에 따라 업무를 추진하고 목표한 바를 달성한 **경험과 행동**		
		개인과 내가 속한 조직을 분리(공사 구분)하고 통제하여 목표한 바를 달성한 **경험과 행동**		

		스스로 자기 관리를 하여 정해 놓은 규칙에 맞게 능동적, 주도적으로 목표한 바를 실천했던 **경험과 행동**		
경력 개발 능력		경력과 역량을 개발하기 위해 목표와 계획을 수립하여 목표를 이루어 낸 **경험과 행동**		
		필요한 분야의 역량을 쌓기 위해 전문교육 과정, 전문가와의 상담을 통해 스스로 역량을 개발한 **경험과 행동**		
		스스로 부족한 부분을 개발하기 위해 꾸준히 지식과 기술을 습득한 **경험과 행동**(위 내용과 의미는 유사하나 개인별 경험과 연계하여 활용할 것)		
		목표한 바가 실패로 돌아가도 실패요인을 분석하여 더 나은 성장을 한 **경험과 행동**		

STAR 형식 자기소개서 최종 완성

S(Situation):

T(Task):

A(Action):

R(Result):

▶ 대인관계 능력

정의: 업무를 수행함에 있어 접촉하게 되는 사람들과 문제를 일으키지 않고 원만하게 지내는 능력

하위 능력	하위 능력 정의	세부요소
팀워크 능력	다양한 배경을 가진 사람들과 함께 업무를 수행하는 능력	- 적극적 참여 - 업무 공유 - 팀 구성원으로서의 책임감
리더십 능력	업무를 수행함에 있어 다른 사람을 이끄는 능력	- 동기화시키기 - 논리적인 의견 표현 - 신뢰감 구축
갈등 관리 능력	업무를 수행함에 있어 관련된 사람들 사이에 갈등이 발생하였을 경우 이를 원만히 조절하는 능력	- 타인의 생각 및 감정 이해 - 타인에 대한 배려 - 피드백 제공 및 받기
협상 능력	업무를 수행함에 있어 다른 사람과 협상하는 능력	- 다양한 의견 수렴 - 협상 가능한 실질적 목표 구축 - 최선의 타협 방법 찾기
고객 서비스 능력	고객의 요구를 만족시키는 자세로 업무를 수행하는 능력	- 고객의 불만 및 욕구 이해 - 매너 있고 신뢰감 있는 대화법 - 고객 불만에 대한 해결책 제공

대인관계 능력 같은 경우는 상당히 많은 공기업에서 자기소개서 지시문으로 활용하고 있어. 그만큼 중요하다는 이야기겠지?

대인관계 능력은 자기소개서 지시문이 '대인관계 능력'이라는 직업기초 능력만 단순히 묻는 형태는 아니야. 다음 표를 참고해서 대인관계 능력 중 어떤 하위 능력, 세부요소를 묻고 있는 것인지 이해하고 자기소개서를 작성해야 해.

대인관계 능력 자기소개서 지시문 사례

자기소개서 지시문	직업기초 능력
본인의 일은 아니지만 다른 사람의 필요를 먼저 파악하여 도와준 경험을 기술해 주십시오.	팀워크 능력
귀하가 속한 조직 또는 집단에서 구성원들과 갈등이 발생했을 때, 이를 극복했던 경험을 당시 상황, 본인이 한 행동, 특별히 노력한 점, 노력의 결과, 느낀 점 등을 구체적으로 기술해 주십시오.	갈등 관리 능력
최근 5년 이내, 본인이 속한 조직에서 타인과의 의견차이로 인해 발생한 갈등을 원만하게 해결한 경험이 있다면, 갈등 상황, 해결 과정, 결과로 구분하여 구체적으로 기술해 주십시오.	갈등 관리 능력
팀 목표를 달성하기 위해 팀원으로서 본인은 주로 어떤 노력을 하였는지 최근 사례를 기반으로 기술해 주십시오.	리더십 능력 팀워크 능력
고객의 서비스 만족을 위해 가장 중요한 역량은 무엇인지 서술하고, 해당 역량을 갖추기 위해 노력했던 경험 혹은 해당 역량을 발휘한 경험에 대해 구체적으로 기술해 주십시오.	고객 서비스 능력
발생된 문제의 다양한 의견을 수렴하고 대화를 통해 설득해 최선의 의사결정을 한 경험을 구체적으로 기술해 주십시오.	협상 능력

1 Step 자기소개서 지시문 분해+나의 경험을 간단히 작성(정리)

속한 조직, 집단에서 구성원들과 갈등이 발생한 경험	극복했던 상황, 행동, 노력한 점, 결과, 느낀 점
상황: 경험 사례:	대인관계 능력 경험 구체적 사례(나의 경험에 따라 직업기초 능력 중 어떤 방식을 통해 목표 달성했는지) (팀워크, 리더십, 갈등 관리, 협상, 고객 서비스 능력 등):

2 Step 자기소개서 지시문 분해+자기소개서 요구 직업기초 능력 하위 능력, 세부요소에 포함된 핵심 경험, 행동 사례를 작성(반드시 자기소개서 지시문이 직업기초 능력 중 무엇을 묻는지 이해, 해석에 기반해야 하며 직업기초 능력 올바른 행동기준 참고가이드를 포함한 경험과 행동을 작성할 것)

속한 조직, 집단에서 구성원들과 갈등이 발생한 경험	극복했던 상황, 행동, 노력한 점, 결과, 느낀 점
구체적 상황, 배경, 사례를 문장화	직업기초 능력 중 올바른 행동기준 가이드 기반 경험, 행동 사례

3 Step 자기소개서 STAR 형식 자기소개서 1차 완성

올바른 행동기준 기반 STAR 형식 자기소개서 1차 완성
S(Situation):
T(Task):
A(Action):
R(Result):

구분		대인관계 능력 올바른 행동기준 참고가이드	포함	미포함
대인 관계 능력	팀워크 능력	목표 달성을 위해 구성원들과 역할, 역량을 분배하여 주어진 목표를 성공적으로 달성한 **경험과 행동**		
		구성원의 입장에서 구성원 전체의 목표를 위해 기꺼이 희생하고 도움을 준 **경험과 행동**		
		분배된 업무량 외에 부족한 역량이 나타난 구성원을 위해 적극적으로 도와주고 전체 목표 달성을 이룬 **경험과 행동**		
		원만한 인간관계를 맺기 위해 모두에게 영향을 준 적극적으로 업무(활동)에 임한 나의 **경험과 행동**		
		목표 달성을 위해 구성원 간 상호 관계성을 견고화하고 서로 협력하여 목표를 달성한 **경험과 행동**		
		목표 달성을 위해 구성원 간 업무를 피드백하고(피드백받고) 적극적으로 목표 달성을 한 **경험과 행동**		
	리더십 능력	구성원들을 조직화하여 비전과 목표를 정확히 설정, 전달하고 규정과 절차를 만들어 목표를 달성한 **경험과 행동**		
		구성원들의 신뢰를 얻어 목표를 달성한 **경험과 행동**		
		여러 유인(유인책)을 통해 구성원들이 목표를 달성하기 위해 정진하도록 하여 성공적으로 목표를 달성한 **경험과 행동**		
		구성원들의 동기부여를 통해(자극해) 성공적으로 목표를 달성한 **경험과 행동**		
		업무수행 시 내가 가지고 있는 지식과 기술 등을 전수(전달)하여 구성원들이 성장하고 목표를 달성한 **경험과 행동**		
		구성원들에게 권한을 위임하고 코칭, 피드백하여 성공적으로 목표를 달성한 **경험과 행동**		
		책임감 있는 자세와 행동, 발생한 문제를 적극적으로 해결한 **경험과 행동**		
	갈등 관리 능력	적극적으로 경청하여 갈등 원인을 찾아 해결한 **경험과 행동**		
		감정을 배제하고 발생된 갈등을 해결하기 위해 적절한 해결방안을 제시하고 상대방이 받아들여 성공적인 갈등 관리, 해결한 **경험과 행동**		

		갈등이 발생한 구성원, 타 조직과 갈등 해결을 위해 새로운 방식으로 대안을 제시하고 적용하여 성공적으로 갈등을 해결한 **경험과 행동**		
		발생된 갈등을 넓은 마음으로 포용하고 상황을 중재하여 갈등을 원만히 해결한 **경험과 행동**		
		발생된 갈등에 대해 불필요한 요소를 합리적으로 제거하고 피드백하여(피드백받아) 연장된 갈등이 발생되지 않도록 한 **경험과 행동**		
	협상 능력	발생된 상황이나 문제를 대화를 통해 설득하고 서로 이익(WIN-WIN)을 통해 합리적 의사결정을 한 **경험과 행동**		
		논리적인 자료와 설득력 있는 타당한 근거를 제시하여 정확한 의사결정을 한 **경험과 행동**		
		다양한 의견을 수렴하여 최적의 의사결정을 한 **경험과 행동**		
	고객 서비스 능력	고객의 불만이나 요구를 정확하게 이해하고 적극적으로 경청하여 서비스를 제공한 **경험과 행동**		
		고객 서비스에 대해 지속적으로 개선하여 제공한 서비스를 고객이 만족한 **경험과 행동**		
		고객의 기대나 요구를 반영하여 고객이 만족할 만한 성과를 낸 **경험과 행동**		
		적극적이고 능동적인 자세로 고객에게 서비스를 제공한 **경험과 행동**		
		고객에게 신뢰를 주는 서비스 제공과 행동으로 내가 속한 조직에서 우수한 성과를 낸 **경험과 행동**		

STAR 형식 자기소개서 최종 완성

S(Situation):

T(Task):

A(Action):

R(Result):

▸ **기술 능력**

정의: 업무를 수행함에 있어 도구, 장치 등을 포함하여 필요한 기술에는 어떠한 것들이 있는지 이해하고, 실제 업무 수행에 적절한 기술을 선택하여 적용하는 능력

하위 능력	하위 능력 정의	세부요소
기술 이해 능력	업무수행에 필요한 기술적 원리를 올바르게 이해하는 능력	- 기술의 원리와 절차 이해 - 기술 활용 결과 예측 - 활용 가능한 자원 및 여건 이해
기술 선택 능력	도구, 장치를 포함하여 업무수행에 필요한 기술을 선택하는 능력	- 기술 비교, 검토 및 최적의 기술 선택
기술 적용 능력	업무수행에 필요한 기술을 실제로 적용하는 능력	- 기술의 효과적 활용 - 기술 적용 결과 평가 - 기술 유지와 조정

1 Step 자기소개서 지시문 분해+나의 경험을 간단히 작성(정리)

직무 역량, 지식을 습득한 경험	직무 역량, 지식을 습득하기 위해 노력한 경험
상황: 경험 사례:	기술 능력 경험 구체적 사례(나의 경험에 따라 직업기초 능력 중 어떤 방식을 통해 목표 달성했는지) (기술 이해, 기술 선택, 기술 적용 등):

2 Step 자기소개서 지시문 분해+자기소개서 요구 직업기초 능력 하위 능력, 세부요소에 포함된 핵심 경험, 행동 사례를 작성(반드시 자기소개서 지시문이 직업기초 능력 중 무엇을 묻는지 이해에 기반해야 하며 올바른 행동기준 참고가이드를 포함한 경험과 행동을 작성할 것)

직무 역량, 지식을 습득한 경험	직무 역량, 지식을 습득하기 위해 노력한 경험
구체적 상황, 배경, 사례를 문장화	직업기초 능력 중 올바른 행동기준 가이드 기반 경험, 행동 사례

3 Step 자기소개서 STAR 형식 자기소개서 1차 완성

올바른 행동기준 기반 STAR 형식 자기소개서 1차 완성
S(Situation):
T(Task):
A(Action):
R(Result):

기술 능력 자기소개서의 숨겨진 세 가지 특징이 있어.

첫 번째, 기술 능력 자체의 자기소개서 지시문 특징이 지식과 기술 태도에 관한 것이기 때문에 기술 능력 자기소개서 지시문 작성을 제대로 하기 위해서는 반드시 직무기술서를 참고해서 작성해야 해. 다시 말하자면 지식, 기술, 태도에 대해 묻는 지시문인데, 직무기술서를 참고하면 이와 관련된 많은 내용을 확인할 수 있다는 거야. 직무기술서는 NCS 홈페이지(https://ncs.go.kr/index.do)에서 확인할 수 있어.

두 번째, 기술 능력을 묻는 지시문이지만 자기소개서 지시문을 작성할 때 직업기초 능력 자기개발 능력 중 하위요소 경력개발 능력과도 연계된다는 점이야. 경력개발 능력은 자기개발을 위해 꾸준히 학습하는 능력이기 때문에 업무수행에 필요한 지식을 갖추기 위한 노력, 업무수행에 필요한 기술을 연마하기 위한 노력, 업무수행에 필요한 태도를 갖추기 위한 노력까지 같이 평가하는 지시문이라고 할 수 있어. 이 두 가지의 특성을 반드시 이해하고 자기소개서를 작성해야 해.

세 번째, 기술 능력에 대한 자기소개서 지시문은 일반기업의 직무 지원동기, 회사 지원동기에 대한 지시문과 맥락을 같이한다고 할 수 있어. 지원동기는 대부분 회사에 대한 이해와 내가 수행하고자 하는 직무에 대한 높은 수준의 이해를 필요로 하기 때문이지. 기술 능력에 대한 자기소개서 지시문 하나를 추가로 더 확인해 보자.

기술 능력 자기소개서 지시문 예시

> **우리 공단에 기여할 수 있는 적합한 인재로서 보유한 능력은 무엇인가요? 그 능력을 개발하기 위해 어떤 노력을 하였는지 구체적으로 작성해 주세요.**
>
> ※ 공단에 기여할 수 있는 적합한 인재: 회사 핵심가치나 인재상과 부합하는 지원자
> ※ 보유한 능력: 기술 능력 중 기술 이해 부분(공사가 진행하는 사업, 프로젝트, 전략 목표 등의 이해를 바탕으로 작성)
> ※ 노력한 점: 지식, 기술, 태도를 익히고 직업기초 능력 중 기술을 이해하고 선택하고 적용한, 적용해 본 경험과 행동 등을 작성(기술 능력)

이런 지시문의 형태로 제시되는 경우가 있기 때문에 직무 지원동기, 회사 지원동기와 맥락을 같이 한다 할 수 있는 거야.

구분		기술 능력 올바른 행동기준 참고가이드	포함	미포함
기술 능력	기술 이해 능력	학교 전공교육과 내가 맞닿은 상황에 대해 원리를 이해하고 이를 활용하여 적용한 **경험과 행동 or 노력한 점**		
		업무수행 시 발생된 문제, 상황을 긍정적으로 해결하기 위해 내가 가진 지식을 총동원한 **경험과 행동 or 노력한 점**		
		업무수행 시 내가 가진 지식 외에 다른 지식을 벤치마킹하거나 새로운 논리를 찾아 긍정적 상황으로 전환, 문제를 해결한 **경험과 행동 or 노력한 점**		
		기술이 사용되고 있는 원리(지원 분야)를 이해하고 결과를 예측한 **경험과 행동 or 노력한 점**		
		전공 지식 외에 별도로 학습한 지식을 이용하여 업무를 이해하고 활용한 **경험과 행동 or 노력한 점**		
	기술 선택 능력	상황에 맞게 객관적이고 합리적인 최적의 기술을 선택한 **경험과 행동 or 노력한 점**		
		다양한 상황을 인식하고 속한 조직의 이익, 파급효과 등을 고려하여 합리적으로 최적의 기술을 선택한 **경험과 행동 or 노력한 점**		
		다른 조직 기술을 벤치마킹(또는 비교검토)하여 우리 조직만의 것(나만의 것)으로 새롭게 적용하고 도입한 **경험과 행동 or 노력한 점**		
		새로운 기술을 벤치마킹하고, 기존 기술을 선택하여 매뉴얼을 작성(제작)하고 이를 활용한 **경험과 행동 or 노력한 점**		
	기술 적용 능력	선택한 기술을 합리적 요소들을 검토하여(비용, 장기적 기술 사용 가능, 중요한 기술인지 아닌지 판단) 기술을 적용한 **경험과 행동 or 노력한 점**		
		선택한 기술을 장기적으로 유지하고 관리(기술 트렌드 공부, 기술에 대한 지식수준 업그레이드 등)했던 **경험과 행동 or 노력한 점**		
		속한 조직에서 선택한 기술을 과감히 제외하고 새로운 기술을 적용하여 긍정적 결과를 얻은 **경험과 행동 or 노력한 점**		
		속한 조직에서 기술을 효과적으로 활용하고 결과를 분석했던 **경험과 행동 or 노력한 점**		

STAR 형식 자기소개서 최종 완성

S(Situation):

T(Task):

A(Action):

R(Result):

▶ 직업윤리 능력

정의: 업무 수행에 있어 원만한 직업생활을 위해 필요한 태도, 매너, 올바른 직업관

하위 능력	하위 능력 정의	세부요소
근로윤리	업무에 대한 존중을 바탕으로 근면하고 성실하고 정직하게 업무에 임하는 자세	- 근면성 - 정직성 - 성실성
공동체윤리	인간 존중을 바탕으로 봉사하며, 책임 있고, 규칙을 준수하며 예의 바른 태도로 업무에 임하는 자세	- 봉사정신 - 책임의식 - 준법성 - 직장예절

직업윤리 능력 자기소개서 지시문 예시

1. 사회 공헌 활동을 구체적으로 기술하시오(공동체윤리).

---

2. 직업인으로서 직업윤리가 왜 중요한지 가치관을 중심으로 기술하시오(근로윤리).

---

3. 공동 또는 타인의 이익을 위해 나의 손해나 피해를 감수하고 일을 수행한 경험을 구체적으로 과정과 결과에 대해 기술하시오(근로윤리+공동체윤리).

이와 같은 형태로 근로윤리는 상당히 유사한 지시문들이 지속적으로 출제되고 있어. 직업윤리가 그만큼 중요하다는 것이겠지. 올바른 행동기준을 참고하여 직업윤리(근로윤리, 공동체윤리)를 작성하도록 해.

1 Step 자기소개서 지시문 분해+나의 경험을 간단히 작성(정리)

사회봉사 경험	타인을 위한 이타적 행동 경험
상황: 경험 사례:	직업윤리 경험 구체적 사례(나의 경험에 따라 직업기초 능력 중 어떤 방식, 어떤 경험을 했는지) (근로윤리, 공동체윤리):

2 Step 자기소개서 지시문 분해+자기소개서 요구 직업기초 능력 하위 능력, 세부요소에 포함된 핵심 경험, 행동 사례를 작성(반드시 자기소개서 지시문이 직업기초 능력 중 무엇을 묻는지 이해, 해석에 기반해야 하며 직업기초 능력 올바른 행동기준 참고가이드를 포함한 경험과 행동을 작성할 것)

사회봉사 경험	타인을 위한 이타적 행동 경험
구체적 상황, 배경, 사례를 문장화	직업기초 능력 중 올바른 행동기준 가이드 기반 경험, 행동 사례

3 Step 자기소개서 STAR 형식 자기소개서 1차 완성

올바른 행동기준 기반 STAR 형식 자기소개서 1차 완성
S(Situation):
T(Task):
A(Action):
R(Result):

구분		직업윤리 능력 올바른 행동기준 참고가이드	포함	미포함
직업 윤리 능력	근로 윤리	조직, 구성원 모두에게 친절하고 예의 바른 모습으로 직장 (학교, 단체)생활을 한 **경험과 행동**		
		시간을 잘 지키고 규칙을 준수하여 생활한 **경험과 행동**		
		능동적이고 적극적인 자세로 내가 속한 집단, 조직에서 긍 정적 기여를 한 **경험과 행동**		
		정해진 기한 동안 약속된 일을 정확히 해낸 **경험과 행동**		
		내 일을 다른 사람에게 미루지 않고 꾸준하고 근면 성실하 게 수행한 **경험과 행동**		
		부정한 행동이나 외부 청탁으로부터 기준과 원리 원칙을 지 켜 맡은 바 책임을 완수한 **경험과 행동**		
		부정한 것들과 타협하지 않고 관리자에게 보고하고 부정한 상황을 바로잡은 **경험과 행동**		
		잘못된 것은 인정하고 바로잡아 타인의 신뢰를 얻은 **경험과 행동**		
		인간을 존중하며 진실된 마음으로 봉사를 하고 타인을 도운 **경험과 행동**		

공동체 윤리	나 자신보다 타인을 우선하여 최선을 다해 돕고 헌신한 **경험과 행동**		
	학교 또는 조직생활 중 내부구성원(내부고객), 외부구성원(외부고객)에게 적극적으로 서비스를 제공한 **경험과 행동**		
	구성원들과 함께하는 일을 미루지 않고 맡은 일을 끝까지 책임감 있게 완수한 **경험과 행동**		
	내가 속한 조직(학교 등) 내부 규정과 규칙을 준수하여 일을 처리한 **경험과 행동**(법을 지킨 것 포함)		
	타인을 존중하고 배려함은 물론 타인에 대한 기본적인 예절을 지켜 긍정적 상황을 만들고 유도한(해 본) **경험과 행동**		
	폭력적 언행, 성희롱 발언 등을 하지 않고 타인을 존중하고 조직(직장, 학교) 예절을 잘 지켜 긍정적 상황을 만들어 본 **경험과 행동**		

STAR 형식 자기소개서 최종 완성

S(Situation):

T(Task):

A(Action):

R(Result):

▶ 공기업 경력기술서와 경험기술서

왜 공기업에서는 경력기술서와 경험기술서 제출을 요구할까? 이유는 간단해. 경력기술서와 경험기술서의 역량(지식, 기술, 태도)이라는 관점에서 지원자를 평가하면 이를 통해 공기업 이익(공익)에 기여할 수 있을 것이라는 기대가 있기 때문이지. 경력과 경험이 있다면 비슷한 업무와 상황이 주어졌을 때 이를 효과적으로 해결할 수 있을 것이라는 기대를 하는 것이고, 경력과 경험을 통해 위와 같이 비슷한 업무와 상황이 주어졌을 때도 마찬가지로 효과적이고 효율적으로 업무를 처리할 수 있을 것이라는 기대와 그것을 통해 공기업이 세워 놓은 목표를 달성할 수 있을 것이라는 기대, 그리고 개인의 직무 역량을 확인할 수 있다는 생각 때문이지.

경력기술서와 경험기술서는 사실 큰 차이는 없어. 다만, 경력기술서와 경험기술서를 작성할 때 주의해야 할 점은 경력과 경험기술서 모두 입사 지원서에 작성된 내용을 토대로 작성해야 한다는 점이야. 입사 지원서에 작성한 내용과 다른 내용이 들어간다면? 평가자 입장에서도 평가하기 힘들겠지? 또 하나 경력기술서와 경험기술서는 공기업에서 제공한 직무기술서의 내용 즉, 직무수행 능력과 연관된 경험과 경력을 기술해 주면 되는데, 제공된 직무기술서의 지식과 기술, 태도적 측면을 그대로 입력하는 방식은 반드시 지양해야 해.

경력기술서와 경험기술서에서 가장 우선시되어야 할 것은 바로 직무 역량을 어떻게 나타낼 것인가, 어떻게 직무수행 역량을 경험과 연결하여 작성할 것인가, 경험과 경력을 통해 어떤 역량을 보유하게 되었는가, 라고 할 수 있어. 잘 생각해 보면 왜 경험면접과 상황면접을 하는지, 여기서도 맥락을 같이한다 할 수 있고, 왜 실제 경험과 상황을 거짓 없이 작성해야 하는지도 이해할 수 있을 거야.

그럼 경력, 경험기술서에 대해서 더 알아보자. 경력, 경험기술서는 직무 역량과 관련된 많은 경험을 작성하는 것이 좋아. 경험정리 부분에서 이야기한 것처럼 경력과 경험은 크기가 중요하다기보다는 해당 경력과 경험이 직무를 수행하는 역량과 얼마나 연관성이 있는가, 이것이 중요하다는 말이지.

경험은 3년 내외의 과거 경험으로 작성하는 것이 좋아. 5년 이전 경험은 사실 경험이라 이야기하기는 조금 어렵다고 볼 수 있어. 확실한 임팩트가 있는 경험이라면 기재해도 좋지만, 권고하고 싶지는 않아. 경험 대부분이 학교생활을 통해 나올 것이라고 생각해. 위에 이야기한 대로 경험의 크기가 중요한 것은 아니기 때문에 학교생활 중 지원하고자 하는 직무의 역량과 유사한 경험(학교에서 과대표를 한 경험, 프로젝트를 한 경험, 아르바이트를 한 경험, 봉사 활동을 한 경험 등)에서 확보한 역량, 즉 공기업이 원하는 직무 역량과 유사한 역량 위주로 작성하는 것이 좋아.

경력은 실제 공식적인 법인 즉 회사에 재직한 경력을 기술해야 하고 단순 일일 아르바이트, 기간이 정해진 일용직, 단발성 업무에 대한 경력은 지양해야 해.

다시 이야기하지만 경력과 경험은 크기와 질보다 경력과 경험이 요구하는 직무 역량과 유사해야 하고 경력과 경험을 통해 내가 어떤 역량을 보유하게 되었는지, 내가 발전하고 성장한 것은 무엇이 있는지 구체적인 지표와 사례로 나타내 주는 것과 블라인드 채용의 기준을 정확히 지켜서 작성하는 것이 정말 중요해. 이 두 가지만 지켜 준다면 어렵지 않게 경력기술서와 경험기술서를 작성할 수 있어.

실제 합격한 경력, 경험기술서를 보면 상당히 구체적이고 표, 숫자로 실적이 표현되고 확보된 역량까지 나타낸 것을 확인할 수 있어. 우리 아들딸들도 이와 유사한 형태로 작성하도록 해.

경력기술서/경험기술서 예시

○○그룹 본사 보안 경비원 아르바이트

20XX. 05월~12월까지
1. ○○그룹 본사 사옥 경비원 업무

◇ 출입 관리프로세스 제도 제안 및 개선

실적 구분	전년	퇴사 전년	감소	감소 사유	기타
무단 출입 사고	7건	2건	5건	2차 신원 확인	영업, 외판원 무단출입
장비 이동 사고	3건	1건	2건	규모에 따른 이동경로 수정	화물, 사용 철저구분
실적: 총 사고 10건 중 3건으로 사고 내용 감소, 사건사고율 70% 감소					
확보 역량: 고객 커뮤니케이션, 고객 지향					

◇ 내방고객 안내프로세스 수정
(1) 사옥내방 고객 안내(시설 위치 안내 및 민원 안내)
　　- 인포메이션 위치 변경에 따른 업무 효율 증대
　　- 사옥 안내판 위치 개선 제안(담당자 직접 문의 건 40% 감소)

실적 구분	전년	퇴사 전년	감소	감소 사유	기타
업무 시간	2.5H	1.0H	1.5H	인포메이션 고객 안내 가독성 확보	30(초)*50명/60분 = 2.5H
출입 인포메이션 레이아웃 개선 제안에 따른 민원 문의 감소, 직접 응대 시간 감소					
확보 역량: 고객 지향, 의사소통 (직접 소통 외 안내판 개선만으로 보이지 않은 의사소통이 있다는 것을 알게 되었습니다)					

2) 공기업 면접

▸ 공기업 면접의 개념 이해

공기업 면접은 면접위원이 지원자에게 질의하고 지원자를 관찰하여 직무에 대한 적합성과 조직에 대한 적합성을 판단하는 것을 말해. 직무에 대한 적합성은 쉽게 이야기해 공기업이 정해 놓은 직업기초 능력, 직무수행 능력(직무수행에 필요한 지식, 기술, 태도 즉 직무기술서의 능력단위, 능력단위요소)에 따라 직무를 잘 수행할 수 있을 것인지 평가하는 것이고 조직적합성은 우리 기관의 비전을 달성하는 데 지원자가 가지고 있는 경험과 행동, 역량으로 얼마나 비전 달성에 기여할 수 있을지 또, 전략 목표 수행에 문제가 없는, 핵심가치와 인재상에 맞는 인재인지를 평가하는 거야. 다시 말해 우리 조직에 적합한 사람이 맞는지 서류 전형 자기소개서의 연장선에서 면접으로 다시 한번 직무와 조직에 대한 적합성을 찾아내는 과정이라고 할 수 있어.

공기업 면접이 자기소개서와 가장 큰 차이는 글로 작성한 것과 말로 하는 것 정도의 차이에서 자기소개서의 연장선상에서 직업기초 능력을 구술로 질의응답에 의해 판단하고 직무수행 능력 또한 질의응답에 의해 정해진 기준으로 판단하는 것 정도의 차이라고 할 수 있어.

▸ 공기업 면접 기본프로세스

공기업 면접프로세스는 1차 면접과 2차 면접으로 나누어져 있어. 1차 면접은 직무에 대한 적합성을 확인함과 동시에 직업기초 능력과 직무수행 능력을 검증하기 위한 면접을 진행하고 있어. 다음 평가자는 공기업의 팀장급(실무를 잘 아는)이 면접관으로 참석하고 공정 채용을 위해 외부 면접관이 참석하고 있어. 1차 면접의 평가 방식은 구술면접과 시뮬레이션면접으로 나누어지는데 잘 알고 있는 경험, 상황, PT, 토론면접이 주가 되어 진행되지. 다음 2차 면접은 조직에 대한 적합성을 검증하는데, 각 기관의 고유한 가치 체계, 즉 기관 고유의 핵심가치와 인재상 그리고 지원한 동기와 입사 후 포부, 인성면접이 진행돼. 2차 면접은 1차 면접처럼 경험과 상황을 묻기보다는 일반적인 문답 형태로 진행되고 있다고 이해하면 돼.

공기업 면접 프로세스		
	1차 면접	2차 면접
평가요소	직무적합성 직업기초 능력 직무수행 능력 등	조직적합성 핵심가치, 인재상 지원동기, 포부, 인성 등
평가자	팀장급 외부 면접관	임원, 경영진
평가 방식	구술면접: 경험면접, 상황면접 시뮬레이션면접: PT, 토론면접 등	일반적 구술 문답형면접

▶ 공기업의 면접 평가요소

공기업은 기관만의 고유한 가치 체계를 운영하고 있어. 이미 이론 내용에서도 이야기했듯이 조직에 대한 적합성를 판단하고 직무에 대한 적합성을 확인하기 위해서 각 공기업에서는 직업기초 능력과 직무수행 능력을 기본으로 면접에서 지원자를 평가하고 있기 때문에 아래 면접 평가요소를 확인하고 이해하도록 해.

공기업 면접 평가요소		
각 기관의 가치 체계 이해	미션의 이해 비전의 이해, 핵심가치 이해, 인재상 이해	조직적합성
직업기초 능력	직업기초 능력 10개 / 하위 34개 / 세부요소까지	조직적합성 직무적합성
직무수행 능력	직무별 요구 조건(지식, 기술, 태도) 보유 여부	

▸ 공기업 면접의 특징

공기업 면접의 특징은 평가자가 지원자의 모호한 답변에 대해 계속 구체적인 질문을 다시하게 되어 있다는 거야. 지원자의 진짜 역량을 확인하기 위해서 질문을 하는 것이기도 하고 구체적 질문을 통해 실행 증거를 재확인하고, 여러 질문을 통해 지원자의 진짜 역량을 찾아야 하기 때문이지. "그것에 대한 근거가 무엇이냐" "지원자가 한 구체적 행동이 무엇이냐"라는 질문을 계속 하는 이유가 이 때문인 거야. 평가자가 일종의 책임감으로 끝까지 포기하지 않고 지원자의 역량을 찾아내고자 하는 것이 공기업 면접의 특징이라고 할 수 있어.

능력단위

능력단위는 직무를 성공적으로 수행하기 위해 요구되는 능력이야. NCS 홈페이지 학습모듈을 검색하여 내가 지원한, 지원하고자 하는 직무의 채용공고(직무기술서에 확인할 수 있음)를 통해 수행해야 할 능력단위별 업무 내용을 상세하게 확인할 수 있는데, 여기서 확인되는 능력단위, 능력단위요소들이 직무수행에 반드시 필요한 것이기 때문에 면접 질문에 활용돼. 공기업은 지원자가 이 능력단위와 능력단위요소를 성공적으로 수행하기 위한 역량(지식, 기술, 태도)을 가지고 있는지 여러 가지 면접 툴을 이용해서 직업기초 능력 포함하여 수행준거를 면접에서 확인하는 거야. 그렇기 때문에 내가 지원한 공기업의 능력단위 업무를 이해하고 학습모듈을 통해 상세한 내용을 이해한다면 면접에서 직무 이해에 대한 내용을 평가할 때 좋은 평가를 받을 수 있어. 능력단위는 일반기업의 관점으로는 '수행해야 할' '나에게 주어진 일'로 이해해도 좋아.

능력단위요소

능력단위요소는 말 그대로 능력단위의 하위요소 즉 하위 세부 업무, 하위 능력을 뜻하는데, 능력단위요소에서도 직무수행에 필요한 세부적인 업무 내용을 확인할 수 있어. 능력단위와 마찬가지로 능력단위요소를 통해서도 직무에 대한 이해를 상당한 수준으로 높일 수 있기 때문에 반드시 확인해야 할 내용이야.

대분류	경영·회계·사무	
중분류	총무·인사	
소분류	인사·조직	

세분류		
인사	능력단위	학습모듈명
노무 관리	인사기획	인사기획
	직무 관리	직무 관리
	인력 채용	인력 채용
	인력이동 관리	인력이동 관리

출처: NCS 홈페이지 NCS 학습모듈- 인사담당자 능력단위 예시

학습	학습 내용	NCS 능력단위요소	
		코드번호	요소 명칭
1. 채용 계획 수립하기	1-1. 인력 소요 수립 계획 이해 1-2. 인적 자원 승계 분석 및 공석 분석 이해 1-3. 채용 규모 계획 1-4. 채용 계획 수립	0202020103_16v2.1	채용 계획 수립하기
2. 모집 관리하기	2-1. 노동 시장의 이해 2-2. 채용 전략 유형과 모집 방법 이해 2-3. 직무 현황의 사전 공개 문서작성	0202020103_16v2.2	채용 예정자 모집하기

3. 선발 관리하기	3-1. 선발의 단계 이해 3-2. 면접 도구의 신뢰성과 타당성 확보 3-3. 선발 과정의 오류 및 선발 비율과 선발 결정	0202020103_16v2.3	채용 예정자 선발하기
4. 채용 사후 관리하기	4-1. 조직의 복무규정과 조직 사회화 이해 4-2. 적성, 성격과 직무의 적합 이해 4-3. 조직의 핵심가치와 조직 문화 이해	0202020103_16v2.4	채용 사후 관리하기

출처: NCS 홈페이지 NCS 학습모듈- 인사담당자 능력단위 예시

능력단위	능력단위요소	면접 평가 내용 경험 면접 or 상황 면접 or 구조화된 면접	면접 평가요소	
			직무수행 능력	직업기초 능력
인력 채용	채용 계획 수립하기	면접을 통한 능력단위 능력단위요소 검증	직무전문 지식 & 직무수행 내용	직업기초 능력 10개 중 필요 능력

　　인사담당자 업무 중 '인력 채용 → 채용 계획 수립'이 위 표와 같은 형태로 면접프로세스를 진행하고 있다는 것을 이해하고 각 능력단위와 능력단위요소에서 평가하는 면접 평가 내용과 면접 평가요소가 다를 수 있다는 점을 반드시 이해하고 있어야 해. 이유는 각 능력단위별 요구하는 역량과 직업기초 능력이 다르기 때문이야. 공기업 면접은 예전처럼 "아버지 뭐하시니?" 같은 종류의 질문들은 하지 못하게 되어 있고, 해서도 안 돼. 면접에서 필요한 질문을 통해 직무를 잘 수행할 수 있는지와 직무수행 능력, 직업기초 능력 검증에 면접이 설계되고 맞추어져 있다는 것을 확인하는 것이 NCS 면접의 기초 원리라는 거야. 반드시 알아 두고 이해할 수 있도록 해.

2장

일반기업

1. 일반기업분석

1) 직무분석

취업준비의 기본인 직무분석에 대해 상세히 설명해 줄게. 조금 어려울 수 있는 부분이긴 하지만 최대한 쉬운 예시로 내용을 전달할 테니 잘 따라와 줄 수 있도록 해.

인사팀 업무 중 가장 중요한 업무인 직무분석은 우리 아들딸들이 취업 활동에 있어 잘 이해하고 제대로 활용만 할 수 있다면 자기소개서와 면접 등 많은 부분에 있어 유용하게 활용할 수 있어. 단 지금부터 설명하는 내용은 인사팀 관점 직무분석이라기보다 취업자 관점 직무분석임을 이해했으면 해.

직무분석은 원래 인사팀 관점에서 보면 회사, 조직의 업무를 수행하기 위해 각각 개별 구성원에게 요구되는 적성(숙련될 수 있는 개개인의 능력) 정보의 수집과 분석을 하는 기본 수행 업무야. 구성원들의 직무에 대한 내용을 분석하여 성과 관리를 하기 위해 실시하는 인사팀의 가장 중요한 기본 인사 업무인 거지. 그렇기 때문에 성과 관리 관점, 성과 체계 수립의 직무분석이 인사팀 관점 가장 본질적인 목적이라고 할 수 있는데, 취업자 관점의 직무분석은 인사팀에서 진행하는 수준의 직무분석이라기보다 내가 수행할 직무에 대한 직무조사표로 이해해도 좋아. 직무에 대한 조사표, 즉 직무 분석은 우리 아들딸들이 알고 있는 것처럼 현직자를 만나 인터뷰를 하고 필요한 정보를 수집한다 정도로 이해하고 있을 텐데 사실 틀린 말은 아니야. 실제로 인사팀도 현직자를 통해 내부 직무분석을 실시하고 있어. SME(Subject Matter Expert)라고 하는데 이는 내부 재직자 중 직무를 가장 잘 수행하는, 즉 특정주제 전문가를 의미하고, 직무의 지식, 기술, 태도를 갖춘 전문가를 통해 직무분석을 실시하는 것이 일반적인 인사팀의 직무분석을 의미하는 거야.

직무분석, 직무조사표를 이해하고 취업 활동에 적용한다면 반드시 좋은 결과를 얻을 수 있을 거야. 지원자뿐 아니라 직무분석은 인사팀 차원에서도 조직을 운영하기 위해 반드시 필요한, 인사 업무의 기초를 세우는 아주 중요한 업무라고 할 수 있어.

인사팀에서 인사 체계를 갖추기 위해 제일 먼저 진행하는 직무분석의 프로세스는 아래와 같이 진행이 돼. 직무분석을 제대로 해 놓으면 자기소개서, 면접, 경력기술서(경력자의 경우) 등 많은 곳에 다른 사람과는 비교도 되지 않을 만큼 어마어마한 활용도를 가지고 취업에 성공할 수 있을 거야. 단 공기업에 적용할 수 있는 직무분석은 아니야. 공기업은 직무분석이 완료된 내용을 바탕으로(직업기초 능력, 직무수행 능력) 직무 기술서를 제공하여 채용프로세스가 진행되기 때문이야.

직무분석프로세스

직무 미션 → 성과 목표 ◀── CSF Critical Success Factor ■ 행동지표 ■ 직무 역량

출처: 『퍼포먼스』 최영훈

그림은 인사팀에서 진행하는 직무분석프로세스로 취업자 직무분석은 위 프로세스를 구체적으로 수행하기는 현실적으로 어려움이 있지. 그럼 이제 더 자세하게 취업자

관점 직무분석 방법을 알아보자.

▶ **직무분석(직무조사표 구성)**

인사팀 관점 직무분석은 전문교육, 경험이 없으면 제대로 된 직무분석 인터뷰를 하기 힘들기 때문에 취업자들은 현직자를 만나 꼭 필요한 부분에 대한 인터뷰를 진행하고 유용한 정보를 반드시 획득해야 하는데, 몇 가지 필수 조사 항목을 구조화하고 인터뷰가 종료되면 개인별로 명문화하여 자기소개서 작성, 면접, 경력, 경험기술서 등에 활용할 수 있어. 인터뷰에 필수 조사되어야 할 항목이 무엇인지 보자.

첫 번째 직무의 미션 즉 직무가 수행되는 목적이 무엇인지 인터뷰를 해야 해. 직무에 대한 미션을 수립하는 방식은 가치 체계 부분에서 이야기한 미션수립과는 다른 방식으로 직무에 대한 미션을 수립해야 해. 직무 미션을 수립할 때 가장 중요한 것은 이해관계자, 즉 고객이 누구인지 현직자가 수행하는 직무에서 가장 중요한 이해관계자를 확인하여 직무에 대한 미션을 수립하는 것이야. 다음 표처럼 핵심 업무 이해관계자에 초점을 맞춰 직무에 대한 미션을 수립해야 하는데, 방식은 핵심 이해관계자를 '취업준비생'으로 잡고 문장을 다듬어 최종 직무 미션을 도출하는 거야. 예를 들어 직무 미션 초안은 '지원자를 모집하고 부서에서 요청한 인재를 확보하여 채용한다'라고 작성하고 다시 한번 문장을 검토(문장을 한 번 더 축소하고 다듬는 작업)하여 조금 더 구체적인 표현 방식으로 변경하여 문장을 완성하는 거지. 이를 적용해서 검토한 후 '인재를 모집하고 부서에서 요청한 인재를 채용한다'라고 정리해 볼 수 있고, 마지막 최종 직무 미션(목적)으로 '우수한 인재를 모집하여 채용프로세스를 지원하여 적합인재를 채용한다'라고 좀 더 수행하는 직무에 대해 명확하고 간단하게 직무 미션(직무 목적)을 현직자를 통해 정리해 볼 수 있어(직무분석시트 출처: http://www.jobedu.kr).

수행 업무	세부 업무	업무의 핵심 이해관계자 고객을 의미함 (내/외부고객 구분)	직무수행 필요 역량
채용 실무	채용공고 게재	취업준비생(외부고객)	- 고객 지향 영업적 사고(마인드)
	면접 안내	취업준비생(외부고객)	- 커뮤니케이션 - 의사소통
	면접 인솔	취업준비생(외부고객)	- 꼼꼼함 - 커뮤니케이션
	합격자 안내	취업준비생, 채용 요청 부서 (내/외부고객)	- 커뮤니케이션 - 의사소통

직무 미션수립 (직무 목적 도출)	초안	지원자를 모집하고 부서에서 요청한 인재를 모집하여 면접에 참여하 도록 안내한다.
	검토	인재를 모집하고 면접하여 채용 업무를 수행한다.
	최종 직무 미션	우수한 인재를 모집하여 채용프로세스를 지원하여 적합 인재를 채용 한다.

▶ 직무 핵심 성공요인 도출하기

회사에서 직무를 수행하는 데 성공적인 요인을 찾아내야 하는데, 역량의 관점 또는 현실적인 성공요인을 현직자 인터뷰를 통해 찾아낸다면 내가 갖춘 역량과 현실적 직무수행 성공요인을 비교하고 매칭하여 자기소개서 또는 면접에 활용할 수 있어. 이 성공요인은 인사팀에서 직무분석프로세스 중 핵심적인 성공요인, 즉 CSF(Critical Success Factor)를 도출하는데 취업을 준비하는 과정에서 취업준비자들 직무분석도 동일하게 CSF(Critical Success Factor)를 도출해야 해. 이유는 직무 개체에 대한 속성, 디테일을 상세하게 알 수 있고 인터뷰한 내용을 머릿속으로, 문서로 시뮬레이션하여 자기소개서와 면접에 활용할 수 있기 때문이야.

수행 업무	세부 업무	직무수행 핵심 성공요인	직무수행 필요 역량
채용 실무	채용공고 게재	인재의 유인수단과 함께 공고가 게재되었는가, 인 력수요 발생 시 즉시 대응	- 고객 지향 영업적 사고(마인드)
	면접 안내	누락 없이, 안내문자 메일 재확인	- 커뮤니케이션 - 의사소통
	면접 인솔	이동경로, 돌발 상황 대비, 사전 준비, 시뮬레이션	- 꼼꼼함 - 커뮤니케이션
	합격자 안내	최종 합격자 재검토, 재확인	- 커뮤니케이션 - 의사소통
쉬운 예시를 위해 회사 초급 채용담당 업무수행자 기준으로 작성된 **성공요인**			

▸ 직무 성공요인과 연계된 행동지표 도출

직무수행의 성공요인을 찾아냈어도 그것만으로 취업 활동 전부를 커버할 수는 없을 거야. 직무수행에 필요한 성공요인은, 결국 직무수행과 연관된 행동으로 이어져야 하는데, 이를 인사팀에서는 행동지표 또는 성과에 영향을 주는 행동이라고 표현하며 인사 평가 중 역량 평가라는 것에 적용하여 평가하고 있어. 그렇기 때문에 성공요인에 부합한 행동을 자기소개서와 면접에서 보여 준다면 좋은 평가를 받는 것은 당연하겠지.

다시 말해 성공요인이 도출되었다면 성공요인을 더 잘하기 위한 행동이 수반되어야 한다는 거야. 다음 표와 같이 성공요인과 함께 직무와 연계된 행동을 할 때, 평가자는 우수한 인재라고 판단할 수 있기 때문이야.

성공요인	성공요인과 연계된 행동지표 예시
유인수단과 함께	- 급여 정보, 근무 시간, 위치, 수행직무를 채용공고에 정확하게 표현한다. - 채용 수요 발생 시 채용공고를 즉시 게재한다.

즉시 대응	- 사내에서 채용요청서가 접수되면 즉시 검토 후 보고하여 대응한다. - 약속되고 계획된 채용이 될 수 있도록 지체 없이 업무를 수행한다.
누락 없이	- 내/외부고객에게 전달되는 정보를 누락 없이 제공한다.
재확인	- 업무가 제대로 진행되고 있는지 수시로 확인한다. - 업무 이해관계자와 커뮤니케이션하여 변동, 변경 내용을 확인한다.

▶ 직무수행 문제 파악

회사에서 직무를 수행하다 보면 정말 수많은 문제가 발생되는데 모든 문제를 정리하고 구조화하라는 뜻은 아니야. 적어도 직무를 수행하는 담당자들은 현재 직무수행상 어떤 문제가 발생하고, 무엇을 보완해야 하며, 어떤 방식으로 프로세스를 변경해야 효과적이고 효율적인 업무수행이 될지를 잘 알고 있어. 이처럼 직무수행에 있어 현실적인 문제점, 특이한 이슈 그리고 트렌드 등을 파악하라는 이야기야. 주의해야 할 점은 직무수행에 대한 문제가 파악되었다 하더라도 전문가 입장이 아닌 취업을 준비하는 사람의 입장에서 문제를 해결하기는 힘들기 때문에 면접에서 직무에 대한 이슈나 문제에 대해 질문을 받았다면 여러 방면으로 고민했다(사례는 반드시 제시)는 걸 보여 주는 게 좋아. '이런 건 어떻습니까?'정도의 대안을 제시하고 이야기하는 것이 좋은데 '이슈나 문제를 해결할 수 있다'식의 접근 방식은 아니라는 거지.

▶ 직무수행 비전 확인

현직자를 통해 정보를 확인할 때는 직무에 대한 비전을 확인해야 해. 내가 수행하는 직무가 어느 레벨까지 올라갈 수 있는지, 회사에서는 임원급을 C레벨(CEO, CFO, CTO, CMO 등)로 표현하는데 나는 어느 위치에서 경영 활동에 기여할 수 있는지 등 성장에 대한 경로를 현직자를 통해 확인하는 거지. 이 확인된 결과는 자기소개서 입사후 포부, 면접에서 직무분석표를 근거하여 나의 의지와 포부를 제시하는 데 활용할 수 있는 중요한 자료가 될 거야.

현직자 인터뷰 직무분석(직무조사표)시트

수행 업무	세부 업무	수행 업무 주기	직무수행 성공 요인	행동 지표	직무수행 이슈, 문제	직무 비전
						CEO
						CFO
						CHO
						CTO
						CMO
						현직자 인터뷰를 통해 어디까지 성장할 수 있는지 문장으로 정리

직무 미션수립

수행 업무	세부 업무	업무의 핵심 이해관계자	업무의 핵심 이해관계자 고객을 의미함 내/외부고객 구분	직무수행 필요 역량
채용 실무	채용공고 게재	취업준비생	외부고객	마케팅, 영업적 사고
	면접안내	취업준비생	외부고객	분석력, 꼼꼼함, 의사소통
	면접인솔	취업준비생	외부고객	커뮤니케이션
	합격자 안내	취업준비생, 채용부서	내/외부고객	커뮤니케이션
직무 미션수립 (직무 목적 도출)		초안 (1차 검토)		지원자를 모집하고 부서에서 요청한 인재를 확보하고 채용한다.
		검토 (2차 검토)		인재를 모집하고 부서에서 요청한 인재를 채용한다.
		최종 직무 미션 (최종 목적 도출)		우수한 인재를 모집하여 채용프로세스를 지원하여 적합인재를 채용한다.

* 직무조사표를 완성하고 직무 미션까지 도출하여 지원(수행) 직무의 목적을 명확히 인지하고 인터뷰가 완료된 내용을 자기소개서, 면접 등에 활용
* 직무 미션(목적): 직무 미션수립시트를 이용하여 내용 추가하기

직무분석시트 다운로드 출처: http://www.jobedu.kr

▶ 직무분석(직무조사표) 활용

직무분석(직무조사표) 활용 범위

직무 미션 (직무 목적) · 핵심 성공 요인 · 행동지표 · 직무수행 필요 역량 · 직무 이슈 해결 방안 · 직무 비전

자기소개서 · 면접 · 경력, 경험기술서 · 기업 선택, 채용공고 분석

대표항목 자기소개서
- 성장과정
- 입사 후 포부
- 지원동기
- 성격의 장단점 등

구술면접 / 인성면접 등
- 경험, 상황면접

시뮬레이션 면접 등
- PT, GD, RP면접

경력, 경험기술서
자율 경력, 경험기술서

기업별 채용공고 분석
역량개발 플랜 수립

구조화 항목 자기소개서
- 인재상, 직무 역량 기반 자기소개서 항목
- 핵심가치, 직무 역량 기반 자기소개서 항목 등

　직무분석은 완료된 이후 취업 활동 거의 모든 영역에 활용할 수 있는데 도출된 직무 미션과 핵심 성공요인, 행동지표, 직무수행 역량을 통해 자기소개서, 면접, 경력기술서, 경험기술서 모두를 커버할 수 있을 거야. 그만큼 직무분석을 통해 얻을 수 있는 자료가 상당히 많고 취업준비의 8할이 직무분석과 연계되어 있다는 거지. 이만큼 중요한 직무분석을 꼭 잘 이해하고 현직자와 인터뷰할 수 있도록 해.

　다음 직무분석 이후 주의해야 할 점은 직무분석이 말 그대로 직무를 분석하는 단계이지 인터뷰하는 해당 현직자를 분석하는 게 아니라는 거야. 이 점 반드시 유의해서 직무분석 인터뷰를 할 때 현직자 한 사람만 만나기보다 1~3년 차 초임 사원, 3~7년 차 대리 과장급 사원, 10년 이상 직무를 수행한 현직자 등 세 명 이상을 만나는 것을 권하고 싶어. 현직자를 만나는 것이 쉽지 않겠지만 내가 원하는 기업에 취업하기 위해서는 이정도의 노력은 필요해. 세 그룹의 여러 현직자를 만나면서 공통(중복)된 역량이 무엇인지, 핵심 성공요인이 무엇인지, 행동지표가 무엇인지 분석한 후 직무에 대한 '감'을 확실히 잡는다면 우리 아들딸들은 모두 원하는 기업에 출근하게 될 거야.

▸ 직무분석 참고 자료

현직자를 만나지 않아도 직무를 분석할 수 있는 방법이 있어. 직접 현직자를 만나서 인터뷰하는 것이 가장 좋겠지만, 현직자를 만나기 어려울 경우 직무분석에 활용할 수 있는 사이트가 있는데 우선 넓은 범위에서 직무를 단순히 이해할 수 있는 정도뿐이지만, 「한국직업사전」, 「2020 한국직업사전」을 포털사이트에 검색하면 다운로드받을 수 있고, '워크넷'에서도 PDF 파일로 다운로드받을 수 있어. 해당 자료를 통해 우리나라에 있는 거의 모든 직무에 대한 기초 내용을 확인할 수 있을 거야. 단, 단점은 회사별 직무수행이 다 다르기 때문에 일부 회사의 직무수행과는 다를 수 있다는 점인데, 그래도 직무에 대한 정의(직무 개요), 수행직무 정도는 확보할 수 있고 그 내용에서 유의미한 자료를 확보하고 가공하여 활용할 수 있을 거야.

참고해야 할 점은 「한국직업사전」에 국가 방위, 방산 산업에 대한 직업과 회사, 사업체의 협조가 없는 직업은 자료가 따로 등재되어 있지 않다는 점이야. 즉 모든 직업이 등재되어 있지 않고, 원하는 만큼의 직무 내용을 충분히 확인하기는 힘들 거야. 「한국직업사전」에서는 직무에 대한 개괄적인 내용 정도만 확인할 수 있다는 거지.

「한국직업사전」 이용 시 유의사항
1. 「한국직업사전」의 각종 정보는 사업체의 표본조사를 통해 조사된 내용으로 의도적인 목적으로 사용될 수 없음을 밝혀 둔다. 즉, 특정집단을 대표하는 이익단체의 권리 및 주장, 근로자의 직업(직무) 평가 자료 등으로 사용할 수 없으며 정규교육, 숙련기간, 작업 강도, 육체 활동 등의 각종 정보는 쟁의 및 소송의 기초 자료로 사용될 수 없다.
2. 직업세계 및 노동환경은 기술진보, 경제성장 변화 그리고 정부의 정책 등에 따라 달라질 수 있기 때문에 「한국직업사전」에 수록된 직업 정보 역시 절대적인 자료가 될 수 없다.

0151 영업·판매 관리자

도매 또는 소매로 물품을 판매하는 사업체 및 일반 영업부서의 운영을 기획·지휘하는 일을 담당하고 일반 제조업체에 고용되거나 자신의 상점을 소유하고 운영하기도 한다. 전자·통신 및 전산, 산업용 기계 자동차 분야 기술영업 부서의 활동을 기획·지휘하는 일을 담당하는 기술영업 관리자와 무역 및 무역중개업체의 운영을 기획·지휘·조정하는 무역 관련 관리자도 포함된다.

0151 광고·판매 관리자

직무 개요
신문·잡지·서적과 같은 각종 출판물을 이용한 광고 판매에 대한 제반 업무를 기획·총괄하고, 관련 직원의 활동을 총괄 관리·감독한다.

수행직무
광고·판매에 따른 구체적인 계획안을 수립한다. 수립된 계획에 따라 광고영업사무원에게 영업 전략 및 작업량 등을 지시한다. 광고·판매를 위해 각종 사업체의 담당 사무원과 협의한다. 광고 요금 및 광고정책에 대한 정보를 제공한다. 광고영업 사무원에게 판매 전략을 교육시키고, 광고·판매 실적을 관리한다.

부가 직업 정보

조사연도: 2012년

정규교육	14년 초과~16년 이하(대졸 정도)	작업 환경	
숙련 기간	4년 초과~10년 이하	유사 명칭	
직무 기능	자료(조정)/사람(협의)/사물(관련 없음)	관련 직업	
작업 강도	아주 가벼운 작업	자격 면허	
육체 활동		표준 산업 분류	M713 광고업
작업 장소	실내	표준 직업 분류	0151 영업·판매 관리자

출처: 「2020 한국직업사전」

▶ 직무분석 이후 NCS 홈페이지 활용

공기업과 일반기업 채용의 원리는 동일하지만 취업준비에서는 다른 점이 많아. 공기업 부분에서 확인했지만 공기업은 직업기초 능력, 직무수행 능력에 기반한 구조화된 채용프로세스로 인재를 채용하고 있고, 일반기업(대기업 이하 모든 회사)은 자체적으로 운영하는, 회사별로 너무나도 다른 채용 방식을 채택하여 채용프로세스에 적용하기 때문이야. 하지만 직무분석 관점에서 직무를 이해하고 확인할 수 있는 것들은 어느 기업이든 수행하는 업무가 큰 틀에서는 다르지 않아. 그렇기 때문에 NCS 홈페이지에서 제공하는 직무분석을 위한 직무 정보 자체는 어느 기업을 지원하든 상당한 도움을 얻을 수 있는 자료라고 봐도 좋아. 접속하여 내가 취업하고자 하는 직무에 대한 내용을 구체적으로 확인하고 직무분석에 적용하며, 업무의 내용을 확인할 수 있을 거야. 즉 NCS 홈페이지(https://www.ncs.go.kr/index.do)에 있는 직무 관련 내용 자체가 직무분석을 바탕으로 구조화해 놓은 아주 좋은 자료인 거야. 이미 직무분석이 끝난 직무 정보 자료이기 때문에 어떤 직무분석에도 활용할 수 있다는 가장 큰 장점이 있어.

세분류		
인사	능력단위	학습모듈명
노무 관리	인사기획	인사기획
	직무 관리	직무 관리
	인력 채용	인력 채용
	인력이동 관리	인력이동 관리

출처: NCS 홈페이지

인사 관리 직무 중 인사 업무 대부분의 내용을 확인할 수 있어. 지금 보고 있는 자료는 인사 업무 중 인력 채용 업무에 대한 카테고리 구분과 각 수행직무(능력단위)별 내용이 상당히 구체적으로 명시되어 있어(입사 지원하고자 하는 회사의 인사 업무 중 내가 지원하고자 하는 직무는 선택해서 확인하면 돼).

학습	학습 내용	NCS 능력단위요소	
		코드번호	요소 명칭
1. 채용 계획 수립하기	1-1. 인력 소요 수립 계획 이해 1-2. 인적 자원 승계 분석 및 공석 분석 이해 1-3. 채용 규모 계획 1-4. 채용 계획 수립	0202020103_16v2.1	채용 계획 수립하기
2. 모집 관리하기	2-1. 노동 시장의 이해 2-2. 채용 전략 유형과 모집 방법 이해 2-3. 직무 현황의 사전 공개 문서작성	0202020103_16v2.2	채용 예정자 모집하기
3. 선발 관리하기	3-1. 선발의 단계 이해 3-2. 면접 도구의 신뢰성과 타당성 확보 3-3. 선발 과정의 오류 및 선발 비율과 선발 결정	0202020103_16v2.3	채용 예정자 선발하기
4. 채용 사후 관리하기	4-1. 조직의 복무규정과 조직 사회화 이해 4-2. 적성, 성격과 직무의 적합 이해 4-3. 조직의 핵심가치와 조직 문화 이해	0202020103_16v2.4	채용 사후 관리하기

출처: NCS 홈페이지 NCS 학습모듈- 인사담당자 능력단위 예시

　세부항목을 보면 인력 채용 업무 중 채용 계획 수립하기, 수행할 직무 등의 상세한 내용을 제공하는데 직무분석에 필요한 내용은 다음 그림과 같이 상세하게 제공되어 있어. 정리하자면 직무분석을 할 때는 여러 현직자를 만나야 좋은 자료와 내용을 확보할 수 있지만 그게 어렵다면 「2020 한국직업사전」, NCS 홈페이지에서 직무분석이 완료된 상세한 정보를 확인하고 입사하고자 하는 회사의 직무분석을 완성하여 직무에 대한 높은 이해를 바탕으로 자기소개서, 면접에 활용해야 한다는 거야.

1-1. 인력 소요 수립 계획 이해

학습목표 • 조직의 중·장기 사업 전략과 연간 사업 계획에 따라 해당 연도 인력 소요 계획을 파악할 수 있다.

필요 지식 /

---

1. 중·장기 사업 전략

기업의 중·장기 사업 전략에는 불확실한 경영 환경을 미리 진단 및 예측해 보고, 이에 대응하기 위해 기업이 보유하고 있거나 보유해야 할 역량이 무엇인지를 파악하여 이를 체계적·계획적으로 준비해 나가는 과정 및 내용들이 담겨 있다. 이러한 중·장기 사업 전략은 기업의 사명으로부터 출발하여 비전 및 목표를 수립하게 되고, 비전 및 목표를 달성하는 데 영향을 미치는 내외부 환경을 분석하게 된다. 그리고 이러한 분석 결과를 토대로 기업이 갖추어야 할 자원이 무엇인지를 파악하게 된다.

한편, 기업의 자원 중에서 가장 중요한 것 중의 하나가 바로 '인적 자원'이다. 인적 자원은 신속한 확보와 개발이 매우 어려운 자원이기 때문에, 기업의 중·장기 사업 전략에는 미래 경쟁력을 확보하기 위해 필요한 인적 자원은 무엇이며, 중·장기적 관점에서 어떻게 확보하고 육성하는 것이 좋은지에 대한 내용을 주로 담고 있다.

2) 기업분석

기업분석을 왜 할까? 기업분석을 통해 자기소개서, 면접에 직접 활용할 수 있기 때문이야. 많은 회사가 지원자에게 자기소개서 문항으로 지원동기, 입사 후 포부를 묻고 있는데, 이 두 가지 자기소개서 문항을 완성도 높게 작성하기 위해서 기업분석이 반드시 필요한 거야. 면접에서도 기업에 대한 이해와 조직에 대한 이해를 기본으로 면접 평가자의 질문에 적절하게 대응하려면 꼭 필요한 것이 기업분석이기도 하고. 즉 기업분석을 통해 회사 경영 활동의 전반을 이해할 수 있고, 제시된 자기소개서 문항과 면접에 활용할 수 있다는 거야. 그렇기 때문에 기업분석을 제대로 실시하여 회사에 대한 이해도가 높아지면 자기소개서, 면접에서 좋은 평가를 받는 것은 당연한 일이겠지. 이런 기업분석을 할 때 가장 중요한 것이 회사 기초 자료를 수집하는 것이야.

회사 기초 자료 수집

회사 정보가 공개되어 있는 회사는 전자공시시스템(http://dart.fss.or.kr/)에 접속하여 회사에 대한 기본적인 정보를 취합해야 해. 전자공시시스템에서 얻을 수 있는 정보가 상당하기 때문에 사이트에 접속해서 회사에 대한 기본 정보를 확인하고 어떤 사업을 하고 있는지, 매출은 어느 정도인지, 계열사 현황 등의 정보들을 확인할 수 있어.

현대백화점 검색 예시

기초 자료 중에서 가장 우선적으로 확인해야 할 것은 지원하고자 하는 회사의 사업보고서, 분기보고서를 확인하는 거야. 사업보고서에는 전년도 회사 매출, 이익 등의 자료가 포함되어 있고 회사개요, 연혁, 재무제표, 임원 및 직원 현황 등 회사에 대한 모든 공개 내용을 확인할 수 있어. 추가적인 기업분석은 '네이버 증권'에 접속하면 회사 주식 현황, 회사 관련 최신 뉴스, 3개년 매출과 영업이익, 당기 순이익 등 회사를 분석하기 위한 자료를 확인할 수 있어(이건 전자공시시스템과 중복되는 내용이야). 추가로 기업분석을 하기 위한 사이트로 한경컨센서스(http://consensus.hankyung.com/)가 있는데 전문 애널리스트가 작성한 자료(예측 자료, 분석 자료)가 올라오기 때문에 신뢰도 있는 회사 현황을 현실적으로 이해하는 데 상당한 도움이 될 거야. 사이트에 접속해서 지원하고자 하는 회사를 검색하면 기업분석 자료가 상당히 자세히 나와 있고 경쟁사 관련 자료, 산업에 대한 분석 자료도 확인할 수 있으니 반드시 기업분석에 활용하여 개인 경쟁력을 갖출 수 있도록 해.

기업분석 프로세스

다트 전자공시	분기, 반기 보고서 (보고서 내 모든 내용)	자소서 면접 활용
네이버 증권	회사 3개년 매출 영업 이익 등 회사 최신 뉴스 동종업계 비교 자료	
한경 컨센서스	전문 애널리스트 분석 자료, 경쟁사 자료	

중소기업은 '중소기업현황정보시스템'에 접속하여 기업의 기초 자료를 확인할 수 있는데 전자공시시스템 사이트처럼 많은 양의 기업 정보를 확보할 수는 없지만 회사 매출 현황, 기본 정보는 확인할 수 있어. 또한 '잡코리아' '사람인' '크레딧잡'과 같은

사이트에 접속하여 회사명을 검색하면 여러 가지 유용한 정보를 확인할 수 있고, 이 정보를 취합하여 취업 활동에 활용할 수 있어.

3) 산업분석

산업분석은 일반적으로 많이 알려진 PEST분석을 통해 쉽게 이해하고 분석할 수 있어. 산업분석 후 자기소개서 문항에 따라 활용할 수 있고, 면접에도 당연히 많이 사용될 수 있어. 만약 지원하는 기업의 산업에 대한 이해가 없다면 자기소개서 작성이나 면접에서 답변을 하기 힘들겠지? 반대로 산업분석을 제대로 하고 나면 다른 지원자보다 훨씬 좋은 평가를 받을 수 있을 거야. 산업분석의 PEST는 정치(Politics), 경제(Economy), 사회(Society), 기술(Technology)의 알파벳 조합 단어라고 이해하면 될 것 같아.

P(Politics): 정부가 산업에 얼마 만큼 관여하는지 내용을 취합한, 즉 국내외 산업에 대한 정치적 환경이나 정부의 산업정책, 또는 산업규제 등을 분석한 내용

E(Economy): 경제성장율, 금리, 물가상승 등 경제적인 지표에 따라 내가 지원하고자 하는 회사의 산업에 영향을 미치는 요인들을 확인하여 예측한 내용

S(Society): 소비자들의 사회적 인식, 회사에서 제공하는 서비스의 트렌드 변화, 사람들의 라이프 스타일 변화, 즉 소비자들이 회사에서 제공하는 서비스를 구매하는 형태의 변화를 분석한 내용

T(Technology): 회사에서 고객에게 제공할 수 있는 신규 기술개발, 기술에 대한 혁신 사례, R&D 활동 등 산업군에서의 위치, 매출 등 영향을 미치는 요인들과 요소들을 다각도로 분석한 내용

PEST분석을 통해 미래에 대한 동향(사회, 기술 분석 시 미래 동향까지)도 자연스럽게 함

께 분석할 수 있어. 미래까지 분석된 자료는 어디에서 활용할 수 있을까? 반복적으로 이야기하지만 자기소개서 문항에 따라 활용이 가능(입사 후 포부 등)하고, 면접에서도 입사 후 포부, 회사(조직)에 대한 이해를 바탕으로 평가자와 함께 자연스러운 대화를 하는 데 활용될 수 있어.

PEST분석 프레임 워크를 활용하는 방법으로는 정치, 경제, 사회, 기술 공란에 산업에 영향을 줄 수 있는 내용을 정리해서 넣어 주면 돼.

위의 내용에 맞춰 산업분석이 완료되었다면 산업군에 대한 상당한 이해, 즉 사업에 대한 이해를 기반으로 자기소개서와 면접을 수준 높게 준비할 수 있어.

구분	산업 분석 내용(분석한 내용 정리)	활용
P(Politics)	방법: 관련 법규 찾기(법제처, 의안정보시스템)	자소서, 면접에 선택적 활용
E(Economy)	방법: 통계청(통계청 블로그), 한국은행, 경제 정보지, 경제 뉴스 등	
S(Society)	방법: 통계청(통계청 블로그), 인터넷 기사 등	
T(Technology)	방법: 특허청(특허청 블로그), 기술개발 정책에 대한 보고서 검색 및 활용 등	

2. 일반기업 자기소개서

1) 실전 자기소개서와 인성·적성 검사

▶ 인성·적성 검사란 무엇인가

인성 검사는 조직에 대한 적합성과 직무에 대한 적합성을 동시에 보는 검사라고 이해하는 것이 좋아. 조직에 대한 적합성을 알아보기 위해 인성 검사를 출제하고 반영하는 영역은 핵심가치와 인재상으로 구분할 수 있어.

핵심가치와 맞는지를 확인하기 위해 핵심가치에 기반한 질문(예를 들어 핵심가치가 도전, 해결, 성장이라면 이것을 검증하기 위한 여러 가지 검사 문항으로 구성)과 검증, 검사를 구성, 운영하고 있어. 이미 기업의 가치 체계 이해에서 배운 대로 핵심가치는 기업문화적 성격, 기업의 헌법, 규범(업과 직무의 특성상 반드시 지켜야 할 기준과 원칙)이기 때문에 문화적 성격을 알아보기 위한 인성 검사 내용과 기업의 헌법, 규범을 알아보기 위한 검사 내용, 가치관적 성격 특성으로 구성되어 있어.

다음으로 지원자가 인재상에 맞는지, 조직적합성에 부합한지를 검증하기 위해 핵심가치와 마찬가지로 검사를 실시하고 있어. 이처럼 인재상의 지식, 기술, 태도 중 태도에 초점을 맞춰 성격적 특성을 알아보기 위해 실시하는 검사가 인성 검사야.

인성 검사는 공부한다고 잘 볼 수 있는 시험이라기보다 성격적 특성을 통해 조직적 합성과 직무적합성을 알아보기 위한 검사이므로, 있는 그대로 솔직하게 응답하는 것 말고는 특별한 답을 구할 수 없다는 점을 꼭 이해하고 응해야 해.

대부분 회사의 인성 검사는 객관식 검사(시험)로 구성되어 있고 이에 응답하는 형식으로 구성되는데, 검사의 신뢰도와 타당도, 기업이 원하는 핏을 찾는 이 과정에 충실히 임하는 것이 중요해. 성격적 특성은 단시간에 바꾸기도, 바뀌기도 힘들기 때문에 아무리 좋은 경험과 지식, 기술을 갖추고 있어도 회사가 원하는 성격적 특성이 나와 맞지 않는다면 좋은 결과를 기대하기 힘든 것이 이 '인성 검사'인 거야.

인성 검사를 운영하는 방식은 회사마다 너무 다양하고 숨겨진 의도가 있거나 또는 난이도 조절까지 가능하기 때문에 인성 검사를 준비할 때는 회사의 핵심가치를 속성과 함께 명확하게 이해하고 인재상도 깊이 있게 이해해야 해. 그리고 성격적 특성을 회사에 최대한 맞추어 신뢰도가 흔들리지 않게 일관성 있는 답변을 하는 것도 인성 검사를 잘 볼 수 있는 방법 중 하나야.

적성 검사는 주어진 문제(수리, 언어, 추리 등)를 풀이하는 것이라고 단순히 이해해도 좋아. 주어진 문제란 직무를 수행함에 있어 지원자의 지능, 학습된 지식의 수준 등을 검증하기 위한 문제로 사실 시험 문제와 같은 성격이기 때문에 잘 풀면 좋다고 이야기해 주고 싶어. 대부분 대기업에서 적성 검사를 적격자, 부적격자를 걸러 내기 위한 용도로 활용하는데, 인성 검사와는 다르게 성격적 특성이 부정적으로 드러나는 사람을 걸러 내는 형태라기보다는 지능, 학습된 지식의 수준이 높은 사람을 선별하기 위해 실시한다고 이해하는 것이 좋아. 그렇기 때문에 공부하면 잘 볼 수 있다는 것이 적성 검사의 기본이야.

역량 빙산모델

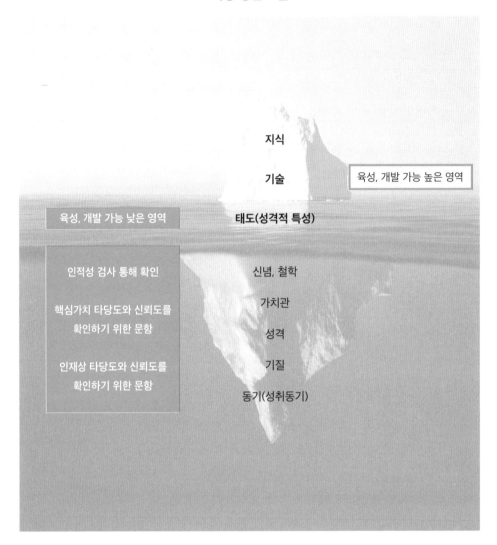

지식

기술

육성, 개발 가능 높은 영역

육성, 개발 가능 낮은 영역

태도(성격적 특성)

인적성 검사 통해 확인

신념, 철학

핵심가치 타당도와 신뢰도를
확인하기 위한 문항

가치관

성격

인재상 타당도와 신뢰도를
확인하기 위한 문항

기질

동기(성취동기)

▶ 자기소개서 작성 전 필독사항

앞서 이야기한 직무분석, 기업분석, 산업분석이 완료되었다면 이제부터 실제 자기소개서를 작성해야 해. 대기업들은 자기소개서 문항을 상당한 수준으로 구조화하여 조직적합성과 직무적합성을 판단하기 때문에 핵심가치와 인재상에 맞는 역량과 행동지표를 개발하여 자기소개서 문항으로 제시하여 활용하고, 면접에도 활용하고 있어.

하지만 그렇지 않은 회사도 상당히 많다는 점을 분명히 알고 있어야 해. 일부 중소, 중견기업은 자기소개서 문항을 구조화해 놓지 않은 경우도 많아. 왜 그럴까? 일부 중소, 중견기업은 '사람 모집 자체'가 큰 이슈이기 때문에 구조화해 놓은 자기소개서와 면접을 높은 수준으로 구조화해 진입 장벽 자체를 높이게 되면 원하는 '사람을 채용하는 단순한 행위' 자체가 원활하게 이루어지지 않기 때문이야. 중소, 중견기업의 인사담당자들의 가장 큰 고충이 이런 부분이야.

대기업은 구조화된 채용프로세스로 인재를 채용하지만, 이미 이야기한 대로 중견 이하 중소 및 벤처, 스타트업처럼 실제로 회사 운영의 존립 자체를 걱정하는 경우, 영업 활동과 마케팅 활동에 치우쳐 상대적으로 채용에 집중을 하지 못하는 경우가 생기기 때문이야. 그래서 중견, 중소기업은 구조화된 채용 방식을 채택하지 않는 경우가 상당히 많아(실제 경험담으로 지원자 자체도 너무 적어서 제대로 된 채용프로세스를 적용하기 힘들어).

또, 인사팀에서 운영하는 채용프로세스 방식은 분명히 기업마다 차이가 있기 때문에 자율적인 양식을 제공하고 자유롭게 자기소개서를 작성하게 하는 경우도 여러 사례로 확인할 수 있어. 대기업의 경우 인사담당자가 모든 지원자의 자기소개서를 전부 읽고 평가하는 것은 현실적인 어려움이 있고, 모든 직무에 대한 깊은 이해가 어렵기 때문에 현업(해당 팀, 본부) 담당자들에게 기본 가이드를 제공하고 자기소개서를 평가할 수 있도록 운영하는 경우가 대부분이야.

하지만, 아무리 가이드를 잘 만들어 주고 운영 방식을 설계하여 전달한다고 한들 현업 담당자들이 우리 인사팀만큼 채용에 대해 이해하고 중요성을 인식하고 있는 경우는 상대적으로 부족할 수밖에 없어. 그래서 현업 담당자들은 직무 역량, 직무 관련 경험에 초점을 맞추어 서류를 검토하는 경우가 대부분이야(직무에 대한 적합성만 검토한다는 이야기).

그렇기 때문에 직무와 관련된 경험과 경력을 많이 쌓고 직무수행에 필요한 역량을 많이 표현할수록 당연히 좋은 점수를 받을 수 있겠지. 추가로 현업 팀장이 직무에 대한 적합성을 확인하고 평가한다면 인사팀에서는 회사의 조직적합성(핵심가치, 인재상 등)에 맞는 경험과 행동이 추가되었을 때 좋은 점수를 받을 수 있는 구조로 정성, 정량 서류 평가가 운영되고 있어. 이런 관점에서 자기소개서를 쓸 때 주의해야 할 것은 각 자기소개서 문항에 직무수행과 연관 없는 역량이나 직무수행과 무관한 성격적 특성이 표현되거나 강조되면 좋은 점수를 받을 수 없다는 거야. 직무수행에 적합하고 필요한 역량과 경험을 표현하는 것, 이것이 서류합격의 가장 빠른 지름길이야.

자, 정리해 보자. 결국 대기업 및 중견기업은 구조화된 채용 방식(프로세스)으로 인재를 채용하기 때문에, 자기소개서의 문항을 정확하게 해석한 후 조직의 전략 목표 또는 비전을 달성할 수 있는 회사 핵심가치와 인재상에 부합한 나의 역량을 작성해야 하는 거지.

일부 중견, 중소기업, 스타트업 등 규모가 작은 회사는 구조화된 채용 방식을 운영하기에는 현실적 어려움이 있는 관계로 자율적 양식으로 자기소개서를 받거나, 대표적 문항으로 자기소개서를 작성하게 하는 경우가 많아. 하지만 기본적으로 취업의 원리는 조직적합성, 직무적합성의 논리에서 벗어나지 않기 때문에 이를 반영하여 자기소개서를 작성해 주면 돼.

결국 취업은 기업의 규모마다 조금씩 차이는 있지만 원리는 같은 거고, 회사에서 '일할 사람', 또는 다른 표현으로 '현재 문제를 해결해 줄 사람' '회사에 이익을 가져다주고 이익을 위해 기여할 수 있는 사람'이 필요하다는 것, 이것이 공기업과는 다른 일반기업(대, 중견, 중소, 스타트 기업 등) 취업의 핵심이야.

▶ 소제목에 대한 오해와 진실

'자기소개서에 소제목을 적어야 하나, 말아야 하나?' '남들 다 하니까 나도 비슷하게 대충 작성해 보지 뭐…' 하는 고민이 되지? 오히려 어설픈 소제목은 더 역효과를 가져올 수 있어. 정리해서 말하면 소제목은 단순히 내가 전달하고자 하는 바를 축소한 문장 그 이상, 이하도 아니라는 것을 분명히 알아 두어야 해. 소제목을 작성했다고 해서 자기소개서 평가 점수에 더 가점을 받고 소제목을 작성하지 않았다고 해서 감점을 주는 경우는 없어. 이왕 소제목을 작성할 생각이라면 아래 내용을 참고하여 작성을 할 수 있도록 해.

자기소개서 소제목은 본문 내용의 핵심 축약이야. 굳이 소제목을 작성해야겠다면, 간단하면서도 본문 내용에서 무엇을 전달하고자 하는지를 한눈에 나타내는 내용으로 작성해야 해. 더 나아가 자기소개서에서 요구하는 역량과 매칭할 수 있는 소제목이면 더할 나위 없이 좋겠지만 쉽지 않은 것이 현실이야. 하지만 몇 가지 원칙만 지킨다면 자기소개서 소제목 작성도 충분히 할 수 있어.

인사담당자가 가장 편하게 읽을 수 있는 소제목과 연결된 자기소개서는 전체 본문을 포괄하는 한 줄짜리 소제목이야. 첫 문장은 두괄식으로 작성되고 본문과 이어지는 내용이어야겠지? 두괄식 문장이 자기소개서의 핵심을 축약해 내용 전체를 이해시키는 역할을 한다는 것은 이미 알고 있을 거야. 인사담당자(과장급 이상 면접관 참석자)는 수많은 이력서, 자기소개서를 검토해야 하는 사람이기 때문에 지원자는 인사담당자, 평가자의 편의 즉, 집중해서 하나하나 읽어 보기엔 시간적 여유가 그리 많지 않은 그

들의 입장을 고려해 축약된 형식의 두괄식 문장을 작성할 필요가 있다는 말이지.

좋은 두괄식 첫 문장 작성의 기술은 인사담당자에게 나의 역량과 경험을 제대로 전달하고, 조금 더 그들의 호기심을 끌어 끝까지 읽도록 하는 장치가 되지만, 너무 큰 의미 부여는 하지 않아도 괜찮아.

다시 말하지만 소제목을 작성하거나, 하지 않은 것에 대한 가점과 감점은 없어. 자기소개서 문항은 해당 직무를 수행할 수 있는 역량이 있는지, 지원자의 경력과 경험이 직무와 잘 맞는지, 회사의 핵심가치, 인재상과 맞는지 등을 알아보기 위한 것으로 이것들이 서류 합격의 핵심이고 소제목은 그다지 중요하지 않아.

아빠가 설계한 자기소개서 문항을 보고 문항에서 어떤 역량을 요구하는지 찾아보고, 아래 소제목과 연계된 자기소개서 샘플 내용과 비교 분석해 보도록 해.

채용포지션: 인사담당자 신입 채용 건

"목표 달성을 위해 여러 사람들과 대화, 소통, 협업을 통해 긍정적 변화를 일으켜 본 경험과 사례를 작성하시오." (1,000자 이내)

실 자기소개서 작성 사례

핵심
소제목: "근태 관리의 핵심은 벽을 허물어 주는 것"
첫 문장: 불편함을 제거하고 정서적 안정과 만족감으로 근태 관리(출석률) 95%를 달성하였습니다.

전체
대학에서 과대표로 근무할 당시 학우들의 학과 행사 참석률이 상당히 저조했지만 3개월 후 행사 참석률 95%를 달성했습니다. 행사를 주관하고 운영해야 하는 입장에서 처음에는 상당한 고충이었습니다. 왜 우리 과 학생들은 학과 행사에 관심이 없고 참석을 하지 않을까 구글 설문지로 설문과 분석을 실시하였습니다.

1. 선후배들과의 어색함 2. 무서운 교수님 3. 통학의 어려움

실제 어떤 사유로 불참을 하는지 설문을 한 결과 '선후배들과의 어색함'이 55%로 행사에 불참하는 것의 가장 큰 원인이었습니다. 그래서 각 학년별 대표인원을 선발하여 대표들과 대면 후 다시 한번 불편한 상황에 대한 문제를 분석하고 그 문제(선배들의 강압적 태도)를 3~4학년 각 과대표들에게 과 행사에 모두 참석할 수 있도록 취지를 설명하고 저학년 후배들에게 진정한 선배의 모습을 보여 주도록 교육하였습니다. 이후 체육대회 행사 전 협의된 내용을 통해 강압적 태도를 제거하였습니다. - 중략 - 몇 달 후 진행되는 학과 행사에 학과 학생들이 95% 정도 참석하여 성공적으로 행사를 마무리하는 결과를 낼 수 있었습니다. 이처럼 제가 담당할 인사 업무에서는 사람들과의 커뮤니케이션도 중요하지만 핵심적인 일에 몰입할 수 있도록 정서적 안정감과 불안함을 제거해 주는 것이 중요한 역할이라는 것을 깨닫게 되었습니다.

사실 인사담당자인 아빠의 눈에서 볼 때 근태와 학과 행사 참석률의 상관관계가 크다고 생각하지는 않았어. 하지만 소제목, 첫 문장을 보고 끝까지 읽지 않을 수 없었던 사례였고, '직장생활을 한 번도 하지 않은 지원자가 근태 관리의 벽을 허물었다고?'라는 생각에 너무 궁금해서 집중해서 자세히 읽어 본 사례였지. 근태 관리를 학과 행사 참석률로 우회적으로 표현함으로 좋은 평가를 했던 자기소개서 사례야.

또, 자기소개서 문항에서 이미 답을 다 줬지? 해당 문항은 인사담당자가 갖추어야 할 역량인 문제해결력, 목표 달성, 목표 달성의 진정한 의미로 볼 수 있는 협업과 팀워크, 커뮤니케이션 능력을 알아보기 위해 제시했던 문항이었거든. 이 자기소개서를 통해 신입사원이 실제 업무에 투입이 되었을 때 근태 관리, 채용 후 출근 관리, 더 나아가 인사담당자로서 회사 조직문화 형성에도 충분한 기여를 할 수 있을 것이라는 예상을 해 볼 수 있었고, 인사담당자의 기초역량인 문제해결, 목표 달성, 협업과 팀워크, 커뮤니케이션의 능력을 확인해 볼 수 있었던 사례였어.

자, 다시 정리하자. 자기소개서에서의 소제목은 작성을 안 해도 감점은 없다. 단 작성을 할 거라면 전체 문장이 축약된 내용으로 눈에 들어오도록 작성하고, 호기심을 일으킬 수 있는 마케팅요소가 포함된 소제목(단 본문에서 이상한 내용이 나오면 안 되겠지?)으로 작성했으면 좋겠어. 이도저도 아닌 소제목에 대해 '작성해야 할까, 하지 말아야 할까?' 고민만 된다면 차라리 소제목은 작성하지 않는 것이 더 도움이 될지도 몰라.

자기소개서 "소제목"

소제목 작성 여부는 평가 점수에 절대 반영하지 않는다!

소제목 작성을 해야겠다면,

추천 1: 전체 문장을 축약한 간단한 문장으로 표현

추천 2: 마케팅적 요소가 포함된 호기심을 자극할 수 있는 문장으로 표현
- 본문과 상이한 문장은 오히려 독이 될 수 있음

▶ 자기소개서 대표 문항 작성 방법

지원동기

우리 아들딸들이 가장 어려워하는 부분 중 하나가 지원동기 작성일 것 같아. 그런데 사실 지원동기 작성은 직무와 회사에 대한 이해만 있다면 그리 어렵지 않게 작성할 수 있어. '직무, 기업, 산업분석+입사하고자 하는 간절함과 그에 따른 노력+회사에 기여할 수 있는 부분'이 표현되어 있고 그 내용을 지원동기에 그대로 적용만 해 주면 되는 거거든. 지원동기는 직무 지원동기와 회사 지원동기 두 가지로 나눌 수 있어. 예를 들어 '해당 직무에 지원한 동기를 작성하시오' '우리 회사에 지원한 동기를 작성하시오'와 같은 형태로 자기소개서 문항이 출제되고 있는 거지. 지원동기는 이렇게 직무 지원동기와 회사 지원동기 두 가지 형태로 문항이 출제될 수 있구나, 라고 이해해 주면 되고 회사 인사담당자, 현업의 서류 평가자가 지원동기를 통해 직무와 회사를 얼마나 이해하고 있는지, 입사하기 위해 어떤 노력을 했는지(해 왔는지) 회사가 요구하

는 역량을 이해하고 지원동기에 입사하고자 하는 의지와 열정을 담아 경험과 역량을 표현했는지를 확인하고자 한다는 걸 알아 두면 돼.

결국 위에 이야기한 대로 '직무, 기업, 산업분석+입사하고자 한 노력'을 통해 입사하고자 하는 간절함과 의지, 기여하고자 하는 바를 확실히 표현하는 것이 지원동기인 거야. 분석한 내용과 노력한 점을 진정성 있게 지원동기에 작성한다면 좋은 평가를 받을 수밖에 없어.

일반기업의 지원동기 작성의 흐름은 틀이 정해져 있지는 않지만 '경험 → 상황 → 행동 → 노력한 점(얻게 된 역량, 회사에 기여할 수 있는 것으로 표현해도 좋아) → 결과 → 교훈(경험으로 무엇을 알게 되고 느꼈는지)'의 흐름으로 작성하면 좋은 평가를 받을 수 있어. 다음의 표로 예를 들어 볼게.

---

1. 경험: ~한 경험이 있습니다(또는 경험을 했습니다).
2. 상황: ~한 상황에서, ~한 상황으로, ~한 상황 때문에
3. 행동: ~한 행동(실제 행동, 단 회사 직무수행, 핵심가치, 인재상에 유사한 행동으로), ~한 행동
이, ~한 행동을, ~한 행동과 함께
4. 노력한 점: ~한 노력, ~한 노력의 결실이, ~한 노력과 함께
5. 결과: ~한 결과가
6. 교훈: ~해야 한다는 교훈, ~했으면 하는 교훈, ~한 것을 더 노력했어야 하는, ~한 노력이 회사
에 기여 등

예시와 같이 지원동기를 작성하고 직무에 필요한 역량, 회사에서 필요로 하는 적합성, 입사하고자 노력한 점을 평가자가 확인만 할 수 있으면 된다는 거야. 이것이 직무 지원동기, 회사 지원동기의 핵심이야.

성장과정

성장과정에 대한 자기소개서 문항은 대기업, 중견, 중소기업 모두 선택적으로 제시하고 있어. 우리 아들딸들은 성장과정을 작성하라 하면 어떻게 작성해? '어디서 태어나서 많은 친구들과 학창시절을 보내고, 훌륭한 부모님 밑에서 성실하게 잘 자랐다' 이 정도 흐름 아닐까? 성장과정을 회사에서 왜 묻는지 생각해 본 적 있어? 성장과정을 기업에서 묻는 이유는 성장하면서 형성된 가치관, 성격적 특성이 어떻게 자리 잡았는지, 그 과정을 통해 습득한 직무와 관련된 역량이 있는지, 그래서 회사 조직에 적합하고 직무수행에 적합한지가 궁금해서 묻는 문항이야. 성장하며 형성된 가치관과 성격적 특성은 쉽게 바뀌지 않아. 그렇다면 회사 입장에서는 개인의 성격적 특성 등 업무를 수행하는 데 필요한 이런 중요한 부분들에서 회사 조직적합성이나 직무적합성과 다른 가치관과 성격적 특성들이 드러난다면 채용할 이유가 없어지게 되지.

회사 인사담당자들도 성장과정을 통한 가치관, 성격적 특성 등은 교육이나 개발을 통해 변화시킬 수 없다는 것을 이미 알고 있기 때문에, 여기에 초점을 맞추어서 작성해야 하는 게 중요해. 그렇다면 성장과정에 대한 작성은 어떻게, 어떤 방향으로 하는 것이 좋을까?

성장과정은 회사의 가치관과 내 가치관을 연계시키는 방법으로 작성을 많이 하는데, 가치관 자체가 주관적 요소가 많이 개입되어 있기 때문에, 서류 평가를 하는 인사담당자나 현업담당자도 위와 같은 방식을 평가하기는 힘들거든. 이런 이유로 위의 방식은 추천하지 않아. 그럼에도 평가자들은 가치관을 평가하고자 하니까, 회사와 나의 가치관이 잘 맞다는 것을 증명할 수 있는 사실이 객관적이고 구체적이라면 이 방식을 사용해도 좋아.

아빠가 알려 주고 싶은 가장 좋은 성장과정 작성 방식은 성장과정을 통해 습득한 역량(직무와 관련된)을 중심으로, 가치관이 역량과 어떤 연관성이 있는지 연결하는 방식이야. 즉, '직무 역량+가치관'을 포함하여 작성하는 방식이야. 단순히 가치관만 연결하여 작성하는 것보다 '직무 관련 역량 중심+나의 가치관' '경험과 행동 사례'를 포함하여 작성했을 때 조금 더 명확한 의미의 성장과정을 작성할 수 있기 때문에 훨씬 더 좋은 평가를 받을 수 있어.

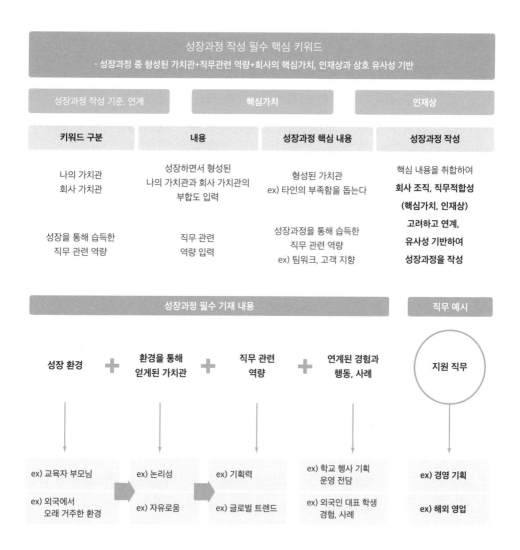

성장과정 작성에서 주의해야 할 점은 절대 나의 일대기를 담은 장황한 내용을 작성하지 말고, 성장하면서 얻은 가치관과 직무 역량, 그리고 구체적 경험과 행동 사례를 적절히 포함하여 작성해야 한다는 거야. 성장과정의 가장 큰 장점은 모든 사람이 성

장한 과정이 다르기 때문에 그만큼 잘 작성된 성장과정은 개인의 경쟁력으로도 작용할 수 있다는 점이야. 특별한 성장과정으로 형성된 '긍정적 가치관+직무 관련 역량'은 누구도 이길 수 없는 나만의 경쟁력이라는 것을 절대 잊지 말았으면 좋겠어.

성격의 장단점

자기소개서는 모든 문항이 다 어려운 것 같아. 하지만 성격의 장단점 문항도 몇 가지 포인트만 잘 잡아서 작성한다면 오히려 구조화된 자기소개서 문항보다 쉽게 작성할 수 있기도 해. 성격의 장단점은 직무적합성과 조직적합성 모두를 확인하기 위해 묻는 문항이야. 쉽게 말해 성격이 대범하고 활발하면 연구, R&D 직무와 맞지 않을 수 있고, 소심하고 내성적이면 고객센터 업무와 잘 맞지 않을 수 있다는 성격에 대한 보편적인 기준을 가지고 직무적합성을 평가하는 논리를 가진 게 '성격의 장단점' 문항인 거지. 물론 대범한데 연구 업무가 잘 맞거나, 소심한데 고객센터에 잘 맞는 모순적경우도 존재하긴 해(그래서 취업자, 인사담당자 모두 힘든 것이 아닐까?). 하지만 기본적으로 직무수행에 무리 없는 성격과 역량을 확인하는 것이 중요해.

즉, 성격의 장단점도 직무수행에 무리가 없는 선에서 적합한 성격적 특성과 역량에 맞게 작성해야 해(일반기업 자기소개서의 반은 직무와 연관된 역량이라고 봐도 무방해).

그럼에도 우리 아들딸들은 성격의 장단점 작성 문항을 보는 순간 턱하고 막힐 거라 생각이 들어. 자신의 장점과 단점이 뭔지 잘 모를 수 있거든. 장점과 단점을 확인할 수 있는 아주 간단한 방법이 있어. 주변인을 통해 나의 진짜 성격, 성향, 장점과 단점을 확인해 보는 거야. 주변인을 통해 확인된 나의 성격적 장점 중 기업에서 요구하는 직무 역량, 인재상, 핵심가치 등과 비교하여 조직에 대한 적합성을 극대화할 수 있는 장점을 찾아 작성을 하면 되고, 실제 경험과 사례들을 추가해서 작성하면 돼. 이건 아빠도 처음 취업을 준비할 때 사용했던 방법인데 여러 그룹을 대상으로 설문 후 결과를 보면 분명히 공통적인 것들이 나올 거야. 그게 주변에서 나를 바라보는 진정한 의미의 나의 성격이라고 생각해도 좋아.

　다음, 심각한 문제(성격의 단점에서 그리 심각한 문제는 없을 거야)가 없는 단점, 다시 말해 직무를 수행하는 데 무리가 없을 정도의 단점을 선택하여 단점을 작성해 주면 돼. 단점이 없는 사람이 있을까? 겁내지 말고 직무수행에 문제가 없을 정도의 단점을 선택하여 솔직하게 작성해 주면 어렵지 않게 작성할 수 있어(직무 역량과 조직적합성에 너무 어긋나는 장점과 단점은 지양하라는 말이야). 솔직한 단점을 표현한다고 내 감정을 이입해 정말 심한 단점들이 들어가 표현된다면 결과는 이야기하지 않아도 알 거야. 단점을 작성하면서 잊지 말아야 할 가장 중요한 점은 단점을 극복하기 위한 노력을 어떻게 하고 있으며, 현재 어떤 상태인지 거짓 없이 표현해 줘야 한다는 거야. 누구나 장점과 단점이 있기 때문에 '직무수행하는 데 무리가 없고 우리 조직의 인재상과 핵심 가치에 부합하도록, 즉 조직적합성과 연관성 있게' 작성하면 되는 거지.

입사 후 포부

　포부란 무엇일까? '마음속에 지닌 앞날에 대한 생각이나 계획, 희망 또는 목표. 개인이 자신의 현재 상황을 인식하여 미래를 준비하면서 예상하고 희망하는 목표를 말하며, 현재보다 높은 상위의 것, 자기 향상에 대한 열망(출처: 네이버 지식백과)' '마음속에 지니고 있는, 미래에 대한 계획이나 희망(출처: 네이버 어학사전)'이라고 할 수 있어.

　직무수행에 있어 중장기적 관점에서 무엇을 어떻게 이루고 성장(성취)하고 싶은지 근거와 함께 표현해 주면 되는 거야. 회사 인사담당자(서류 평가자)가 입사 후 포부를 보는 관점은 입사 후에 주어진 업무에 대해 무엇을 이루고(성취하고) 싶어 하는지, 미래에 대해 어떤 준비를 하고자 하는지, 어떤 노력을 하고 있는지 궁금한 거야. '뚜렷한 미래에 대한 계획을 가지고 있다면 분명히 주어진 업무를 잘 수행하고 좋은 성과를 낼 수 있을 것이다'라고 인사담당자는 예측을 하는 거지.

그렇다면 입사 후 포부는 어떻게 작성하는 것이 좋을까? 대부분 우리 아들딸들은 '국내 1위 ○○회사가 세계 1위 회사가 되도록 노력하겠습니다' '5,000억 매출을 달성하는 데 보탬이 될 수 있도록 공부하고 꾸준히 노력하겠습니다'와 같이 명확한 근거 없는 추상적 표현으로 입사 후 포부를 작성하는 경우가 많은데, 이렇게 쓰면 절대 좋은 평가를 받을 수 없어.

직무 비전	중장기적(5~10년)으로 달성하고자 하는 나의 직무 비전
구체적 행동과 노력	직무 비전 달성 위한 구체적 행동, 노력
직무 비전 달성 위한 업무의 목표와 계획	직무 비전 달성 위한 업무 목표와 계획

입사 후 포부 작성 필수 핵심 키워드
- 직무 비전 수립 / 비전 실현 위한 행동과 노력 / 업무의 목표와 계획

키워드 구분	내용	입사 후 포부
직무 비전 수립	중장기적 직무 비전 수립 ex) 인사기획 국내 넘버1	
구체적 행동과 노력	비전을 달성하기 위한 직무 관점 목표의 구체적 행동과 노력 ex) 1~2년: 구성원 개별 업무, 특성 파악 　　3~5년: 실무 관리 역량 개발 　　5~10년: 회사 고유 유연한 인사 관리 기획, 운영	핵심내용을 취합하여 입사 후 포부를 작성한다.
업무 목표와 계획	직무 비전 달성을 위한 업무 목표 계획 ex) 1~2년: 조직의 심층 이해 　　3~5년: 인적 자원 관리 실무 마스터 　　5~10년: 조직내 최고 기획자	

입사 후 포부는 내가 수행할 직무의 비전 달성 계획을 중심으로 내가 수행할 업무의 중장기적 비전(성장과 성취하려는 구체적 계획과 노력)을 그려 작성하는 것이 가장 좋아. 입사 후 포부도 직무에 대한 상당한 이해가 반드시 필요하기 때문에 직무에 대한 이해를 기본으로, 수행할 업무의 중장기적 비전을 작성한다면 반드시 좋은 결과를 얻을 수 있을 거야.

▶ 자율양식 자기소개서

자율양식의 자기소개서는 잊지 말아야 할 정말 중요한 점 몇 가지가 있어. 우선 자율양식 자기소개서의 가장 큰 장점은 내 생각과 역량을 자유롭게 표현할 수 있다는 것이야. 반대로 단점은 너무 자율적으로 작성하다 보면 회사에서 요구하는 조직의 적합성과 직무에 대한 적합성을 골고루 표현하지 못하는 실수를 범하게 된다는 거야.

회사에서 자율양식 자기소개서를 요구하는 이유는 회사, 직무별로 다양하겠지만 좀 더 넓은 의미에서 지원자의 솔직한 역량을 보고 싶어 하는 것, 구조화된 양식의 틀에서만 볼 수 있는 것들 외 지원자 특유의 개성을 보고 싶어 하는 거야. 또, 회사 업에 따라 창의성이 부각되는 사업과 산업군이라면 그 지원서(자기소개서 등)를 통해 그 사람의 창의성 또는 새로운 관점의 표현 방식을 통해 직무적합 여부를 판단하고 싶기 때문이야.

착각하지 말아야 할 것은 여기서도 회사 운영, 즉 채용의 원리는 절대 변하지 않는다는 사실이야. 해당 직무를 잘 수행할 수 있는 인재상(역량)을 갖춘 사람, 회사의 문화와 규범, 규칙에 어긋나지 않는 사람을 채용하는 것은 변하지 않는 원리라는 거지. 방식은 자유롭게 취하되 그 회사의 핵심가치, 문화와 인재상을 벗어나면 안 된다는 말이야. 우리 아들딸들 입장에서 정말 힘든 일이지만 회사 채용 원리 자체가 이렇기 때문에 어쩔 수 없는 부분이기도 해.

자율양식 자기소개서의 가장 쓰기 좋은 일반적인 문항은 지원동기, 입사 후 포부, 성격의 장단점, 현재 인재상 트렌드인 협업, 소통 경험, 문제해결 정도야. 이 문항들이 가장 일반적이면서 대부분 회사 직무수행에 필요한 내용들이기 때문이야(NCS 문제해결 자기소개서 작성법 참고, 일반기업 대표적 자기소개서 문항 참고).

회사 홈페이지를 통해 회사의 핵심가치나 인재상을 확인할 수 있다면 그 역시 자율양식 자기소개서 1순위로 활용하면 좋아. 그리고 이건 실제 사례인데 자기소개서 자율양식에 문항을 작성하고 그를 뒷받침해 줄 수 있는 사진, 자료(개인 홈페이지 링크, 블로그 등)를 보여 줌으로써 조금 더 좋은 점수를 준 적이 있어. 왜냐하면 자기소개서를 다 읽지 않아도 한눈에 알 수 있는 내용들이 뒷받침되어 있었고 사진 한 장으로 무슨 일을 어떻게 했는지 알 수 있었기 때문이야. 그리고 일반적인 자기소개서 문항과 다르게 자율양식 고유의 특성이 반영되어, 그 자료만 보고도 직무적합성과 조직적합성을 확인할 수 있었기 때문이야.

다시 한번 이야기하지만 회사 조직적합성, 직무적합성에 대한 내용이 반드시 추가되어야 할 것이며, 사진, 링크 등을 보여 줄 때도 나의 역량, 과거 자랑이 아닌 직무수행에 문제가 없는, 더 나아가 도움이 되는 내용을 자유롭게 표현하면 돼.

자율양식 이력서를 작성할 때 지원동기, 입사 후 포부, 성격의 장단점, 현재 인재상 트렌드인 협업, 소통 경험, 문제해결 등을 활용하여 자기소개서를 작성할 수 있도록 권고했지만 말 그대로 자율양식이기 때문에 채용의 기초 원리를 벗어나지 않는 범위 내에서 마케팅적 요소를 추가하여 작성한다면 이 또한 좋은 점수를 얻을 확률이 굉장히 많아. '회사가 나에게 무엇을 원하는가?' '회사는 현재 어떤 난관(문제)에 처해 있는가?' '회사가 내 능력을 산다면 어떻게, 어떤 모습으로 변화될 수 있는가?' '회사에 내가 제공할 수 있는 것은 무엇인가?' '직접적인 행동을 촉구할 수 있는 것은 무엇인가?' '회사가 나를 채용하는 과정에서 성공적으로 마무리될 수 있는 것은 무엇인가?' '나를 채용함으로 회사는 어떤 변화가 생기는가?' 이 일곱 가지를 추가하여 회사 채용 기초 원리에 맞게 작성해 준다면 반드시 원하는 좋은 결과를 얻을 수 있을 거야.

마케팅 관점 자율양식 자기소개서 작성가이드

회사가 나에게 무엇을 원하는가?

회사가 원하는 것을 정의한다.
- 채용공고의 직무 내용(예를 들어 인사담당자), 그 직무를 채용한다는 것을 문제로 인식

회사는 어떤 난관(문제)에 처해 있는가?

- 해당 직무를 수행해야 하는데 담당자가 필요한 문제, 이미 업무를 수행하고 있으나, 경력자 또는 추가 인재가 필요한 문제

회사가 내 능력을 산다면 어떻게, 어떤 모습으로 변화될 수 있는가?

- 핵심가치에 맞는 소통형 인재인 내가 소통을 통해 업무가 제대로 처리되도록 할 수 있을 것이며, 인재상인 주도적 인재상에 따라 누가 시키지 않아도 주도적으로 행동하고 업무를 수행하여 회사는 경영 활동에 집중할 수 있고 내 능력 역시 경영 활동에 보탬이 되고 기여할 것이라는 내용이 작성되어야 함

회사에 내가 제공할 수 있는 것은 무엇인가?

ex) 과정에 있어서의 계획은 3개월 안에 채용프로세스를 구축하여 실무에 적용하여 운영하고 6개월 후 사내 교육프로세스를 구축하여 직원교육을 진행할 것이며, 1년 후에는 회사 평가시스템을 개선하여 모두 공평한 평가를 받을 수 있도록 제도를 구축할 것이다.

ex) 약속할 수 있는 약속 계획은 구축된 프로세스를 적용하여 우수한 인재를 채용하고 교육하며 평가하여 내부 승진과 보상에 연계할 것이며 신뢰받는 인사팀의 일원이 될 것이다.

직접적인 행동을 촉구할 수 있는 것은 무엇인가?

- 직접적 인사팀 행동 촉구
ex) 바로 전화주세요, 만나서 면접에서 자세한 이야기합시다(내가 경험한 역량, 나의 능력을 보여줄 수 있는 증거를 통해 바로 전화할 수 있도록 인사팀에 직접적인 메세지를 전달한다) 등.

- 전환적 인사팀 행동 촉구
ex) 나의 권위(특별한 역량)를 통해 나의 전문성을 적극적으로 증거(증빙 자료)와 함께 표현해라. 그러면 인사팀에서 바로 전화가 올 것이다.

회사가 나를 채용하는 과정에서 성공적으로 마무리될 수 있는 것은 무엇인가?
ex) 채용을 진행하는 근본적 문제(채용할 인재)를 나를 통해 해결할 수 있고, 회사는 채용을 성공적으로 마무리할 수 있다.
나를 채용함으로 회사는 어떤 변화가 생기는가?
ex) 회사에서 원하는 직무를 수행할 수 있고 다시 채용프로세스를 반복하지 않아도 된다.

2) 대기업 자기소개서

▶ **대기업 자기소개서 문항**

대부분의 대기업은 자기소개서 문항 제시를 중견, 중소기업(일부 스타트업)과는 조금 다른 방식으로 하고 있어. 자기소개서 대표적 문항을 직접적으로 표현하여 사용하는 경우와 역량을 구조화한, 즉 역량을 직접 표현하지 않고 에둘러 표현한 자기소개서 문항을 제시하는 경우, 인재상과 핵심가치에서 직무별로 중요한 영향을 미치는 것들로 자기소개서 문항을 제시하는 경우라고 할 수 있지. 다시 말해 대기업들의 자기소개서 문항 제시는 여러 가지 경우의 수가 정말 많다는 말이야.

지원동기, 성장과정, 성격의 장단점, 입사 후 포부와 같은 문항은 많이 접해 본 내용이고 이 문항 안에 포함된 의도까지도 어느 정도 알 수 있을 거라 생각해. 하지만 구조화된 역량, 또는 인재상이나 핵심가치를 반영한 자기소개서 문항이 제시되었을 때는 작성하기가 정말 힘들 거야. 회사에서 원하는 조직적합성(핵심가치, 인재상)에 대한 것, 직무적합성(직무수행 역량 등)에 관한 내용은 지원자가 볼 때는 상당히 혼란스럽고 헷갈릴 수 있고, 이 역량을 기반으로 지원동기, 성장과정, 성격의 장단점, 입사 후 포부를 우회적으로 묻는 경우도 많기 때문이야. 이렇게 헷갈리고 어려운 자기소개서 문항이라 해도 직무 역량, 인재상, 핵심가치를 벗어나 문항을 제시하는 것은 아니니 기업에서 제시한 문항에서 몇 가지 단어와 문장에 선입견을 가지고 접근하지 않았으면 좋겠어. 자기소개서 작성의 시작은 '자기소개서 문항 해석'이 첫 번째인데 이건 이미

이야기한 대로 회사의 가치 체계를 이해하고 직무와 기업, 산업분석을 선행한다면 충분히 해석하여 제대로 된 자기소개서를 작성할 수 있어.

올해, 다음해 계속 같은 자기소개서 문항을 제시하는 회사의 경우, 단어나 일부 문장만 수정해서 문항을 제시하는 경우도 있을 수 있는데 지원동기 같은 경우는 직접적으로 물어보는 기업이 상당히 많아. 지원동기가 회사에 대한 관심과 직무에 대한 이해를 확인하기 가장 쉽기 때문이지. 물론 지원동기, 성장과정, 성격의 장단점, 입사 후 포부 등을 회사 사업의 특성, 직무 특성에 따라 강조해서 인재를 채용해야 할 부분이 있다면 사용하는 경우도 간혹 확인할 수 있어.

이렇게 대기업들이 자기소개서 문항을 설계, 개발하고 운영하는 이유는 역량 기반 구조화 채용이 일반화되었기 때문이야. 그래서 경험과 역량이 중요하다는 거야. 결국 무엇이냐? 대기업이든 중견, 중소기업이든 스타트업이든 회사 규모와 상관없이 각 문항에 내포되어 있는 의미는 자기소개서 문항을 제시한 '그들(인사팀)'만 알 수 있는데, '회사의 비전수립, 인재상 수립, 핵심가치 수립, 역량이 무엇인지'를 정확히 이해한다면 그들의 의도를 상당한 수준으로 역추론해 볼 수 있을 거야. 이미 이야기한 대로 채용의 기초 원리는 절대 변하지 않기 때문이야.

▶ 대기업 자기소개서 문항 사례

대기업 자기소개서 예시를 보면 다양한 형태의 문항이 출제되는 것을 볼 수 있어.

대표적인 자기소개서 문항 출제 경우

- 지원자 성격의 장단점을 작성하시오.
- 지원동기와 직무에 본인이 적합한 이유를 설명하시오.

앞의 경우와 같이 직접적으로 표현하는 경우도 있고, 아래와 같이 우회적으로 표현한 경우도 있어.

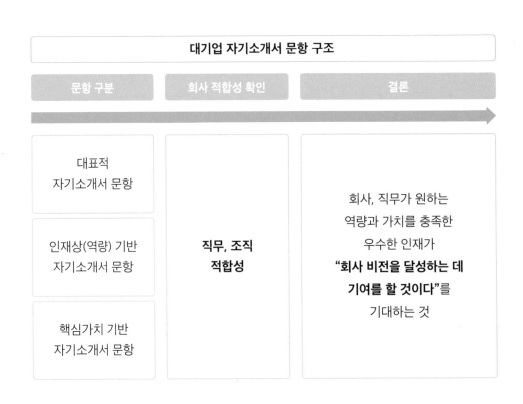

대표 문항을 직접적으로 표현하지 않은 경우 또는
우회적으로 표현한 자기소개서 문항 출제 경우

- 지원 회사(○○백화점, ○○홈쇼핑, ○○면세점)에서 근무하게 된다면, 어떤 커리어를 만들어 나갈지에 대한 계획을 설명하고, 이를 통해 어떻게 회사 발전에 기여할 수 있을지 설명하시오 (입사 후 포부를 묻는 문항).
- 본인이 주도적으로 팀을 이끌어 목표에 도전한 경험에 대해 기술하시오(열정, 도전이라는 인재상을 기반한 문항).
- 다양한 사람들과 공동의 목표를 달성하기 위해 협력했던 경험에 대해 기술하시오(협업, 팀워크를 묻는 자기소개서 문항).

대기업 자기소개서 문항 구조

문항 구분	회사 적합성 확인	결론
대표적 자기소개서 문항 인재상(역량) 기반 자기소개서 문항 핵심가치 기반 자기소개서 문항	직무, 조직 적합성	회사, 직무가 원하는 역량과 가치를 충족한 우수한 인재가 "회사 비전을 달성하는 데 기여를 할 것이다"를 기대하는 것

결국 중요한 것은 제시된 문항이 무엇을 의미하는지 정확하게 이해하고, 회사에서 요구하는 조직적합성과 직무적합성을 충족하는 경험과 사례를 통해 자기소개서를 작성하는 것이야.

핵심가치와 인재상을 연계한 ○○그룹 자소서 문항 예시1

핵심가치	
혁신 지향	변화의 필요성을 가장 크게 느꼈던 순간을 떠올려 주시고, 그 상황을 어떻게 해결하였는지 적어 주세요.

인재상	
우애, 일치단결	본인에게 있어 '동료 또는 조직'은 어떠한 의미가 있나요? 그룹에서 왜 이런 질문을 하였을지에 대한 본인의 의견도 적어 주세요.
목표 의식	그룹에 입사 후 본인이 실행하고 싶은 업무(과제)가 있는지, 그 업무가 본인과 조직에 어떠한 영향을 끼칠지 적어 주세요.

핵심가치와 인재상을 연계한 ○○그룹 자소서 문항 예시2

핵심가치	
그룹의 핵심가치 선택	그룹의 핵심가치를 한 가지 선택하여 정의를 내리고 본인이 해당 핵심가치를 보유한 인재임을 구체적 사례와 경험을 들어 말씀해 주세요.

인재상	
협업	협업을 통해 좋은 성과를 달성했던 사례와 실패 사례를 말씀해 주시고, 각 경험에서 어려웠던 점과 이를 통해 얻은 것을 기술해 주세요.

또다시 반복해서 이야기하지만 핵심가치, 인재상, 역량이라는 이 세 가지의 부분이 자기소개서 문항 출제의 기본이고 이것을 알기 위한 회사의 의도를 아는 것이 정말 중요해. 핵심가치, 인재상, 역량이라는 것을 정확히 이해하고 어떤 기업의 자기소개서 문항을 보더라도 자신감 있게 작성할 수 있는 힘을 기르면 반드시 취업할 수 있어.

3. 일반기업 면접

1) 실무진면접

▶ 면접의 시작, 입사 지원서와 자기소개서

면접의 시작은 내가 회사에 제출한 입사 지원서(이력서)와 자기소개서부터 시작이야. 회사는 서류 전형에 합격하고 마지막 관문인 면접 장소까지 온 지원자가 너무나도 궁금하지 않을까? 공기업과는 달리 일반기업들은 면접에서 블라인드 형태의 채용 프로세스를 대부분 진행하지 않기 때문에 나의 학력, 경력 등 이미 많은 개인 정보를 상당히 요구하고 있어.

이는 면접 시간에도 상당한 영향을 미치는데, 공기업은 채용프로세스가 구조화되어 있고 상당한 수준으로 준거와 행동지표를 설정해 놓고 정해진 질문을 벗어나거나 주관성을 개입시키면 안 되기 때문에(정해진 것 내에서만 면접을 진행) 면접 시간이 15~20분 내외인 것에 비해 일반기업은 30분 이상 충분한 시간을 두고 면접을 진행하는 것이 일반적이야. 더 이야기해 보고 싶은 지원자가 있다면 양해를 구하고 약속된 면접 시간을 초과하여 면접을 진행하는 경우도 볼 수 있어.

일반기업 1차 실무진면접은 대부분 직무 역량 중심(즉 직무수행의 전문성 검증)의 면접이 진행되는데 실무에서 상당한 성과를 내고 있는 과장급 이상의 실무진(경우에 따라 대리급도 면접관으로 참여)이 면접관으로 참석하고 있어. 이는 면접관은 회사의 업무를 누구보다 잘 수행하고 알고 있다는 뜻이지. 그렇기 때문에 지원자의 입사 지원서, 자기소개서에 있는 내용을 토대로 직무수행에 적합한지, 어떤 역량을 갖추고 있는지 심층적인 질문을 하게 될 거야.

면접에서 이렇게 실력을 갖춘 실무자가 면접을 진행하는데, 내가 준비해야 할 것은 무엇일까? 바로 이력서, 자기소개서 내용을 '무조건' 다 숙지하고 '각 문항, 문장별 질문에 즉각 대응'할 수 있도록 준비를 해야겠지. 무엇을 묻든 얼버무리지 않고 또박또박 답변할 수 있도록 말이야.

반복해서 이야기하면 공기업은 상당한 수준으로 '면접 자체'가 구조화되어 '정해진 준거' 내에서 지원자를 평가해. 이렇게 공기업은 주관적 요소가 최소화된 면접이기에 직업기초 능력과 직무수행 능력, 역량을 정해진 기준 내에서 판단하는 구조이지만, 일반기업은 면접이 구조화되었더라도 주관적 요소가 상당히 많이 개입될 수밖에 없는 구조를 가지고 있어. 이는 곧 면접관의 주관에 따라 합격과 불합격이 결정될 수 있다는 말이지.

그렇기 때문에 일반기업 면접은 나의 역량을 충분히 표현하는 것뿐만 아니라 결국은 위에 이야기한 대로 '내 이력과 자기소개서 내용을 무조건 100% 숙지하는 것'이 정말 중요해(다른 사람 자기소개서 복사, 붙여 넣기 한 것이라면 바로 불합격이겠지?). 숙지한 내용을 기반으로 면접관을 설득하여 내가 직무에 적합한 사람인 것을 지속적으로 어필하는 것이 중요해. 단, 합리적인 근거와 논리를 기반으로 말이지.

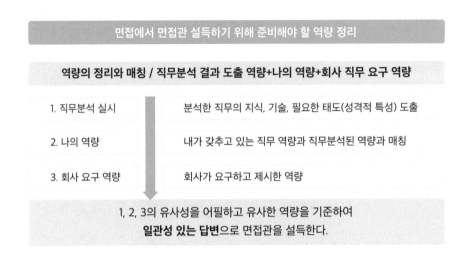

그렇다면 면접에서 면접관을 설득하려면 어떻게 해야 할까? 설득하는 것은 간단해. 나의 개인 역량(지식, 기술, 태도(성격적 특성)) 그리고 회사에서 요구하는 역량(지식, 기술, 태도)을 연계하여 내 역량과 회사 요구 역량의 일관성 있는 답변을 하는 것이 면접관으로 하여금 우수한 평가를 받을 수 있는 가장 좋은 설득 방법이야.

홍 길 동

👤 1996.01.14(26세)

📞 010.1233.5678 | hong@company.co.kr

📍 서울특별시 서초구 서초동

기본사항
Personal Information

학력사항

멋진 고등학교
인문계열 | 서울

멋진 대학교
경영학과 | 서울

병역사항

멋진 군대
보병 | 병장

보유자격증

운전면허증
컴퓨터활용 능력 1급
한국사 1급

사회경험

공기업 인턴
사무보조 | 1년

판매직 아르바이트
판매보조 | 6개월

대학생 봉사동아리
희망의 집 | 3년

기술사항

 Photoshop
••••••

 Illustrator
•••••

 MS Office
••••••

성장과정 (300자 이상 500자 미만)	회사가 원하는 가치관(핵심가치), 나의 가치관, 성장을 통해 습득한 직무 역량 중심으로 성장과정을 작성한 모든 내용
지원동기 (300자 이상 500자 미만)	직무분석, 기업분석, 산업분석을 통해 회사를 이해한 내용과 입사하기 위해 노력한 점, 회사에 기여할 수 있는 것이 작성된 직무 지원동기 또는 회사 지원동기를 작성한 모든 내용
입사 후 포부 (300자 이상 500자 미만)	내가 수행할 직무의 비전 달성 계획을 중심으로 내 업무의 중장기적 비전 즉 성장과 성취하려는 구체적 계획과 노력을 작성한 모든 내용

▶ 구조화 역량면접

구조화 역량면접은 역량을 직무별로 체계화, 표준화한 면접으로 얼마나 면접을 표준화했는가가 중요한 의미이고, 기업별 평가나 지원자를 통해 역량을 확보하려는 목적에 따라 인성, 창의, 역량 등 다양한 목적을 두고 진행해. 사실 회사별로 운영 방식과 용어는 차이가 있는데, 그럼에도 구조화된 면접은 상호 의사소통을 기본으로 적합자를 선발한다는 원리를 동일하게 가지고 있어.

사람은 쉽게 바뀌지 않기 때문에 평가자는 질문을 통해서 지원자의 과거 여러 경험과 상황이 회사 직무를 수행하는 데 긍정적으로 발현될 것이냐를 판단하는 거지.

사실, 회사 입장에서도 지원자를 파악하는 데 있어 지원자의 경험에 근거한 행동을 판단하는 것 외에 별다른 방법이 없기도 해. 사람을 짧은 시간에 정확하게 판단하고 이 지원자가 어떤 사람인지 정의한다? 불가능한 일이지. 그래서 기업 면접에서 중요한 것이 지원자의 경험과 행동이라는 거야. 그 경험과 행동이 회사에서 요구하는 직무 역량과 조직문화 등에 적합한지를 밝혀내는 것이 면접(구조화 역량면접)의 기본인 거야.

이 같은 구조화 역량면접은 대기업, 중견, 중소기업 등 많은 기업에서 채택하여 사용하는 면접의 방식인데 주로 과거 경험을 묻는 질문으로 면접을 진행하고 있어. 과거의 경험과 행동이 어떤 논리적 판단을 하였는지(직무별로 보는 역량이 다 다르겠지?), 어떤 가치관을 가지고 있는지, 어떤 신념을 가지고 있으며 어떤 역량을 가지고 있는지, 기본 성격적 특성은 무엇이 있는지를 구체적으로 확인할 수 있기 때문에 기업들이 적극적으로 활용하고 있어. 단, 세부적인 신념과 가치관, 즉 성격적 특성은 기업 채용프로세스 중 인성 검사, 성격 검사 등을 통해 확인하고 있어. 구조화 역량면접에서는 기본적인 사항만 확인할 수 있는 정도라고 이해해도 좋아.

구조화 역량면접에서는 면접 평가자가 범할 수 있는 오류와 단점이 있어. 지원자를 평가하는 면접관은 이 역량이라는 것을 인사팀만큼 잘 알고 있지 않아. 그래서 각 회사 인사팀에서는 면접을 진행하기 전 면접에 대한 가이드라인을 제시하고 교육하는데, 각 역량에 대해 상세하게 면접관들에게 설명하고 있어(안 하는 회사도 당연히 많아). 그래서 '면접에서 떨어진 이유가 뭐지?' '나는 면접을 정말 잘 본 것 같은데 말이야…' 라는 말이 나올 수 있는데 이것이 바로 면접관의 주관적 판단에서 오는 오류로 발생된 결과라고 볼 수 있어. 참으로 안타까운 일이야.

일반기업 면접도 공기업처럼 명확한 준거를 확보하고 그에 맞는 역량을 수시로 수정, 보완하여 최적화시키는 일들을 적극적으로 한다면 이런 면접관의 주관적 오류는 최소화할 수 있는데 시간, 비용 투입 등 인사팀과 경영진의 현실적 어려움도 분명히 있다는 거야(이렇게 준거를 확보하고 면접을 잘 보는 회사도 당연히 많아). 철저한 직무분석과 기업분석을 바탕으로 나의 역량에 대한 분석을 통해 기업의 요구사항과 나를 매칭하여 면접에 참석한다면, 이런 오류로 인한 피해는 받지 않을 수 있어.

기업 면접이 종료되고 카페, 블로그에 올라오는 후기들에 이런 피해를 입은 지원자가 생각보다 많을 수 있어. 이 부분이 지원자에게 보이지 않지만 합리적으로 추론해 볼 수 있는 면접관의 오류에서 나오는 면접 불합격 이유일 거야. 다시 이야기하지만 직무분석과 기업분석, 산업분석이 철저히 연습되어지고 나의 역량과 기업직무 역량을 이해한다면 상당히 높은 확률로 피해를 막을 수 있어.

이어서 면접관에게 면접 전 제공하는 면접관(역량)교육에 대해 이야기해 줄게. 충분한 교육이 이루어지지 않은 면접관이 면접 현장에서 제대로 지원자를 평가할 수 있을까? 사내 면접관이 인사팀만큼 면접에 대한 프로세스를 이해하고 역량에 대해 이해한다면 우수한 인재를 충분히 채용해 낼 수 있겠지만, 이는 너무나 이상적인 이야기야. 그만큼 실제 면접 현장에서 제대로 지켜지는 경우가 별로 없다는 거지. 면접을 보는 면접관은 책임 있는 자세와 마인드로 지원자의 역량을 끌어내고 회사 역량과 유사성을 검증할 줄 알아야 하는데 그렇지 못한 것이 현실이야.

이렇게 면접관의 자질이 상당히 중요한데도 실제 면접에서 실무 면접관의 주관이 상당히 많이 개입되고, 평가되기 때문에 구조화 역량면접을 진행해도 면접관의 '면접 역량 부족'으로 지원자가 피해를 보는 경우가 흔히 있어.

인사팀에서는 면접관에게 역량을 교육함으로 아래와 같은 역량 내용을 면접 평가자가 제대로 이해하고 면접에 활용하도록 하고 있어. 하지만 면접 현장에서 잘 지켜지지 않고 있기 때문에 인사팀 입장에서도 상당한 고충이기도 해. 우리 아들딸들은 그림과 같이 구조화 역량면접에서 '역량이 면접 평가자에게 이렇게 전달되어 평가하는 구나'를 이해하고 면접에 참석한다면 좋은 결과를 기대해 볼 수 있을 거야.

면접관 역량교육 자료	
평가 역량 / 정의	정확한 목표를 수립하고 이를 달성하기 위해 구성원들과 노력하여 성과를 창출하는 역량
팀워크	목표 달성을 위해 구성원들과 역량을 분배하여 성공적으로 목표를 달성한 경험과 행동
	구성원의 입장에서 구성원 전체의 목표를 위해 기꺼이 희생하고 도움을 준 경험과 행동
	부족한 역량이 나타난 구성원을 위해 적극적으로 도와주고 전체 목표 달성을 이룬 경험과 행동
	원만한 인간관계를 맺기 위해 모두에게 영향을 준 나의 적극적인 업무 활동의 경험과 행동
	목표 달성을 위해 구성원 간 상호 관계성을 견고화하고 서로 협력하여 목표를 달성한 경험과 행동
	목표 달성을 위해 구성원 간 업무를 피드백하고(피드백받고) 적극적으로 목표 달성한 경험과 행동

다음 그림과 같이 진행되는 1차 실무진면접을 직무 역량 관점에서 집중하여 준비하고, 준비되지 않은 면접관으로 인한 피해를 최소화하고 싶다면 실무적으로 일을 수행해 내는 데 사용할 수 있는 내가 가진 역량을 개발하고 이해하여, 직무수행을 무리 없이 할 수 있다는 것을 보여 준다면 반드시 좋은 결과를 얻을 수 있을 거야.

1차 실무진면접		
역량의 정리와 매칭 / 직무분석 결과 도출 역량+나의 역량+회사 직무 요구 역량		
면접관		현장 과장, 차장, 부장급 **실무자(경우에 따라 대리급 참석)**
면접 진행 방식		구조화 역량면접
주안점		지원자의 직무수행 역량(지식, 기술, 태도-성격적 특성)

▶ 1분 자기소개

1분 자기소개는 회사 입장에서는 지원자의 첫인상을 파악하는 자리, 지원자 입장에서는 나를 알리는 즉 직무수행에 적합한 역량을 갖추고 이 역량이 회사에서 직무를 수행할 때 강점을 발휘해서 성과를 낼 수 있을 것이라는 것을 어필하는 첫 번째 대화의 자리라고 할 수 있지. 즉 지원자는 자기소개를 구조화하여 평가자에게 의사를 잘 전달함으로 자신의 첫인상을 확실하게 보여 주는 자리라고 할 수 있어.

1분 자기소개라고 하면 우선 부담부터 갖는 경우가 상당히 많아. 처음 가 보는 회사 면접장, 면접 자체의 분위기 때문에 오는 압박감으로 긴장부터 하는 것이 어쩌면 당연한 걸지도 몰라. 하지만 너무 많이 들어 봤겠지만 긴장은 하지 않았으면 해.

평가자와 지원자는 갑과 을의 관계가 아닌 회사가 필요한 것을 제안하고(직무수행) 지원자는 자신의 역량과 능력으로 서류 또는 필기시험을 통과하여 평가자와 대면하는 이런 자리는 갑과 을의 관계가 아닌 서로에게 생산적인 대화를 통해 회사의 핏을 맞추는 자리 그 이상, 이하도 아니라는 거야. 긴장하지 말고 내 능력을 최대한 어필하는 자리라는 걸 기억하는 게 정말 중요해.

그럼 1분 자기소개 답변을 어떻게 하면 좋을지 살펴보자. 답이 없는 면접(특히 일반 기업 면접은 더 그럴 거야), 1분 자기소개 자리에서 최선의 답변을 할 수 있는 가장 좋은 방법은 자기소개서에 작성한 핵심 내용 키워드를 위주로 자기소개를 하는 것이야. 사실 이 답변 방식을 추천하는 이유는 회사에서 제시한 직무 역량과 조직적합성에 대한 부분이 1차적으로 서류에서 검토되어 합격한 지원자이고, 그 말은 이 지원자의 합격 자기소개서는 회사가 요구하는바(직무 역량, 인재상, 핵심가치 등)를 이미 대부분 충족시 켰다는 이야기와 같기 때문이야. 이 자기소개서에 작성한 핵심 내용을 키워드화하여 자기소개를 하는 것이 가장 효과적인 1분 자기소개라고 할 수 있어.

여타 다른 의견을 가진 분들이 1분 자기소개 지도를 하거나 말씀하실 때 "차별화 할 수 있는 포인트를 마련하여 자기소개를 해야 한다"며 여러 좋은 말씀을 많이 해 주시는데, 면접관의 성향, 주관에 따라 판단할 수 있는 기준이 너무 다르기 때문에 사실 실제 면접 상황에서 직접 경험을 해 본 결과 자기소개서 차별화 자체는 큰 의미는 없어. 면접에는 답이 정해져 있는 것이 아니기 때문에 이 분들의 말씀이 틀린 말은 아니 지만 괜한 차별화로 오히려 당황스러운 상황이 발생될 수도 있어.

예를 들어 "회사 직무 역량, 인재상과는 다른 저는 열정적이고 도전 정신이 강한 지 원자 ○○○입니다"라고 자기소개를 시작한다면, 평가자가 열정을 확인할 수 있는 "실제 구체적 사례와 경험이 있다면 조금 더 소개해 줄 수 있나요?"라는 면접 질문을 받았을 때 적잖이 당황할 수 있고 우리 아들딸들 표현으로 면접 시작하자마자 말릴 수 있어.

그렇기 때문에 자기소개는 회사 인재상이 창의적 인재라면 "안녕하십니까. ~~한 경험을 바탕으로 창의력을 발휘해 온 지원자 ○○○입니다"라고 시작하는 것이 가장 합리적인 답변 방식이야. 이미 회사 인재상에 기반한 나의 강점을 소개하고 있는 상 황이니까.

또 다른 답변 방식은 직무수행 역량과 관련된 답변 방식이야. 직무 역량이 '기획력'

인 인사 업무에 지원한 지원자라면 "안녕하십니까. ~~한 경험으로 기획한 것(일)들을 학교에서 우수한 평가를 받아 표창을 받고 회사 홍보집에 실린 기획력의 강점을 가진 지원자 ○○○입니다"라고 답변했을 때 충분한 실제 경험 사례를 바탕으로 설명하고, 유연하게 면접관의 질문에 대처할 수 있다는 말이야. 그래서 자기소개서에 작성한 핵심키워드를 회사 직무수행 역량과 나의 역량을 연결해서 답변하는 방식이 가장 좋아.

▸ 면접 답변 방법
그렇다면 면접 답변의 두 가지 방법을 알려 줄게.

첫 번째 면접 질문을 받고 답변할 때는 결과부터 이야기하는 것이 좋아. 평가자 입장에서도 결과를 이야기하고 그 결과에 대한 경험과 상황, 행동을 들었을 때 훨씬 이해하기 쉽기 때문이야. 이 경험과 행동은 다 근거가 되기 때문에 반드시 면접에서는 질문에 대한 결과부터 답변부터 하는 것이 좋은 점수를 받는 방법 중 하나라고 볼 수 있어. 결과부터 이야기하면 결과에 대한 과정, 문제를 해결한 과정, 상황, 얻어진 교훈 등이 궁금해지기 때문에 면접 평가자도 끝까지 집중해서 듣게 되는 효과도 있어. 그러니까 면접에서는 무조건 결과부터 이야기해 줘야 해. 그래야 내가 경험한 내용과 행동을 정확하게 평가자에게 어필할 수 있어.

면접 답변 방식도 1분 자기소개서 답변 방식과 마찬가지로 어떤 질문이든 직무를 수행할 수 있는지, 조직과 맞는 지원자인지를 묻는 질문들일 테니 질문에 귀 기울여 직무 역량을 묻는 질문인지 조직적합성을 확인하고자 하는 질문인지를 판단하고 그에 알맞은 답변을 하면 무리 없이 면접에 임할 수 있어. 물론, 어렵겠지만 그래서 분명히 면접에 많은 연습이 필요해. 두 번 세 번 반복해서 연습한다면 면접이라는 마지막 큰 산을 넘기 그리 어렵지 않을 거야.

두 번째 회사는 지원자가 주어진 일, 직무를 제대로 잘 수행하길 원해. 당연한 말이지. 이런 관점에서 보면 평가자는 질문에 직무를 수행할 수 있을지를 염두에 두고 있기 때문에 누가 뭐라 해도 직무수행의 관점에서 답변하는 것이 맞아. 만일 평가자가 "지원자 ○○○ 님은 대학생활 중 어떤 일을 하기 싫어하는 구성원을 설득해서 일을 끝까지 마무리하게 만들었던 경험이 있나요? 왜 그렇게 했나요? 결과는 어떠했나요?"라는 질문을 했다고 해 보자. "저는 대학생활 중 행사 참석에 미온적인 구성원들에게 밥을 사 주고 지속적인 대화를 통해 행사를 끝까지 마칠 수 있었습니다" 정도의 답변이 전부일 거야. 구체적인 문제해결 사례와 책임감 있는 행동이 드러나 있나? 전혀 확인할 수 없지? 하지만 대부분 지원자들의 답변이 이런 식이야. 정말 거의 대부분.

면접 답변 방법

결과부터 이야기하자!

직무 역량 관점으로 답변하자!

구체적인 경험과 행동 사례를 설명하며 답변하자!

이 질문의 의도는 문제해결력, 책임감, 신뢰라는 회사의 직무 역량을 확인하기 위한 질문이기 때문에 두 가지 키워드 중 하나를 선택하고 구조화하여 직무 관점의 답변을 하는 것이 가장 합리적인 것이 될 거야.

즉 답변을 "저는 학교 행사에 미온적 태도를 보이는 구성원들을 행사에 참석시켜 성공적으로 행사를 마무리한 경험이 있습니다. 우선 미온적인 태도를 보이는 구성원에 대한 분석을 실시했고 그 결과 무리한 일정 탓에 통학이 불편한 학우들이 많았고 이를 해결하기 위해 조교님과 일정을 수정하고 다시 행사 기획을 하여 모든 학우들이 행사에 적극적으로 참여할 수 있도록 하였습니다. 추가로 학우들의 불편함을 최소화하기 위해 도시락을 제공하여 학우들의 편의와 행사의 성공 두 마리 토끼를 다 잡을 수 있었습니다. 이러한 경험과 역량을 기본으로 회사 ○○직무를 수행하는 데 적합한 인재라고 생각합니다"라고 했다면 책임감, 분석적 역량, 적극적인 태도 등 많은 부분을 어필하고 이해시킬 수 있는 답변이 되겠지. 단, 이런 답변이 명확하게 되기 위해서는 사실에 근거한 나의 경험이어야 충분한 설명이 가능할 거야(절대 거짓 역량, 상황을 만들면 안 돼).

이와 같이 직무 역량 관점 답변을 하게 된다면 결과는 당연히 합격이겠지. 누가 뭐라 해도 기-승-전 직무 역량 표현과 답변이 최고야.

▶ 면접 예상 질문 역량과 매칭하여 만들기

이력서 기반

면접에 참석한다는 것은 이미 1차적인 검증은 회사에서 모두 끝났다는 이야기지. 그럼 면접에 참석하기 전에 답변 방식을 구조화하여 어떤 질문에도 버텨 낼 수 있는 방법은 무엇일까? 당연하게도 나의 이력과 자기소개서를 꼼꼼하게 정리하고 정비하여 면접에 참석하는 것이라고 할 수 있어. 면접은 서로 간의 대화가 기본이지만 평가자가 나를 궁금해 하는 부분을 해소시켜 줘야 최종 원하는 결과를 얻을 수 있기 때문에 나를 궁금해 할 것 같은 모든 요소를 정리해 둘 필요가 있어. 워낙 주관적이고 변칙적인 상황이 많은 면접을 이겨 내기 위해서는 가장 기본적인 정리부터 해 놓는 것이 우선이기 때문이야. 아래와 같이 회사에서 요구하는 직무 역량과 나의 이력, 자기소개서에 작성한 역량을 매칭하여 답변 방식을 구상해 놓는다면 분명히 좋은 결과를 얻을 수 있어.

이력서 예상 답변 만들기 예시

나의 이력서	확보한 역량	회사 요구 역량 (회사 직무 역량)	유사성 매칭	예상 질문 만들기	직무 역량 반영한 답변
전공	ex) 경영 지식, 조직 관리	전공 선택 이유와 전공을 통해 무엇을 배웠는지, 전공과 직무가 상이한데 무엇을 할 수 있는지를 묻는 경우가 많음		ex) 전공을 선택한 이유	ex) 직무를 수행하는 데 필요한 기초 지식을 ~통해 습득하고 실무를 수행할 준비가 되어 있습니다.
자격증	ex) ○○직무 실무 지식 ○○프로세스 이해	○○실무, ○○업무	유사/다름 (둘 중 판단하여 매칭)	ex) 자격이 업무수행에 무엇이 도움이 되는가?	ex) ○○자격을 취득함으로 ○○직무를 수행하는 데 ○○를 만들 수 있고~
사회경험	ex) 책임감, 팀워크, 커뮤니케이션, 의사소통 등	책임감 의사소통 문제해결	유사/다름 (둘 중 판단하여 매칭)	ex) 책임감, 팀워크 등을 발휘한 경험과 사례는 무엇인가?	ex) ○○상황에서 기한을 맞추기 위해 ~한 경험을 바탕으로 책임감 있게 끝까지 업무를 수행한 경험이 있습니다.
기타 활동	ex) 문제해결, 예산 관리, 조직 이해		유사/다름 (둘 중 판단하여 매칭)	ex) 문제를 어떻게 해결했나? 구체적인 사례를 이야기하라.	ex) 기존의 방식을 변경하여 ○○가 발생된 문제를 해결하였습니다.

이력서 예상 답변 만들기 적용

나의 이력서	확보한 역량	회사 요구 역량 (회사 직무 역량)	유사성 매칭	예상 질문 만들기	직무 역량 반영한 답변
전공		전공 선택 이유와 전공을 통해 무엇을 배웠는지, 전공과 직무가 상이한데 무엇을 할 수 있는지를 묻는 경우가 많음			
자격증			유사/다름 (둘 중 판단하여 매칭)		
사회경험			유사/다름 (둘 중 판단하여 매칭)		
기타 활동			유사/다름 (둘 중 판단하여 매칭)		

자기소개서 기반

자기소개서 기반 예상 질문은 정확하게 이야기하면 내가 작성한 모든 자기소개서 문항의 내용에 대해 질문이 들어올 수 있다는 것이야. 반대로 자기소개서에 있는 내용이어도 질문이 안 들어올 수도 있다는 뜻이기도 하지. 하지만 지원자 입장에서 어디에서 어떻게 질문을 받을지 모르고 내 이력에 대한, 내 역량에 대한 질문에 답변을 정확하게 하는 것도 나의 몫이기 때문에 예측할 수 없는 면접 상황에서 적절히 대응하려면 기본은 해야 한다는 거야.

그럼 자기소개서 기반 면접 질문에 대응하려면 어떻게 해야 할까? 당연히 내가 작성한 자기소개서 내용 안에 포함한 나만의 의미, 모든 문장에 대한 내용을 즉각 답변할 수 있도록 준비하는 것이 필요하겠지.

자기소개서 각 문항에 있는 모든 문장은 내가 작성한 내용이기 때문에 그리고 나의 경험과 상황이기 때문에 이를 잘 구조화하여 답변만 할 수 있다면 충분히 논리적으로 설명이 가능해. 우선 첫 번째로 각 문장에 대한 상황(필요 없는 문장이 있을 수도 있어) 경험, 어떻게 문제를 처리하고, 어떤 팀워크를 발휘하고, 어떻 게 마무리가 되어 결과가 나왔는지 작성되어 있는 자기소개서를 조금 더 구체화하면 돼. 이것이 내가 작성한 자기소개서 기반 질문 대응 답변 방식의 첫 번째 준비 방법이야.

이를 구조화할 수 있는 방법은 잘 알다시피 STAR 형식 답변을 하면 돼. 공기업 같은 경우 면접 평가자 자체도 STAR 형식으로 질문을 하게 되어 있기 때문에 상대적으로 쉽게 준비할 수 있지만, 일반기업의 경우 공기업과 같이 체계화된 면접이 진행되지 못하는 게 현실이고 주관적 요소가 많이 개입된다는 아쉬움은 있어. 그럼에도 STAR 방식을 통해 답변하는 것이 가장 합리적이고 효과적인 방식이라고 할 수 있어.

자기소개서 예상 답변 만들기 예시

나의 자소서	문장에 표현된 역량과 연계된 예상 질문	STAR툴 사용	답변 정리

자기소개서 문항(ex. 지원동기, 입사 후 포부 등)

문장 1	문장에 **표현된 역량**과 연계된 예상 질문		
	문장에 **표현된 역량**과 연계된 예상 질문		
문장 2	문장에 **표현된 역량**과 연계된 예상 질문	**S**ituation	각 문장별
	문장에 **표현된 역량**과 연계된 예상 질문	**T**ask	경험, 상황, 행동, 결과를
문장 3	문장에 **표현된 역량**과 연계된 예상 질문	**A**ction	구조화 틀에 적용하여
	문장에 **표현된 역량**과 연계된 예상 질문	**R**esult	답변 정리
문장 4	문장에 **표현된 역량**과 연계된 예상 질문		
	문장에 **표현된 역량**과 연계된 예상 질문		

2) 임원면접

2차 면접이라고도 하는 임원면접은 '인성만 본다' '인성면접이다'라고 많이 알려져 있는데 실제 인성을 보는 경우도 많지만, 직무 역량을 다시 한번 확인하는 경우도 많이 있어. 회사 임원, 즉 실무에 있어 최고 수준의 역량을 갖추고 그 자리까지 올라간, 쉽게 이야기해 '대단한 사람들'이기 때문에 어설픈 직무 지식, 부정적 역량이 지속적으로 드러난다면 좋은 평가를 기대하기는 힘들어.

꼭 대표이사가 아니더라도 이사급 이상 임원들은 회사가 추구하는 경영이념, 철학적 가치를 정확하게 유지하려 힘쓰는 사람들이고 그에 맞는 인재를 채용하기 위해 가장 애쓰는 사람들이기도 하기 때문이야. 그래서 임원면접은 직무적합성보다는 조직적합성에 초점을 맞추고 준비하는 것이 가장 좋은 방법이야.

실제 아빠가 회사에 재직하며 임원면접을 설계하고 기본교육 자료를 제공했던 사례를 보면 어떤 방식으로 면접 질문과 임원면접을 진행했는지 이해할 수 있을 거야.

평가 영역	임원 면접 평가 포인트	평가 결과		
		지원자 A	지원자 B	지원자 C
소통	✓ 질문의 취지에 맞게 답변하는가? ✓ 입사 후, **구성원들과 소통하며 잘 적응**할 것으로 보이는가? ✓ 준비한 답변에서 ○○그룹에 입사하고자 하는 열정이 느껴지는가?	☐ 적합 ☐ 보통 ☐ 부적합	☐ 적합 ☐ 보통 ☐ 부적합	☐ 적합 ☐ 보통 ☐ 부적합
신뢰	✓ 질문의 취지에 맞게 답변하는가? ✓ 업무수행에 있어 **책임감을 갖고 노력**할 것으로 보이는가? ✓ 준비한 답변에서 ○○그룹에 입사하고자 하는 열정이 느껴지는가?	☐ 적합 ☐ 보통 ☐ 부적합	☐ 적합 ☐ 보통 ☐ 부적합	☐ 적합 ☐ 보통 ☐ 부적합
혁신	✓ 질문의 취지에 맞게 답변하는가? ✓ 새로움, 현실 적용을 위해 **본인을 꾸준히 성장시키고자 노력**할 것으로 보이는가? ✓ 준비한 답변에서 ○○그룹에 입사하고자 하는 열정이 느껴지는가?	☐ 적합 ☐ 보통 ☐ 부적합	☐ 적합 ☐ 보통 ☐ 부적합	☐ 적합 ☐ 보통 ☐ 부적합
평가 의견	지원자 A / 지원자 B		지원자 C	

1. 핵심가치 중 하나를 선택하여 지원자에게 질문해 주시기 바랍니다.
2. 핵심가치 중 **의사결정, 의사소통, 리더십, 고객지향점**을 명확하게 표현하고 경험하였는지 **행동 근거와 사례 중심으로 판단해** 주시기 바랍니다.
3. 자유롭게 다양한 질문을 통해 인성을 판단해 주시기 바랍니다.

임원면접이 힘든 이유는 좀처럼 감을 잡기가 힘들고 해당 직무, 회사 운영에 있어 전문가적 위치에 있는, 쉽게 이야기해 '귀신 같은 사람들'과 대화하는 것 자체가 너무나 힘들기 때문이지. 인사팀에서는 분명히 핵심가치 또는 인재상과 관련된 면접 평가표를 제공하지만 직무를 수행하는 실제 업무 환경에서는 이런 핵심가치와 인재상이 잘 반영이 안 되는 상황이 많이 발생되고 있어.

그렇다 보니 임원들도 이상을 추구하는 면접 평가보다는 현실가치 실현 면접을 진행하는 경우가 많다는 거야. 현실형 임원 같은 경우에는 대내외에 홍보되어 있는 핵심가치와 인재상보다는 현실 핵심가치와 인재상을 활용하여 주관적인 면접을 진행하는 경우가 많아. 하지만 인사팀에서는 꼭 이상을 추구해서라기보다 회사에서 정한 최고 경영자의 철학가치를 지키기를 원하는 바람, 그래야 인재 경영 활동, 더 나아가 회사 경영 활동의 표준을 지향할 수 있기 때문에 이 격차에 대한 고충을 느끼고 있어.

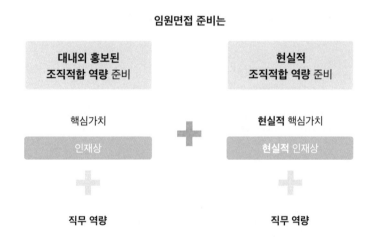

결론적으로 이야기하자면 임원면접의 경우 회사가치 실현(핵심가치와 인재상 등)을 할 수 있는 인재를 채용하라는 인사팀의 요구를 잘 지켜 주는 면접 평가자 임원이 있는 반면 현실 현장 중심 핵심가치와 인재상을 활용해 면접을 하는 임원도 너무나 많다는 점을 잘 이해하고 면접에 임해야 해. 지원자 입장에서는 이 두 가지 요소를 모두 고려함과 동시에 직무 역량 역시 철저히 준비하여 임원면접을 준비해야 합격 확률이 높아질 수 있다는 말이지.

그렇기 때문에 임원면접에서는 조금 더 솔직하고 겸손한 자세로, 하지만 내가 갖춘 역량은 정확하게 표현할 수 있는 자세로 임한다면 좋은 평가를 받을 수 있어.

앞의 현실적 핵심가치와 인재상이라는 부분은 예측이 불가능하기 때문에 역으로 추론하여 앞서 배운 가치 체계 이해, 경험정리, 기업, 산업분석 내용을 기준 삼아 적용한다면 임원면접의 어려움을 극복해 낼 수 있어.

3) AI면접(AI 역량 검사)

AI면접은 2020년 초반 코로나 확산과 그 영향으로 비대면면접이 활성화되면서 각 기업에 본격적으로 도입되기 시작했어. 이전과 같은 시대로 채용과 면접 환경이 변화되어도 꾸준히 AI면접은 계속적으로 기업에 도입되고 활용될 것으로 예상하고 있어. AI면접에 대해 오해하고 있는 부분들이 많이 있는데 이제부터는 용어를 정정해서 이야기해 줄게. AI면접의 정확한 명칭은 AI 역량 검사가 맞아.

회사에서는 AI 역량 검사를 '최적의 인재를 합리적으로 선발하기 위한 의사결정의 보조 목적으로만 활용(문장 출처: 마이더스HR) '할 뿐 AI 역량 검사를 통해 '우수한 인재다, 그렇지 못한 인재다'를 판단하는 절대적 기준으로 활용하지는 않아. 실제로 아빠도 지원자를 평가할 때 단순 보조 수단 외에 다른 의사결정을 하지 않았어. 대부분 인사담당자들도 AI 역량 검사를 단순 의사결정 보조 수단의 외에 절대적 서류 평가로 사용하지 않는다는 의견들이고 인사담당자 커뮤니티에서 검증된 내용이야.

AI 역량 검사는 공부한다고 잘 볼 수 있는 면접은 아니야. AI 역량 검사를 가장 잘 볼 수 있는 방법은 '주어진 검사, 과제에 솔직하게 있는 그대로 일관성 있게 임해라'라고 이야기해 주고 싶어.

2020년 11월경 아빠가 재직하던 회사에서 실제 AI역량 검사를 운영하는 회사 담당자와 이야기를 나누면서 명확하게 전달받은 내용이야. AI 역량 검사는 기업 직무, 직군별 모두 직무수행 역량이 다르게 정의되어 있기 때문에 정답이 없는 AI 역량 검사에 너무 많은 고민을 하거나 불필요한 공부를 할 필요가 없어. 이야기한 대로 주어진 과제 내용을 성실히 수행하는 것, 이것만 확실히 기억하고 면접에 임하도록 해.

코로나 이후 본격적으로 도입되기 시작

코로나 종식 이후에도 트렌드로 자리매김

공부한다고 잘 볼 수 있는 검사 아님

AI 역량 검사를 통해서 **기업이 원하는
핵심 역량**을(각 기업마다 다르게 정의하여 운영함) **분석**하고
성과를 예측해 보는 검사. 이것이 AI 역량 검사의 기본

| 솔직하게 있는 그대로 AI 역량 검사에 임하는 것이 가장 좋다. |

| AI 역량 평가 | **뇌신경과학 알고리즘 기반 역량 분석 게임** |

| 컴퓨터가 나를? | 사람, 언어에 대한 논리 구조 파악 아님
업무를 수행할 수 있는 역량을 확인하는 **역량 검사** |

| 무슨 게임? | 직군별로 제시되는 게임을 수행하는 과정에서
지원자의 무의식적 행동 및 수행 결과를 분석하여
전전두엽(Prefrontal Cortex) 6개 영역과 관련된 역량
(정서, 추론, 계획, 작업 기억, 멀티태스킹 조절, 의사결정 등)을 측정하고
직무수행에 필요한 인성 및 인지 능력 보유 여부를 판단 |

| 반응 분석 | 얼굴 움직임, 음성, 표정, 감정 분석
감정, 어휘, 안면색상, 심장박동 분석 후 역량 평가 |

| 결론 | AI는 역량을 분석하는 역량 검사 / **잘하는 방법 없음** |

부록

아웃소싱 취업의
모든 것

▶ 도급

아웃소싱 회사로 취업하는 경우도 상당히 많아. 우선 아웃소싱 회사가 어떤 회사인지부터 알아야겠지? 아웃소싱 회사는 도급, 파견업무를 주로 사업을 영위하고 있어 너무 생소한 이야기지? 우선 도급 회사는 어떤 형태로 운영되는지 이야기해 보자.

도급이란 '당사자 일방이 어느 일을 완성할 것을 약정하고 상대방이 그 일의 결과에 대하여 보수를 지급할 것을 약정함으로써 그 효력이 생기는 계약(「민법」 제664조)을 말한다. 고용계약·위임과 함께 타인을 위하여 노무를 제공하는 것을 내용으로 하는 노무공급계약이다. 도급계약에서 수급인(용역 회사-아웃소싱 회사)은 일의 완성을 위해 자신이 직접 근로자를 고용할 수 있다. 이때 고용된 근로자는 수급인이 직접 지휘 명령하여 업무를 수행하며 도급인은 수급인의 근로자를 지휘 명령하지 않는다. 파견과의 차이점은 도급계약에 있어 근로자에 대한 지휘 명령권은 수급인(용역 회사-아웃소싱 회사)에게 있고 도급인과 근로자 사이에는 사용종속관계가 없다.

출처: 네이버 지식백과

아웃소싱 회사, 도급사, 파견 형태의 취업은 사실 추천하지는 않아. 그 이유가 몇 가지 있어.

첫 번째 근로 안정성에 있어 정년을 보장받거나 일반기업의 정규직 취업과는 다르게 승진, 임금인상이 일반적인 수준으로 결정되는 경우가 거의 없어. 이유는 도급사의 수익 구조(이익률)가 국가 권장 7% 이익률을 권장하지만 일반적으로 3~4%의 낮은 수준으로 이익률을 책정하고 일의 완성을 위한 도급을 받기 때문이야. 즉 너무 낮은 이익률로 매출은 크지만 실제 영업이익, 당기 순이익이 잘 나올 수 없는 구조가 아웃소싱, 도급 사업이기 때문이라고 이해해도 좋아. 그래서 재직 근로자에게 많은 임금과 여러 혜택을 줄 수 없는 구조야.

두 번째 도급을 위탁한 회사에서 인건비 절감 또는 비핵심 업무의 위탁의 형태로 맡겨지는 경우가 대부분이기 때문이야. 즉 법적으로는 경영(도급)의 독립적 운영을 이야기하고 있지만 현실적으로 원청사에서의 업무 지시와 경영(도급) 운영의 독립성을 온전히 보장받기는 힘든 게 사실이야. 결국 수급인(용역 회사-아웃소싱 회사)은 원청사의 지시에 따라 일의 완성을 위한 도급비용을 받아 인건비, 관리비, 기타 복리후생 비용, 근로자의 피복비 등 일의 완성을 위한 일체의 비용을 컨트롤할 수 있고 수급인(용역 회사-아웃소싱 회사)은 그에 따를 수밖에 없는 철저한 '갑과 을'의 관계이기 때문이야. 도급을 위탁한 회사는 '갑'이기 때문에 여러 권한을 행사하여 비용을 줄이는 데 목적을 두고 있어. 원래 도급의 목적은 전문업체에 일을 맡겨 일을 성공적으로 완성하는 데 있지만, 이 본래의 목적이 제대로 지켜지지 않고 있어.

정리해서 이야기하면 수급인(용역 회사-아웃소싱 회사)은 '갑'의 위치에 있는 원청사(도급을 주는 회사)의 요구조건, 지시사항 등을 어길 수 없는 비즈니스 구조에 따라 원청사가 도급계약을 종료해 버리거나 업체를 바꾸게 되면 하청사(도급사)의 매출과 직결돼. 이는 근로안정성에 있어 불안정하다는 것과 같은 의미이기 때문에 도급사 취업은 추천하지 않는 거야. 도급사가 바뀌면 직원을 퇴사시키거나 근로계약 종료를 시키는 경우도 많아. 요즘은 좋은 방향으로 개선돼서 인력을 그대로 고용 승계하는 경우도 있지만 이런 상황 자체가 근로자로 하여금 불안정을 의미하는 것이지.

▶ 파견직

 아웃소싱 회사에서는 도급 업무만 하지는 않아. 여러 가지 수익모델, 비즈니스모델이 있는데 그중 하나가 파견직 사원 운영 관리도 있어. 파견직의 경우 「파견근로자 보호 등에 관한 법률」에 의해 보호받을 수 있고 파견사업주(아웃소싱 회사)가 파견 근로자를 고용하고 고용관계를 지속, 유지하면서 파견사업주(파견을 요청한 회사)의 지휘 명령을 받아 업무를 수행하는 것을 말해. 파견직은 고용노동부에서 허가된 32개 직종만 파견이 가능해. 1년 파견 종료 후 근로자, 사용사업주, 파견사업주 삼자가 1년 파견 연장에 대한 파견연장 합의(서)에 의해 최대 2년까지 근로자를 파견할 수 있어. 파견 종료 이후 사용사업주의 자체 계약직 또는 정규직, 파견계약 종료 등으로 근로관계가 종료될 수 있는 것이 근로자 파견, 파견직이야. 자체 계약직 전환도 현실적으로 상당한 어려움이 있고 정규직으로 전환될 수 있는 확률 역시 상당히 희박하다고 할 수 있어.

「파견근로자 보호 등에 관한 법률 시행령」
근로자파견대상업무(제2조제1항 관련)

<개정 2019.10.29.>

한국표준 직업분류 (통계청고시 제2000-2호)	대상 업무	비고
120	컴퓨터 관련 전문가의 업무	
16	행정, 경영 및 재정 전문가의 업무	행정 전문가(161)의 업무는 제외한다.
17131	특허 전문가의 업무	
181	기록 보관원, 사서 및 관련 전문가의 업무	사서(18120)의 업무는 제외한다.
1822	번역가 및 통역가의 업무	
183	창작 및 공연예술가의 업무	
184	영화, 연극 및 방송 관련 전문가의 업무	

220	컴퓨터 관련 준전문가의 업무	
23219	기타 전기공학 기술공의 업무	
23221	통신 기술공의 업무	
234	제도 기술 종사자, 캐드 포함의 업무	
235	광학 및 전자장비 기술 종사자의 업무	보조 업무에 한정한다. 임상병리사(23531), 방사선사(23532), 기타 의료장비 기사(23539)의 업무는 제외한다.
252	정규교육 이외 교육 준전문가의 업무	
253	기타 교육 준전문가의 업무	
28	예술, 연예 및 경기 준전문가의 업무	
291	관리 준전문가의 업무	
317	사무 지원 종사자의 업무	
318	도서, 우편 및 관련 사무 종사자의 업무	
3213	수금 및 관련 사무 종사자의 업무	
3222	전화교환 및 번호안내 사무 종사자의 업무	전화교환 및 번호안내 사무 종사자의 업무가 해당 사업의 핵심 업무인 경우는 제외한다.
323	고객 관련 사무 종사자의 업무	
411	개인보호 및 관련 종사자의 업무	
421	음식 조리 종사자의 업무	「관광진흥법」 제3조에 따른 관광숙박업에서의 조리사 업무는 제외한다.
432	여행안내 종사자의 업무	
51206	주유원의 업무	
51209	기타 소매업체 판매원의 업무	
521	전화통신 판매 종사자의 업무	
842	자동차 운전 종사자의 업무	
9112	건물 청소 종사자의 업무	

91221	수위 및 경비원의 업무	「경비업법」 제2조제1호에 따른 경비 업무는 제외한다.
91225	주차장 관리원의 업무	
913	배달, 운반 및 검침 관련 종사자의 업무	

▶ 아웃소싱 회사의 자기소개서와 면접

정말 현실적으로 이야기하자면 아주 몇몇 특별한 경우를 제외하고 이력서 양식이 구조화되어 있거나 면접이 정말 힘들어 취업을 못 하는 경우는 없다고 봐도 돼. 상대적으로 근로조건이 좋지 못한 아웃소싱 회사들은 일할 사람이 부족해. 인력난이 정말 심각할 정도야. 그렇기 때문에 심혈을 기울여 자기소개서, 면접을 준비하지 않아도 되지만 그래도 취업을 준비하는 사람의 기본 매너 면접을 진행하려는 아웃소싱 회사의 노력이 헛되지 않도록 회사(채용공고)에서 요구하는 내용은 충분히 숙지하고 회사 홈페이지에 있는 직무 내용은 숙지하고 면접에 참석하도록 해.

▶ 아웃소싱 회사에 대한 지나친 오해

아웃소싱 회사에 대한 가장 큰 오해가 있어 "뭐야 맨날 내 급여에서 돈 떼먹고 차액분만 입금해 주잖아"라는 얘기들을 정말 많이 하는데 이건 100% 오해에서 비롯된 잘못된 정보야.

아웃소싱 회사 비즈니스 구조 자체가 1명 당 인건비를 '갑' 사에서 받아 오기 때문에 급여에서 차감하고 주는 게 아니라 근로자의 총 임금(직접비용, 간접비용)에서의 3~4%의 이익률을 추가로 받아 와 회사 이익률로 운영되는 구조기 때문이야. '아웃소싱 회사는 근로자의 돈을 떼먹는 회사', 이건 절대 아니라는 거야. 표 예시를 보면 이윤, 일반관리비로 구분이 되어 있는데 이 부분이 아웃소싱 회사 이윤으로 책정되는 금액이지만, 아주 이상적인 아웃소싱 인건비 산출내역서(7%)의 예시이고 일반적인 아웃소싱 회사는 일반관리비 없이 단순 이윤 3~4% 정도로 운영되는 것이 현실이야.

아웃소싱 회사는 타 사업에 비해 상당히 힘들게 사업이 영위돼. 아웃소싱 회사 대표, 임원진들이 도급비, 또는 인재 파견비용을 더 책정해서 받아 오려는 고충도 일부 이해해 줬으면 해. 하지만 도급비를 많이 지급하려 하는 회사, 즉 '갑' 사는 그리 많지 않아.

아웃소싱 인건비 산출내역서 예시

아웃소싱 인건비 산출내역

구분		금액(원)	내역
직접 인건비	기본급	1,914,440	법정 최저 이상
	기본 시간 외 수당	687,000	연장근로 50시간(52시간 미만)
	추가 시간 외 수당	별도정산	**근로 시간 초과분(법정 기준)**
	연차 수당	별도정산	**법정 기준**
	퇴직금	별도정산	**법정 기준**
	소계1	2,601,440	직접 인건비 소계
간접 인건비	국민연금	117,065	인건비*4.5%
	건강보험	89,229	인건비*3.43%
	고용보험	20,812	인건비*0.8%
	산재보험	50,988	인건비*1.96%
	노인장기요양 보험료	10,279	건강보험*11.52%
	소계2	288,373	간접 인건비 소계
	복리후생비	20,000	명절선물, 경조사비 외 복리후생비
	소계3	20,000	제경비 소계
인당 인건비	소계1+소계2+소계3	2,909,813	1인 인건비

일반 관리비	87,294	총 인건비*3%
이윤	119,884	(총 인건비+일반관리비)*4%
합계	3,116,991	총 인건비+일반관리비+이윤
부가세	311,699	합계*10%
월 총계	3,428,690	합계+부가세

참고 자료

◎ 인터넷 사이트

- 전자공시시스템: https://dart.fss.or.kr/
- 한경 컨센서스: http://hkconsensus.hankyung.com/apps.analysis/analysis.list
- 국가직무능력표준(NCS): https://www.ncs.go.kr/index.do
- 알리오(ALIO, 공공기관 경영정보 공개시스템): https://www.alio.go.kr/
- 잡 알리오(JOB-ALIO, 공공기관 채용정보시스템): https://job.alio.go.kr/main.do
- 네이버 사전: https://dict.naver.com/
- 법제처: https://www.moleg.go.kr/index.es?sid=a1, (『채용절차의 공정화에 관한 법률』,『파견근로자 보호 등에 관한 법률』)
- 마이더스HR: https://www.midashri.com/main
- NCS 직업기초 능력 교수자용 가이드북

◎ 서적

- 『퍼포먼스』, 최영훈, 플랜비디자인, 2019.12.
- 『무기가 되는 스토리』, 도널드밀러, 윌북, 2018.9.

공기업·대기업
취업의 비밀

초판 1쇄 발행 2022년 07월 22일

지은이 최선웅
펴낸이 류태연

편집 김수현 | **디자인** 조언수

펴낸곳 렛츠북
주소 서울시 마포구 양화로11길 42, 3층(서교동)
등록 2015년 05월 15일 제2018-000065호
전화 070-4786-4823 | **팩스** 070-7610-2823
이메일 letsbook2@naver.com | **홈페이지** http://www.letsbook21.co.kr
블로그 https://blog.naver.com/letsbook2 | **인스타그램** @letsbook2

ISBN 979-11-6054-563-0 13320